颜锦江 吴鹏 ——— 编著

技术经济与创新丛书

多边平台视角下的
技术转移与技术交易

中国科学技术出版社
·北京·

图书在版编目（CIP）数据

多边平台视角下的技术转移与技术交易 / 颜锦江，吴鹏编著 . — 北京：中国科学技术出版社，2022.10
（技术经济与创新丛书）
ISBN 978-7-5046-9731-8

Ⅰ. ①多… Ⅱ. ①颜… ②吴… Ⅲ. ①技术转移②技术交易 Ⅳ. ① F113.2 ② F062.4

中国版本图书馆 CIP 数据核字（2022）第 134148 号

策划编辑	杜凡如　赵　霞	责任编辑	杜凡如　申永刚
封面设计	马筱琨	版式设计	蚂蚁设计
责任校对	焦　宁	责任印制	李晓霖

出　版	中国科学技术出版社
发　行	中国科学技术出版社有限公司发行部
地　址	北京市海淀区中关村南大街 16 号
邮　编	100081
发行电话	010-62173865
传　真	010-62173081
网　址	http://www.cspbooks.com.cn

开　本	710mm×1000mm　1/16
字　数	298 千字
印　张	21.75
版　次	2022 年 10 月第 1 版
印　次	2022 年 10 月第 1 次印刷
印　刷	北京盛通印刷股份有限公司
书　号	ISBN 978-7-5046-9731-8/F・1030
定　价	89.00 元

（凡购买本社图书，如有缺页、倒页、脱页者，本社发行部负责调换）

四川大学商学院
技术转移与技术经理人研究团队

组长 | 颜锦江　吴　鹏

成员 | 黄　静　王　涛　李　冉

　　　　 黄　炎　曹　辉　陈海红

　　　　 尹周龙　庹　峰　薛晶航

　　　　 吉　利　代建伟

"技术经济与创新丛书"编委会

名誉主任： 孙晓郁　罗冰生
主　　任： 李　平
副 主 任： 李志军
编　　委： 王宏伟　王宗军　王祥明　王昌林　王稼琼　牛东晓
　　　　　　田杰棠　邢小强　吕　薇　任福君　买忆媛　李开孟
　　　　　　吴　滨　吴贵生　张米尔　张宗益　杨德林　胡志坚
　　　　　　胥和平　徐成彬　黄检良　黄群慧　蔡　莉　穆荣平
学术秘书： 何　冰

序言

习近平总书记强调，我们要"以关键共性技术、前沿引领技术、现代工程技术、颠覆性技术创新为突破口，敢于走前人没走过的路，努力实现关键核心技术自主可控，把创新主动权、发展主动权牢牢掌握在自己手中"。技术和科学事关经济增长和人类长期福祉，创新则是科技不断进步的推动器，在当今异常激烈的国际竞争面前，在单边主义、保护主义上升的大背景下，我们必须走适合我国国情的创新之路，特别是要把提升原始创新能力摆在更加突出的位置，努力实现更多"从0到1"的突破。深入研究与分析国家创新体系建设工作的开展情况，对"十四五"时期强化战略科技力量，加快从要素驱动发展向创新驱动发展的转变，助力实现高水平科技自立自强具有重要意义。

中国科学技术出版社以申报国家"十四五"重点图书出版规划项目为契机，邀请中国技术经济学会组织专家团队在充分调研的基础上推出了以"技术经济与创新"为主题的系列丛书，这套丛书从产学研协同创新与区域创新绩效研究、颠覆性技术创新生态路径研究、多边平台视角下的技术转移与技术交易、市场导向的绿色技术创新体系研究四个维度对国家创新体系建设进行了深入剖析，通过丰富的技术创新理论、政策与案例，既体现了国家把创新置于现代化建设全局核心位置的重要导向，又为培育壮大经济发展新动能打下了坚实的理论与实践基础。

《产学研协同创新与区域创新绩效研究》以异质性创新网络结构视角下我国区域产学研协同创新与区域创新绩效关系为研究对象，通过全面分析产学研协同创新网络结构对区域创新绩效的影响机制及区域创新绩效影响因素的实证分析,为我国区域创新绩效的提升与对应的政策制定提供了可靠依据;同时也为加强我国区域产学研协同创新与网络结构优化提供了理论依据与政策建议。

《颠覆性技术创新生态路径研究》以颠覆性技术创新生态路径作为研究对象,从创新生态系统的角度,研究在颠覆性技术创新的不同阶段,在科学突破—技术选择—技术锁定的不同时期,创新生态系统中的创新主体、创新要素、创新环境、创新机制等的演化特点和规律,并对其整体演化路径和规律进行总结,提出了颠覆性创新发展的相应政策建议。

《多边平台视角下的技术转移与技术交易》从多边平台的视角,围绕技术转移和技术交易,系统梳理了技术研发、技术市场、技术定价、相关政策以及多边平台等领域的研究进展,分析了技术市场和技术交易的基本内容,梳理了技术成果的评估和评价方法,对技术交易价格的形成机制进行了探索,对技术交易平台的业务功能和商业模式进行了研究,并讨论了技术转移和技术交易中的知识产权等问题。

《市场导向的绿色技术创新体系研究》立足于绿色技术、市场导向和创新体系三个层面,尝试对以市场为导向的绿色技术创新体系进行理论分析,同时介绍了国内外绿色技术创新体系建设的宝贵经验,以期加快构建适合我国国情的市场导向绿色技术创新体系从而强化科技创新引领,并成为推进经济可持续发展和实现生态文明建设要求的重要支撑。

在编写本丛书的过程中,中国技术经济学会李平理事长、中国社会科学院数量经济与技术经济研究所吴滨研究员、四川大学颜锦江教授和吴鹏教授、成都大学吴中超教授以及他们的研究团队付出了极大的努力,编写组研究过程中,也得到了众多专家的大力支持,在此一并表示感谢!

中国技术经济学会
2022年8月

目录
CONTENTS

1 绪论

1.1 研究背景　003

1.2 文献回顾　005
1.2.1 技术研发　005
1.2.2 技术市场　008
1.2.3 技术定价　010
1.2.4 相关政策　011
1.2.5 多边平台　012

1.3 本书主要内容　014

2 技术市场与技术转移

2.1 技术市场　027
2.1.1 技术市场的概念与构成要素　027
2.1.2 技术市场功能　029

2.1.3 我国技术市场的发展历程与现状　031

2.2 技术转移　041

2.2.1 技术转移的概念和内涵　041

2.2.2 技术转移的内容构成　054

2.2.3 技术转移服务机构　060

2.3 小结　069

3 技术交易的内容与方式

3.1 技术交易的内容　075

3.1.1 技术商品　075

3.1.2 技术产权　077

3.2 技术交易的方式　085

3.2.1 技术转让　085

3.2.2 技术开发　089

3.2.3 技术咨询　091

3.2.4 技术服务　093

3.3 技术交易模式演进　095

3.3.1 直接交易　095

3.3.2 间接交易　097

3.3.3 平台交易　099

3.4 小结 101

4 技术成果评估与评价

4.1 技术成果评估概述 107

4.2 技术成果应用评价 110
  4.2.1 技术成熟度评价 110
  4.2.2 技术先进性评价 118
  4.2.3 技术创新性评价 121

4.3 技术资产价值评估 123
  4.3.1 成本法 124
  4.3.2 收益法 126
  4.3.3 市场法 128
  4.3.4 实物期权法 129
  4.3.5 资产评估的实施 131

4.4 多边主体视角的技术评估 133

4.5 小结 137

5 技术交易价格形成机制

5.1 技术商品的特殊性与技术交易价格形成特点 145
  5.1.1 技术商品的特殊性 145

5.1.2 技术交易价格形成特点　149

5.2 技术交易价格形成要素　150

  5.2.1 技术交易标的与支付方式　152

  5.2.2 技术交易价格形成基础参考因素　157

5.3 技术市场对技术交易价格形成的影响　159

  5.3.1 技术市场客体与技术交易价格　159

  5.3.2 技术交易主体与技术交易价格形成　163

  5.3.3 多边视角下的技术交易价格形成机制　166

5.4 技术交易价格形成方法及适用条件　170

  5.4.1 协议定价　171

  5.4.2 拍卖定价　173

  5.4.3 挂牌定价　177

  5.4.4 各种定价方式比较　179

5.5 小结　181

6 技术交易平台

6.1 技术交易平台理论研究与发展历程　191

  6.1.1 理论研究　191

  6.1.2 发展历程　192

  6.1.3 发展现状　194

6.2 技术交易平台的类型与多边主体　196

　　6.2.1　基于股权结构的类型分析　197

　　6.2.2　多边主体　199

6.3 技术交易平台的业务与功能　203

　　6.3.1　业务模块分析　203

　　6.3.2　业务体系　208

　　6.3.3　功能作用　210

6.4 技术交易平台的商业模式分析　212

　　6.4.1　多边平台商业模式　212

　　6.4.2　浙江网上技术市场的商业模式分析　214

6.5 小结　220

7 技术转移和技术交易中的知识产权

7.1 知识产权基本概念　229

　　7.1.1　专利　229

　　7.1.2　著作权　231

　　7.1.3　商标　234

　　7.1.4　商业秘密　235

7.2 专利类技术转移与交易中的多边主体　236

　　7.2.1　发明人　237

7.2.2　申请人　238

7.2.3　专利权人　240

7.2.4　受让方与被许可人　242

7.2.5　第三方服务机构　244

7.2.6　专利审查协作中心　246

7.2.7　知识产权法院　246

7.3　专利与技术转移的关系　247

7.3.1　专利视角下的技术转移与交易阶段　247

7.3.2　专利视角下的技术转移与交易模式　248

7.3.3　专利在技术转移与交易中的作用　250

7.4　技术转移与交易中的专利有关问题及趋势　251

7.4.1　专利技术质量方面　253

7.4.2　专利技术融资方面　258

7.4.3　专利技术交易信息方面　261

7.4.4　专利技术侵权方面　263

7.5　小结　268

8　技术转移与技术交易相关法律法规及政策分析

8.1　国家层面的相关法律法规及政策分析　273

8.1.1　机制体制建设方面　275

8.1.2 企业方面　278

8.1.3 高校与科研院所方面　281

8.1.4 技术交易市场及其中介服务机构方面　285

8.1.5 财政金融机构方面　289

8.2 地方区域层面的相关法规及政策分析　291

8.2.1 京津冀城市群技术转移相关法规和政策分析　292

8.2.2 长三角城市群技术转移相关法规和政策分析　296

8.2.3 粤港澳大湾区技术转移相关法规和政策分析　300

8.2.4 成渝地区双城经济圈技术转移相关法规和政策分析　302

8.3 高校技术转移相关政策分析　307

8.3.1 综合类高校　308

8.3.2 理工类高校　314

8.3.3 其他类型高校　321

8.3.4 高校政策对比分析　326

8.4 小结　327

1 绪论

1.1　研究背景

随着新一轮科技竞争和产业革命的加速演进,我国面临很多"卡脖子"的技术难题。解决这些难题,不仅需要加强基础和应用研究,也需要通过技术转移和技术交易强化创新链和产业链的融合,促进科技成果资本化和产业化。技术转移和技术交易通过技术交易平台联结"技术商品"供需双方、科技服务机构等多个主体,是技术市场活动的主要内容。近年来,我国大力推动技术转移和技术交易发展,技术转移和技术交易日益活跃。据科技部统计,2021年全国各类技术交易平台已超过1000家,全年签订技术合同670506项,成交金额37294.3亿元。[①]

技术转移和交易是实现技术产业化的关键途径,是驱动技术创新的重要力量。根据2017年由国家质检总局、国家标准委批准发布的《技术转移服务规范》国家标准,技术转移是制造某种产品、应用某种工艺或提供某种服务的系统知识,通过各种途径从技术供给方向技术需求方转移的过程。技术交易是技术转移过程中的重要环节,高校和科研院所与企业之间通过有效的对接实现技术转移和交易。在技术转移和技术交易中,除技术供需双方之外,技术转移机构、技术评估机构、金融投资机构等多个主体也是重要的参与方。这种多主体共同参与技术转移和技术交易的技术市场,构成了典型的多边平台。在基于多边平台的技术转移和技术交易过程中,技术供给方(高校和科研院所、企业)提供技术的创新和研发,技术转移服务机构向技术供需双方提供技术中介、技术评估、技术融资等服务。

为促进技术转移和技术交易的发展,我国出台了一系列重要的法律法

---

① 数据来源:科技部火炬中心发布的《2021年全国技术合同登记情况表》。

规和政策。1985年,中共中央发布《关于科学技术体制改革的决定》(中发〔1985〕6号),全面启动科技体制改革,以改革拨款制度、开拓技术市场为突破口,引导科技工作面向经济建设主战场,并首次正式提出"技术市场"概念。1993年7月,全国人大常委会通过了《中华人民共和国科学技术进步法》,2021年12月第二次修订了该法,明确指出"国家培育和发展统一开放、互联互通、竞争有序的技术市场"。2006年,国务院发布《国家中长期科学与技术发展规划纲要(2006—2020年)》,强调要促进企业之间、企业与高校、企业与科研院所之间的知识流动和技术转移。2007年,"努力探索和完善国家技术转移体系和技术转移的有效运行机制"被写入《国家技术转移促进行动实施方案》。2017年,国务院印发了《国家技术转移体系建设方案》,明确指出,要优化国家技术转移体系基础架构,拓宽技术转移通道,完善政策环境和支撑保障。2020年,中共中央和国务院发布《关于构建更加完善的要素市场化配置体制机制的意见》,从健全职务科技成果产权制度、培育发展技术转移机构和技术经理人、促进技术要素与资本要素的融合发展等方面推动技术要素市场的发展。2022年,《中共中央 国务院关于加快建设全国统一大市场的意见》中进一步指出,要建立健全全国性技术交易市场,完善知识产权评估与交易机制,推动各地技术交易市场互联互通。这些政策措施为创新主体通过产学研构建完善的技术创新体系、推动技术交易市场的高质量发展、协调区域间的技术转移和交易、促我国建设成为创新型国家提供了重要的政策保障。

科技部火炬中心于2015—2020年每年都发布《全国技术市场统计年度报告》,其中的数据显示,我国技术市场交易近年来持续活跃。一方面,技术合同成交量稳定增长。2020年全年共签订技术合同549353项,同比增长13.5%。从2016年到2019年,技术合同每年的同比增长幅度都较稳定,平均每年增长12.2%。2020年的技术合同成交量是2015年的近2倍。另一方面,技术合同成交总额显著上升。2018年到2020年,技术交易额每年增长约5277亿元（均值）。技术合同有技术转让合同、技术开发合同、技术服务合同以及技术咨询合同四种类型（以下简称"四技"合同）；四类合同的成交额的增长特点有所差异。2015年到2020年的数据显示，技术转让合同成交额和技术咨询合同成交额在呈现轻微下降后又出现大幅增长的趋势。2020年技术转让合同成交额达到2397.7亿元，占总合同成交额的8.49%，同时，技术咨询合同成交额也达到了总成交额的3.91%。技术开发合同成交额和技术服务合同成交额增长较为稳定，其中2017年到2020年间增幅明显。

1.2　文献回顾

本部分主要梳理技术转移过程中的技术研发、技术市场、技术定价、相关政策以及多边平台等领域相关学者的研究。

1.2.1　技术研发

技术研发是技术转移和技术交易的起点，在创新主体进行技术研发的过程中，主要依靠自主研发、合作研发等方式。巴拉钱德拉（Balachandra）和弗里亚尔（Friar）指出，自主研发是企业利用自身研发资源和力量进行技术创新的过程，合作研发则是两个及两个以上主体、机构或者个人构成联盟进行协同研发活动。[1]

学者们主要关注自主研发的作用和相关影响因素。研究显示，自主研发的投入可以有效提高企业的盈利能力和创新绩效，并进一步提升我国的自主创新能力，但这种研发投入的促进作用受到国外研发投入[2]、国内人力资本投入[3]、地区市场化程度[4]、地区知识积累水平以及知识产权保护力度等因素的影响[5]。靳巧花和严太华强调，当知识产权保护低于门限值时，自主研发有助于提升区域创新能力。[6]然而，原毅军和孙大明的研究结果表明，研发投入的冗余以及各因素的非协调发展，比如产业结构、企业规模以及企业研发经费的支出结构等，可能会降低技术研发效率，导致不同地区的技术研发投入出现规模报酬递减。[7]吴延兵通过对1996—2003年中国地区工业数据的研究，得出自主研发可以显著提高我国东部和中部地区生产率，但对西部地区影响不显著的结论。[8]刘小鲁认为，对于后发国家而言，需要激励本国自主研发，提高自主研发的比重和知识产权保护力度，从而强化国外已有专利对技术后发国家自主创新的阻碍效应。[9]

关于技术引进方式对自主研发的影响。一方面，外国直接投资（Foreign Direct Investment，FDI）会提高企业的自主研发能力。[10]当FDI与本地企业在同一市场相互竞争时，本地企业会增加研发经费，提高企业技术水平以获得竞争优势。张宗庆和郑江淮指出，小企业更偏向于自主研发和原始创新，大企业偏向引进技术和消化吸收再创新，中等规模企业兼顾自主研发和引进技术。[11]储德银和张同斌指出，直接引进国外技术和技术转移等方式对自主研发具有替代效应，但企业可以通过这些技术研发方式带来的技术溢出来提升技术效率。[12]另一方面，FDI的进入可能会使本国企业过分依赖外国技术，丧失自主研发能力，从而被外资企业淘汰。吉尔马等学者的研究显示，FDI会抑制各省发明专利数量的提高，削弱自主研发能力，同时在行业层面抑制国有企业的自主研发活动。[13]但有部分学者对此存在不同的观点。比如，邢斐和张建华指出FDI对自主研发存在双向影响[14]，而王华等学者则强调FDI不会影响企业技术创新研发行为。[15]

在合作研发中，学者们主要对不同的研发合作模式、影响因素等进行定性分析。关于合作研发的模式，可分为横向合作和纵向合作。横向合作是生产同类型产品的竞争企业进行相互合作，而纵向合作则是企业与上游或者下游企业进行的合作研发,即企业与供应商或者与用户的合作研发[16]。在不同的研发合作模式中，学者们主要分析企业的合作研发行为对产量和利润的影响，以及不同情形下的利益分配机制。在横向合作中，维恩豪斯（Witghaus）指出，由于同一行业的企业拥有类似的技术路线，开展研发合作时可以降低技术的专用性，提高企业和行业的利润。[17]针对差异化产品，谢萌和李玉凤强调，当技术溢出效应超过某一特定值时，合作研发能够提高企业研发水平、产量以及供应商的利润。[18]另外，阿马尔多斯（Amaldoss）强调，企业在形成集中研发联盟后在市场收益较大时应选择平均分配，在并行研发联盟中选择比例分配则更合理。[19]在纵向合作中，学者们引入技术风险、网络外部性和技术溢出等因素，分别从一个上游企业和一个下游企业[20]、多个上游供应商[21]、多个上下游企业[22]等不同结构上，研究纵向合作企业之间的成本分担机制或者利益分配问题。在此基础上，吉尔等学者分别构建了横向合作和纵向合作研发模型，研究企业不同合作研发策略与企业规模、增长速度之间的关系。[23]

关于影响合作研发的不同因素。马艳艳等学者强调，企业跨组织的研发合作有助于提升企业的创新绩效。[24]王龙伟等学者则认为契约治理会倒U型调节合作研发与企业创新绩效之间的关系，而信任感则会增强这种关系。[25]要维持信任，以促使合作双方趋于最优稳定，必须加大对合作研发中机会主义行为的惩罚力度，降低机会主义行为所产生的收益。刘敬伟和黄成节指出，当实施专利的成本较小时，所有企业会选择在非合作研发条件下申请专利。[26]针对校企合作，张鼎和周年喜认为，技术重组会加强企业与大学合作及和专利绩效之间的关系，而科学研究则削弱了这种关系。[27]王海绒和苏中锋通过对比自主研发和合作研发方式发现，知识获取有利于合作研发，但组织中心化会抑制知识获取与合作研发的关系。[28]另外，迈赫迪（Mehdi）强调，企业的知识吸收能力和技术溢出因素会影响合作企业的最优知识投入。[29]

1.2.2 技术市场

技术市场是重要的生产要素市场，是我国现代市场体系和国家创新体系的重要组成，是各类技术交易场所、服务机构和技术商品生产、交换、流通关系的总和。在技术市场中，学者主要研究技术市场的特点、功能、运行机制、存在的问题以及相应的政策建议。在技术交易中，学者主要研究技术许可、技术转让以及作价入股等不同交易方式下的最优策略。

1985年，《中共中央关于科学技术体制改革的决定》明确提出"开放技术市场，实行科技成果商品化"，技术市场由此诞生。早期，我国学者主要探讨技术商品的特点、技术市场的形成与发展进程，并从技术转移的投入、效率和产出，技术市场主体的发展程度、完善程度和法律政策环境等方面，构建评估技术市场发展水平的指标体系。基于这些指标体系，部分学者开始研究技术市场的运行机制，主要包括评估机制、知识产权机制、信用机制、激励机制等。同时强调技术市场的动力机制，即促进科技成果转化，可以有效解决当时我国科技创新体系面临的主要问题。此后，对影响技术市场的重要因素的分析，成为学者的研究热点。这些研究强调技术市场受到多种因素的影响，如技术市场的政治、经济、社会、技术供给和需求等因素。针对技术市场存在的问题，特别是我国不同区域的技术市场，如宜宾技术市场、湖北技术市场、云南技术市场等[30]，学者还根据国外技术市场的发展经验，提出了相应的政策建议。

近五年，学者主要关注技术市场的功能和作用，如促进经济增长与发展、技术创新等。朱诗怡等学者的研究结果显示，技术市场可以通过创新驱动和绿色经济间接支持经济高质量发展。同时，随着技术市场规模的扩大，其对经济高质量的促进作用不断增强。[31]戴魁早强调，通过增加研发投入、推动技术转化和增强技术溢出效果，可以促进技术市场提升高技术产品的出口技术复杂度。[32]俞立平等学者指出，技术市场厚度对高技术产业创新产出具有正向影响，而技术市场流畅度则会抑制技术产业的创新产出。[33]俞立平和王冰认为，若考虑市场环境对高技术企业协同创新的影响，得到的结果则相反。[34]针对区域创新，周俊亭等指出，扩大区域技术市场的发展规模有助于提升区域科技创新水平，特别是中部地区的技术市场。[35]并且，随着政府扶持力度的增强，这种提升作用变得更显著。结合内部创新和外部创新投入，夏凡和冯华也进一步证实，技术市场规模能够通过市场机制影响区域技术进步。[36]考虑到政府对科技创新活动的支持，叶祥松和刘敬认为，政府支持会抑制科技创新效率的提高，但是当地区技术市场规模超过门限值时，政府支持会产生促进作用。[37]此外，针对网上技术市场，马亚丽等学者基于双边市场理论研究网上技术市场在不同收费方式下的定价策略，发现网上技术市场在建设初期应根据社会福利最大化来制定价格策略，反之，应以平台利润最大化来制定价格策略。[38]另外，朱雪忠和胡锴指出，行业组织对网上技术市场的类型偏好受到知识转移障碍的影响，社会资本偏好的网上市场更吸引知识模糊性较高的行业，而政府偏好的网上市场更吸引知识专属性较高的行业。[39]

在技术市场中，供需双方主要通过技术许可、技术转让以及作价入股等方式进行交易。阿罗（Arrow）首次在垄断和竞争市场中研究创新者利用技术许可情形下的利润分配问题。[40]此后，大量的学者从技术许可的动机、利益分配机制以及许可对创新活动的影响等角度，对技术许可展开深入分析。一般来说，按照双方是否许可技术，可将技术许可划分为单向技术许可和交叉技术许可。来向红指出，交叉技术许可是企业通过签订合同互相许可专利技术的一种技术交易方式，有助于减少企业专利交易成本，刺激企业加大研发投入，促进技术进步。[41]当企业利用技术创新开发非竞争性的产品时，选择交叉技术许可模式更有利于提高企业的利润。根据技术许可方是否进入产品市场创新，可划分为内部技术创新者和外部技术创新者的技术许可。在内部技术创新者的技术许可中，迪鲁特库（Erutku）和瑞雪儿（Richelle）指出，许可费用是内部创新者的全部收入来源。[42]乔杜里（Choudhary）认为，技术许可方会参与技术的创新和产品的销售过程，并得到除技术许可费用以外的产品收益。[43]另外，按照技术许可策略的不同，技术许可划分为固定费用许可、产量许可或者两部制许可。常（Chang）等学者、雷伊（Rey）和萨兰特（Salant）对比分析了不同技术许可策略，以及这些方式对企业行为决策的影响等。[44-45]

经过梳理，目前对于技术转让和技术作价入股的研究较少。大多数学者主要对技术转让的定义、性质等作出相应的解释。白让让从宏观的角度分析技术转让的相关制度和当前存在的问题。[46]另外，赵捷等学者根据美国大学科技成果作价入股的经验，为我国大学、研究机构科技成果作价入股的发展提供了宝贵的建议。[47]宋河发等学者梳理了科技成果和知识产权作价入股的所得税法规和政策，指出我国递延纳税政策存在的主要问题，并针对具体问题提出相应的改革建议。[48]

1.2.3　技术定价

作为技术交易中的重要环节，技术价格的确定是技术交易成功的关键因素之一。近年来关于技术定价的相关文献较少，经过梳理，早期的研究主要从技术类型、技术转移方式等角度来分析技术的定价策略，部分研究结合信息不对称来展开分析。

关于不同场景的技术定价策略，姜子昂等学者以油气技术为例，构建油气技术要素收益区间的价值让渡定价方法。[49]针对共性技术，梁洁归纳总结了共性技术的内涵、特征，并讨论了共性技术的价格形成机制。[50]朱莛和朱清源针对清洁供暖技术，以电加热熔盐储热供暖项目为例，研究不同场景及优惠政策下的经济性及定价策略，[51]及针对不同技术转移方式的定价模型。岳贤平研究技术许可中的技术定价机制，研究发现，当道德风险存在于技术使用者一方时，技术所有者偏向采用固定费用的定价形式，反之，技术所有者确定的固定价格随着似然比的增大而减小。[52]王珊珊等学者以技术标准联盟为研究对象，提出了联盟专利集中许可定价原则，以及设计专利集中许可定价的方法与策略。[53]针对技术转让，鞠春临等学者构建了相应的价格预期模型，并结合技术生命周期理论给出各参数的估计值，并分析了不同时期技术转让的优势和劣势。[54]

在信息不对称的情况下，学者主要利用信息经济学的相关理论与方法，研究不同技术交易方式的定价策略。岳贤平等学者从技术所有者的角度出发，研究逆向选择情况下技术许可的价格契约问题。[55]耿子扬等学者研究创新主体引进技术进行集成创新的问题，研究结果表明，技术提供者通过承担更多的责任来防范逆向选择问题，同时，技术提供者承担的责任份额与创新主体的收益正相关。[56]唐家龙和马虎兆指出，造成技术转移渠道不畅和技术交易市场效率低下的主要原因是技术转移过程中的信息不对称问题，而技术商品的特点又加剧了这种信息不对称，从而产生严重的逆向选择和道德风险。[57]

1.2.4　相关政策

在技术转移和交易的过程中，既需要发挥市场这只"无形的手"来配置市场资源，也需要政府这只"有形的手"来制定相关政策来调控引导社会的有序发展。当前，有关技术转移和交易的文献，均侧重于分析我国不同时期政策的优缺点，并通过与国外政策进行对比，进而为政府机构制定政策提供参考。

关于国外的技术转移政策。许多学者在对欧美国家技术转移政策认真研究的基础上，针对中国的技术转移政策建设提出了自己的见解和建议。骆严等学者指出，我国的法律忽视了高等学校、国家科研机构与美国大学、联邦实验室的差异,特别是中美技术转移政策之间的差异。[58]李玲娟等学者通过研究美国技术转移政策的发展历程、构成体系,如联邦政府与地方技术转移的治理结构、各联邦组成部门的技术转移战略、行动计划以及概念验证中心、技术转移中心等,对我国的技术转移政策也提出了相关的政策建议。[59]针对芬兰的技术转移政策,鲁礼瑞等学者强调,芬兰的技术转移政策主要从科技计划角度出发,通过整合各类科技资源来建立相应的产业技术转移政策体系。[60]而宋微指出,韩国的转移政策,则主要通过技术转移产业化来实现自主创新,可以为我国技术转移工作提供重要参考。[61]

关于国内的技术转移政策。以下这些学者主要梳理了不同国家的转移政策,指出我国当前面临的问题以及相应的政策建议。郭东妮对新中国成立以来的技术转移法律体系进行了系统的整理,并以此为基础进一步分析了与高校紧密联系的四类技术转移模式,探讨了各种模式的优点、缺点和适用范围。[62]在此基础上,肖国芳和李建强研究改革开放以来中国技术转移发展的四个阶段及特征,指出当前技术转移政策存在的问题,并提出加强政策协同、下放权力、市场导向、高位推动、完善考核等政策建议。[63]潘文华和黄丽华强调,我国可借鉴美国的技术转移政策法律体系,比如,坚持技术转移法治化,循序渐进实行技术转移以及大力扶持小企业技术创新,为企业加快技术成果转化提供有力保障。[64]魏玮指出,我国应在学习欧盟IRC成功经验的基础上,结合我国实际情况建立中国创新驿站,进一步提升我国促进中小企业技术转移公共服务措施。[65]

1.2.5 多边平台

当前关于双边平台和多边平台的研究集中于定价和竞争策略,而结合技术转移和交易的研究则较少。罗谢特(Rochet)和梯若尔(Tirole)首次定义双边市场,并强调用户间的交叉网络外部性是双边平台运行的关键。[66]此后，王（Wang）、孙（Sun）等学者开始基于双边市场理论研究双边平台定价机制。[67-68]倪渊等学者结合不同定价模式构建复合型双边市场定价模型，他们的研究表明利润导向平台定价模式在初期和后期应分别采用混合制定价和交易收费模式。[69]丁雪峰等学者和塞姆（Tham）等学者考虑双边平台参与主体的外部性，研究双边平台最优定价策略以及不同策略对用户利润结构的影响，研究表明平台对消费者和服务提供方的最优定价策略均有收费、免费和补贴等，网络外部性会影响企业的定价机制。[70-71]潘小军研究垄断双边平台企业的定价策略，发现在显著性偏好非对称型市场上，对价格敏感的一方收取的价格最低。[72]此后，刘维奇和张苏针对双边平台在不同兼并结构下的定价问题，研究发现互补品提供商对消费者的产品定价在纵向兼并下最低，而平台对消费者的接入价格与网络外部性的强度相关。[73]段文奇和柯玲芬进一步研究双边平台的动态定价问题时，发现动态定价显著优于静态定价，但强交叉网络效应或前瞻性用户都会增强动态定价的相对优势。[74]考虑平台企业存在竞争的情形，张凯和李向阳指出，单归属最终用户的均衡价格与重叠业务比例呈负相关，而部分多归属最终用户的均衡价格与重叠业务比例呈正相关。[75]另外，雷梦思构造了政府主导和政府支持的市场化两阶段的定价模型，研究表明，处于政府支持的网上技术市场对技术供给方（技术需求方）的定价随着技术供给方（技术需求方）的交叉网络外部性的增大而降低，同时平台差异化会提高竞争平台的价格和利润水平。[76]

多边平台主要是在双边平台的基础上发展而来的，具有交叉网络外部性、交叉补贴定价策略等特点[77]。王法涛考虑电子商务主平台及其从属平台的交叉网络外部性，构建联营开放电子商务平台、自营半开放电子商务平台、物流电子商务平台、金融电子商务平台四种商业模式下的多边市场收益模型，并讨论各种商业模式下的平台定价与利润。[78]张川等学者结合交叉网络外部效应，研究多边配送平台增值服务投资与定价策略，结果显示，若消费者对配送人员的网络外部性强度增加，则平台应提高广告费和增值服务投资，降低交易费和配送费。[79]王举颖针对零售企业的多边平台模式，研究多边协同定价和多元化动态定价策略。[80]谭（Tan）和赖特（Wright）强调多边平台存在定价扭曲的问题，并举例说明这些扭曲会导致用户的垄断价格低于社会规划者的价格。[81]另外，卡茨（Katz）和萨勒特（Sallet）进一步强调，法院在评估竞争效果时应结合多边市场的特点考虑平台的价格结构。[82]

综上可知，关于技术转移和交易的研究已具备一定的研究基础，但大部分学者主要从单一视角或者双边视角来分析技术转移的过程，尚未关注多个参与主体在技术转移及交易中的作用及其影响。

1.3 本书主要内容

本书从多边平台的视角，围绕技术转移和技术交易，系统梳理技术研发、技术市场、技术定价、相关政策以及多边平台等领域的研究进展，分析技术市场和技术交易的基本内容。在此基础上，本书分析技术交易的内容与方式，梳理技术成果评估和评价方法，探索技术交易价格形成机制，研究技术交易平台的业务功能和商业模式，讨论技术转移和技术交易中的知识产权。本书最后分析了技术转移和技术交易的相关法律法规和政策。基本框架如图1-1所示。

本书主要内容如下：

（1）技术市场与技术转移。归纳总结了技术市场的概念和构成要素，详细分析了技术市场的不同功能等，并梳理了技术市场的发展现状。阐述了技术转移的基本概念和内涵，梳理了技术转移的发展历程，分析了技术转移的参与主体和过程，并结合四川大学技术转移机构展开深入讨论。

（2）技术交易的内容和方式。明确了技术交易的内容，归纳了不同技

图 1-1　基本框架

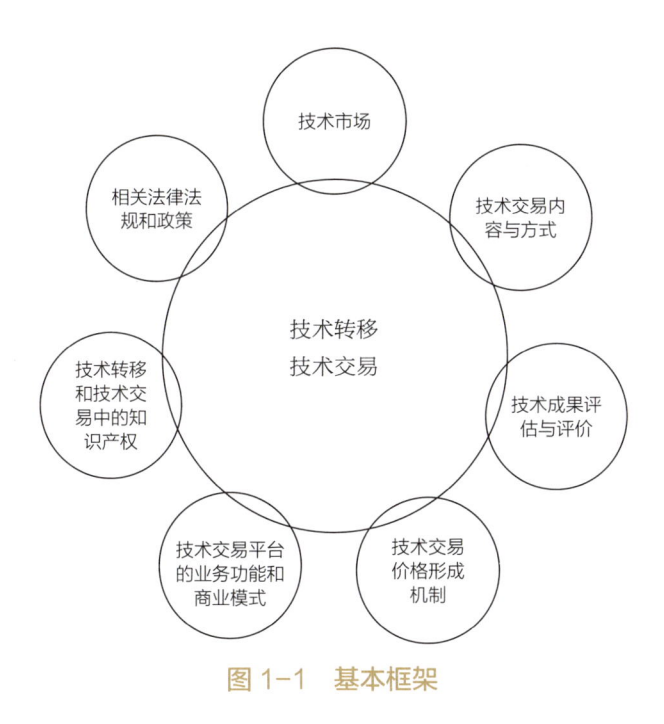

术交易方式的定义、法律依据以及适用范围，包括技术转让、技术开发、技术咨询以及技术服务；利用文献梳理的方法，进一步分析了不同技术交易模式的演进过程，包括直接交易、间接交易和平台交易。

（3）技术成果的评估与评价。概述了技术成果评估的发展历程，从技术成熟度、技术先进性以及技术创新性等角度，分析了技术成果的评价方法；归纳梳理了技术资产价值的评估方法，包括成本法、收益法、市场法以及知识产权法等；从多个主体的视角来分析技术成果的评估过程。

（4）技术交易价格形成机制。概括了技术商品的特殊表现和技术交易价格的形成特点，探讨了技术交易价格的形成要素，并从单边视角和多边视角出发，分析了技术市场对技术交易价格形成过程的影响；进一步梳理了协议定价、拍卖定价以及挂牌定价方式下的技术交易价格形成方法和适用条件。

（5）技术交易平台。梳理了技术交易平台的发展历程，利用数据搜集分析了技术交易平台的发展现状；归纳总结了技术交易平台的类型和多边主体的特征，分析了技术交易平台的业务体系和重要功能；利用商业模式画布工具，多角度分析了技术交易平台的商业模式。

（6）技术转移和技术交易中的知识产权。概述了知识产权的基本概念，并详细分析了技术转移过程中专利技术的多个主体。从技术转移和交易的不同阶段、模式等方面，深入分析了专利与技术转移的关系，并指出了技术转移和交易中相关的专利问题及趋势。

（7）技术转移与技术交易相关法律法规及政策分析。从多边平台的视角出发，梳理了技术转移和交易的国家性法律法规及政策。同时，整理了京津冀、长三角、粤港澳大湾区和成渝双城经济圈等区域的地方性法律法规。最后，分析了综合类、理工类、其他类型高校的科技成果转化政策。

本章参考文献

[1] BALACHANDRA R, FRIAR J H. Factors for success in R&D projects and new product innovation: a contextual framework［J］. IEEE Transactions on Engineering Management, 1997, 44 (3)：276-287.

[2] 杜勇，鄢波，陈建英. 研发投入对高新技术企业经营绩效的影响研究［J］. 科技进步与对策，2014, 31 (2)：87-92.

[3] JUNG H, HWANG J, KIM B K. Does R&D investment increase SME survival during a recession?［J］. Technological Forecasting & Social Change, 2018, 137: 190-198.

[4] HU A J. Ownership, government R&D, private R&D and productivity in Chinese industry［J］. Journal of Comparative Economics, 2001, 29 (1)：136-157.

[5] BRONZINI R, PISELLI P. Determinants of long-run regional productivity with geographical spillovers: The role of R&D, human capital, and public infrastructure［J］. Regional Science and Urban Economics, 2009, 39 (2)：187-199.

[6] 靳巧花，严太华. 自主研发与区域创新能力关系研究——基于知识产权保护的动态门限效应［J］. 科学学与科学技术管理，2017, 38 (2)：148-157.

[7] 原毅军，孙大明. FDI技术溢出、自主研发与合作研发的比较——基于制造业技术升级的视角［J］. 科学学研究，2017, 35 (9)：1334-1347.

[8] 吴延兵. 自主研发、技术引进与生产率——基于中国地区工业的实证研究［J］. 经济研究，2008 (8)：51-64.

[9] 刘小鲁. 知识产权保护、自主研发比重与后发国家的技术进步［J］. 管理世界，2011 (10)：10-19, 187.

[10] ALFARO L, CHANDA A, KALEMLI-OZCAN S, et al. FDI and economic growth: The role of local financial markets［J］. Journal of International Economics, 2004, 64 (1)：89-112.

[11] 张宗庆，郑江淮. 技术无限供给条件下企业创新行为——基于中国工业企业创新调查的实证分析［J］. 管理世界，2013, (1)：115-132.

[12] 储德银，张同斌. 自主研发、技术引进与高新技术产业成长［J］. 科研管理，2013, 34 (11)：53−60, 113.

[13] GIRMA S, GONG Y, GORG H. What determines innovation activity in Chinese state-owned enterprises? The role of foreign direct investment［J］. World Development, 2009, 37 (4)：866−873.

[14] 邢斐，张建华. 外商技术转移对我国自主研发的影响［J］. 经济研究，2009, 44 (6)：94−104.

[15] 王华，赖明勇，柒江艺. 国际技术转移、异质性与中国企业技术创新研究［J］. 管理世界，2010 (12)：131−142.

[16] WU J, CALLAHAN J. Motive, form, and function of international R&D alliances: evidence from the Chinese IT industry［J］. The Journal of High Technology Management Research, 2005, 16 (2)：173−191.

[17] WITGHAUS L. Absorptive capacity and connectedness: why competing firms also adopt identical R&D approaches［J］. International Journal of Industrial Organization, 2005, 23 (5−6)：467−481.

[18] 谢萌，李玉凤. 溢出效应下的竞争制造商合作研发策略［J］. 物流技术，2021, 40 (4)：46−51.

[19] AMALDOSS, WILFRED, MEYER, et al. Collaboration to compete［J］. Marketing Science, 2000, 19 (2)：105−126.

[20] 江成山，陈宇科. 基于吸收能力的纵向合作研发网络构建［J］. 中国流通经济，2013, 27 (8)：77−81.

[21] 景熠，王旭，李文川. 纵向研发合作的收益分配与成本分担机制研究［J］. 科技进步与对策，2011, 28 (21)：1−5.

[22] 丁旭，孟卫东，陈晖. 基于技术风险的供应链纵向合作研发利益分配方式研究［J］. 科技进步与对策，2011, 28 (20)：19−23.

[23] GIL P M, BRITO P, AFONSO D. Growth and firm dynamics with horizontal and vertical R&D［J］. Macroeconomic Dynamics, 2013, 17 (7)：1438−1466.

[24] 马艳艳，刘凤朝，姜滨滨，等. 企业跨组织研发合作广度和深度对创新绩效的影响——基于中国工业企业数据的实证［J］. 科研管理，2014, 35 (6)：33−40.

[25] 王龙伟, 任胜钢, 谢恩. 合作研发对企业创新绩效的影响研究——基于治理机制的调节分析 [J]. 科学学研究, 2011, 29 (5) : 785-792.

[26] 刘敬伟, 黄成节, 蒲勇健. 合作研发策略选择问题的动态演化分析 [J]. 技术经济与管理研究, 2022 (2) : 15-19.

[27] 张鼐, 周年喜. 基于专利绩效的校企合作研发与技术重组研究 [J]. 科学与管理, 2019, 39 (5) : 29-36.

[28] 王海绒, 苏中锋. 整合独立研发与合作研发: 基于知识治理观点的研究 [J]. 科学学与科学技术管理, 2018, 39 (5) : 65-75.

[29] MEHDI M. Technological catch-up in complex product systems [J]. Journal of Engineering Technology Management, 2016, 41: 92-105.

[30] 刘林. 基于政府职能对加快云南技术市场建设的分析 [J]. 全国商情（经济理论研究）, 2014 (Z2) : 68-69.

[31] 朱诗怡, 张凯, 胡昕霖. 技术市场对经济高质量发展的影响研究——基于稀疏PCA与中介效应检验 [J]. 经济问题探索, 2021 (9) : 30-43.

[32] 戴魁早. 技术市场发展对出口技术复杂度的影响及其作用机制 [J]. 中国工业经济, 2018 (7) : 117-135.

[33] 俞立平, 万晓云, 钟昌标, 等. 技术市场厚度、市场流畅度与高技术产业创新 [J]. 中国软科学, 2021 (1) : 21-31.

[34] 俞立平, 王冰. 市场设计理论下技术市场对协同创新的影响机制研究——以高技术产业为例 [J/OL]. 科研管理: 1-15 [2022-04-28]. http://kns.cnki.net/kcms/detail/11.1567.G3.20211011.1453.008.html.

[35] 周俊亭, 席彦群, 周媛媛. 区域技术市场、政府扶持与科技创新 [J]. 中国软科学, 2021 (11) : 80-90.

[36] 夏凡, 冯华. 技术市场规模与区域技术进步——基于创新投入的多重中介效应分析 [J]. 宏观经济研究, 2020 (1) : 95-111, 140.

[37] 叶祥松, 刘敬. 政府支持、技术市场发展与科技创新效率 [J]. 经济学动态, 2018 (7) : 67-81.

[38] 马亚丽, 李华, 王方. 基于双边市场理论的网上技术市场定价策略 [J]. 科技管理

研究, 2016, 36 (11): 233-239.

[39] 朱雪忠, 胡锴. 网上技术市场类型差异下的行业选择特征 [J]. 科研管理, 2021, 42 (1): 146-155.

[40] ARROW K J. The economic implications of learning by doing [J]. The Review of Economic Studies, 1962, 29 (80): 155-173.

[41] 来向红. 交叉许可还是合资研发——创新应用的边际收益率的视角 [J]. 运筹与管理, 2018, 27 (1): 178-184.

[42] ERUTKU C, RICHELLE Y. Licensing a new product with non-linear contracts [J]. Canadian Journal of Economics, 2006, 39 (3): 932-947.

[43] CHOUDHARY V. Comparison of software quality under perpetual licensing and software as a service [J]. Journal of Management Information Systems, 2007, 24 (2): 141-165.

[44] CHANG M C, HU J L, LIN C H. The optimal licensing strategy of an outside patent in vertically related markets [J]. International Journal of Economics and Finance, 2013, 5 (3): 102-112.

[45] REY P, SALANT D. Abuse of dominance and licensing of intellectual property [J]. International Journal of Industrial Organization, 2012, 30 (6): 518-527.

[46] 白让让. 跨国公司"强制性"转让技术的动因、模式与效应——来自中美汽车合资合作企业的多案例研究 [J]. 产业经济评论, 2022 (1): 58-72.

[47] 赵捷, 张杰军, 汤世国, 等. 科技成果转化中的技术入股问题研究 [J]. 科学研究, 2011, 29 (10): 1485-1489.

[48] 宋河发, 廖奕驰, 陈芳. 科技成果与知识产权入股递延纳税政策改革研究 [J]. 科学研究, 2019, 37 (8): 1415-1422, 1451.

[49] 姜子昂, 周建, 辜穗, 等. 我国技术要素价格市场化定价方法研究——以油气技术为例 [J]. 价格理论与实践, 2018 (10): 129-132.

[50] 梁洁. 共性技术的价格机制及定价方法研究 [D]. 合肥: 合肥工业大学, 2012.

[51] 朱莛, 朱清源. 新型清洁供暖技术经济性与定价策略研究——以电加热熔盐储热供暖项目为例 [J]. 价格理论与实践, 2019 (1): 129-132.

[52] 岳贤平. 道德风险和多产出条件下技术许可中的技术定价机制［J］. 技术经济, 2012, 31 (8)：63-69.

[53] 王珊珊, 史宇, 吕建秋. 技术标准联盟专利集中许可定价研究［J］. 科技管理研究, 2017, 37 (20)：174-180.

[54] 鞠春临, 周泉佚, 刘建宁. 基于生命周期的技术定价模型研究［J］. 科技进步与对策, 2006 (10)：100-102.

[55] 岳贤平, 李廉水, 顾海英. 专利交叉许可的微观机理研究［J］. 情报理论与实践, 2007 (3)：306-310.

[56] 耿子扬, 汪贤裕, 黄梅萍. 集成创新中基于技术转移的低成本合作契约研究［J］. 科学学与科学技术管理, 2011, 32 (5)：55-59.

[57] 唐家龙, 马虎兆. 基于信息经济学的技术转移的经济分析［J］. 科学管理研究, 2006 (6)：45-48.

[58] 骆严, 朱雪忠, 焦洪涛. 论美国大学与联邦实验室技术转移政策的差异［J］. 科学学研究, 2016, 34 (3)：373-379.

[59] 李玲娟, 蒋能倬, 张波. 美国技术转移政策的要点及借鉴［J］. 科技导报, 2020, 38 (24)：53-61.

[60] 鲁礼瑞, 屈昌涛, 张心怡, 等. 芬兰产业技术转移的政策演进［J］. 华东科技, 2010 (7)：25-26.

[61] 宋微. 韩国促进技术转移与产业化的主要政策及推进计划［J］. 全球科技经济瞭望, 2016, 31 (12)：50-54.

[62] 郭东妮. 中国高校技术转移制度体系研究［J］. 科研管理, 2013, 34 (6)：115-121, 160.

[63] 肖国芳, 李建强. 改革开放以来中国技术转移政策演变趋势、问题与启示［J］. 科技进步与对策, 2015, 32 (6)：115-119.

[64] 潘文华, 黄丽华. 美国扶持企业的技术转移政策及其启示［J］. 哈尔滨商业大学学报（社会科学版）, 2008 (3)：13-15.

[65] 魏玮. 我国促进中小企业技术转移的公共服务措施研究——基于欧盟IRC计划［J］. 电子知识产权, 2008 (10)：37-40, 45.

[66] ROCHET J C, TIROLE J. Platform competition in two-sided markets [J]. Journal of the European Economic Association, 2003, 1 (4): 990−1029.

[67] WANG X L, HE F, YANG H, et al. Pricing strategies for a taxi-hailing platform [J]. Transportation Research Part E-logistics and Transportation Review, 2016, 93: 212−231.

[68] SUN Z H, DI L P, HEO G, et al. GeoFairy: towards a one-stop and location-based service for geospatial information retrieval [J]. Computers, Environment and Urban Systems, 2017, 62: 156−167.

[69] 倪渊，蔡功山，赵艳，等. 双目标多主体下的技术交易一站式服务平台定价模式研究 [J/OL]. 工业工程与管理，2020: 1−14 [2022−05−13]. http://kns.cnki.net/kcms/detail/31.1738.T.20200810.1538.002.html.

[70] 丁雪峰，陈前程. 服务商组内网络外部性与物流双边平台定价策略及影响研究 [J]. 管理评论，2021, 33 (3): 292−306.

[71] THAM W W, SOJLI E, SKJELTORP J A. Cross-sided liquidity externalities [J]. Management Science: Journal of the Institute of Management Sciences, 2018, 64 (6): 2901−2929.

[72] 潘小军. 基于消费者显著性偏好的双边平台转换成本和定价策略研究 [J]. 中国管理科学，2021, 29 (11): 45−54.

[73] 刘维奇，张苏. 双边平台兼并策略下的定价问题分析 [J]. 中国管理科学，2017, 25 (5): 17−24.

[74] 段文奇，柯玲芬. 基于用户规模的双边平台适应性动态定价策略研究 [J]. 中国管理科学，2016, 24 (8): 79−87.

[75] 张凯，李向阳. 部分重叠业务的双边平台企业竞争模型 [J]. 系统工程理论与实践，2010, 30 (6): 961−970.

[76] 雷梦思. 双边市场下两阶段网上技术市场定价策略研究 [D]. 西安：西安电子科技大学，2017.

[77] 黄彦钦. 多边平台相关市场界定方法构建与应用 [J]. 竞争政策研究，2019 (1): 90−102.

[78] 王法涛. 演化视角下电子商务多边平台网络效应及竞争策略选择 [J]. 中国流通经济，2019, 33 (11): 54−64.

[79] 张川，田雨鑫，肖敏. 考虑交叉网络外部效应的多边配送平台增值服务投资与定价策略 [J]. 系统工程理论与实践，2019, 39 (12)：3084-3096.

[80] 王举颖. 大数据时代零售企业多边平台发展与协同定价策略研究 [J]. 价格理论与实践，2015 (5)：106-108.

[81] TAN H R, WRIGHT J. Local technological capability, and productivity spillovers form FDI in the Uruguayan manufacturing sector [J]. Journal of Development Studies, 1996, 32: 602-611.

[82] KATZ M, SALLET J. Multisided platforms and antitrust enforcement [J]. The Yale Law Journal, 2018, 127 (7)：2142-2175.

2 技术市场与技术转移

改革开放以来，我国科技成果持续产出，技术市场有序发展，技术交易日趋活跃，技术转移体系逐步完善。建设和完善技术市场和技术转移体系，对于促进科技成果资本化产业化、提升国家创新体系整体效能、激发全社会创新创业活力、促进科技与经济紧密结合具有重要意义。

本章围绕技术市场与技术转移，从技术市场的概念、构成与功能出发，分析技术市场发展历程与规模结构，在探究技术转移的概念和内涵的基础上，分析技术转移与其他相似概念之间的区别，梳理技术转移发展历程以及技术转移一般流程，基于多边平台视角，探讨技术转移过程中各参与主体所发挥的作用，最后分析国内技术转移服务机构的类型及作用，介绍技术转移服务机构案例。

2.1 技术市场

技术市场是我国五大生产要素市场之一，发挥着统筹配置科技创新资源、健全技术创新市场导向机制、促进技术转移和成果转化的重要职能。我国对技术市场的建设非常重视，2022年4月10日，《中共中央 国务院关于加快建设全国统一大市场的意见》发布，要求加快培育统一的技术和数据市场，建立健全全国性技术交易市场。

2.1.1 技术市场的概念与构成要素

1984年11月，国务院常务会议做出了"加速技术成果商品化，开放技术市场"的重要决议，确定以技术市场为突破口进行科技体制改革。自此，我国技术市场逐步发展壮大，为促进我国科技与经济紧密结合作出了重要贡献[1]。关于技术市场的定义，相关学者给出了不同的说法。阿罗拉（Arora）认为技术市场是为技术交易发生扩散所产生的交易市场。[2]秦宛顺等学者提出，技术市场是在技术商品的生产和交换过程中所形成的商品交换场所和通过技术商品交换所形成的供求双方的各种经济关系的总和。[3]李先亭将技术市场定义为技术商品从生产到流通及应用的全过程中所形成的各种相关主体之间经济关系的总和。[4]林仁红、苏小倩两位学者从狭义和广义的角度对技术市场的定义进行了总结。她们认为，狭义上的技术市场是指商品交易的场所，具有固定的时间和地点，反映了技术产品的实质性质，强调技术市场的场所属性，具有特定时间和空间约束。而广义上的技术市场是指将科技成果当作技术商品交易并转化为社会生产力的各类关系的总和，强调技术开发到流通应用过程的完整性，更加强调市场内部主体之间的相互关系。[5-6]

技术市场应涉及技术商品研究开发到技术商品产业化的全过程，涵盖科研领域、生产领域和产业化应用领域等，是技术商品从开发转变为生产力的供求关系的总和，而技术市场的主体、客体以及软硬件是构成技术市场的基础要素。

（一）技术市场的主体

技术市场的主体是开展技术市场活动的组织或个人，一般包括技术供给方、技术需求方和技术中介。技术供给方，也称为技术的让与方，主要包括科研机构、高等院校、设计单位以及拥有技术的个人。技术供给方的作用是研发产出技术商品。技术需求方，也称为技术的受让方，以企业为主。技术需求方的主要作用是实现技术商品的产业化，实现技术商品在生产环节的使用价值。技术中介则是促进交易的个人或组织，其主要功能是为技术市场中的供需双方建立起沟通与联系。

（二）技术市场的客体

技术商品作为技术市场的客体，是技术市场存在的基础。技术商品具有特殊性与复杂性，技术商品的本质以信息的形式存在，无法直接用于交易和评估，需要特定环节实现具象化、实物化。技术商品是商品化的科技成果，具有一般商品以外的特殊性，主要体现在形态的非物质性、出售的多次性、使用价值的潜在性、价值的实效性等方面。首先，技术商品不具有一般商品的某种特殊形态，使用价值无法直接发挥作用，只能作为生产要素使用；其次，由于技术更新迭代，技术商品的价值随着时间发生动态变化，甚至会被淘汰；再次，技术商品具有公共物品属性，在一定情况下可以多方共同使用；最后，技术商品的研发与转化存在风险，导致收益的不稳定性。技术研发成本过高，技术受让者也无法准确估计其收益，增加了技术商品的特殊性。

（三）技术市场的软件和硬件

技术市场的软件和硬件构成技术市场的内容，包括技术市场的实体或虚拟设施、规范技术市场的各种规则惯例、技术商品的价格以及关于技术商品的交易条件等。技术交易具有交易费用高、交易信息不对称、交易信息不完全等重要特点。这些特点需要技术市场通过软件和硬件支持，保障技术市场有序发展。

2.1.2 技术市场功能

作为连接科技和经济的桥梁，我国技术市场从无到有，从小到大，逐步形成以技术服务为主，技术开发、技术转让和技术咨询为辅的发展格局。董正英、郑志娟、李岩妍三位学者对技术市场的功能进行了归纳总结，本文结合以上学者的研究，将技术市场功能总结为以下三个方面：

（一）交易功能

技术市场为技术交易双方提供连接的场所和环境，交易功能是技术市场的首要功能。交易使技术知识转变为技术商品。技术成果商品化可以实现技术成果的商业化机制，使技术生产者的付出得到回报，技术使用者的技术需求得到满足。

技术成果通过技术市场的交易功能，降低了技术转移与交易的成本，提高了技术成果转化效率，加速了技术经济快速发展。

（二）信息功能

技术市场是技术信息发布与搜寻的载体，为供需双方提供展示交流的平台。信息是技术交易的基础，供需双方需要了解双方信息后才能实现技术转移与成果转化。由于技术知识的生产与使用存在时间和空间的限制，技术市场要为技术知识提供发布、展示和交易等多种服务，以减少信息不对称，并且分散了研发、中试、生产的风险，促进科技创新在经济高质量发展的过程中发挥重要作用。

（三）服务功能

技术市场的发展离不开服务，它为技术商品的交易提供便利，服务主要包括技术交易合同登记、科技成果评价、金融信贷等。技术市场是科技与经济发展的桥梁，其发展水平主要体现在服务的水平上，可根据相关法律法规维持技术市场交易的秩序，组织相关活动。技术市场根据国内外发展趋势进行自我创新，不断提升技术市场交易的服务水平，维护市场发展环境。

技术市场是有效推动技术成果转化的"无形之手"，交易功能、信息功能以及服务功能是所有技术市场所应具备的三项基础功能。一般来说，一个技术市场能否提升创新要素的流动速度，优化创新资源配置效率，实现繁荣发展与这三项基础功能密切相关。[7-9]

2.1.3　我国技术市场的发展历程与现状

经过近四十年的发展，我国技术市场从无到有，快速发展壮大，为我国经济建设转变发展方式，推动产业结构优化升级，提升自主创新能力，提高经济质量，建设创新型国家，加快促进科技与经济建设紧密结合发挥了重要作用。本节将对技术市场的发展历程及发展现状进行分析。

2.1.3.1　技术市场的发展历程

我国技术市场在不同时期表现出不同的发展特征，综合政策变化和市场规模变化，本书将我国技术市场的发展历程划分为萌芽阶段、法律法规体系建立阶段、快速建设阶段、高速发展阶段和高质量发展阶段五个阶段，见表2-1。

表2-1　我国技术市场发展历程

阶段	时期	标志
萌芽阶段	1949—1985年	改革开放的初期尝试
法律法规体系建立阶段	1985—2001年	《中华人民共和国专利法》颁布，开始建设技术市场
快速建设阶段	2001—2012年	加入世贸组织，加快建设技术市场
高速发展阶段	2012—2017年	深化科技体制改革，建设创新型国家
高质量发展阶段	2017年至今	发展壮大技术市场

（一）萌芽阶段（1949—1985年）

20世纪80年代初期，我国开始科技体制改革探索，主要方向是建立符合科技发展规律和适应社会主义市场经济体制的科技要素流通制度。1980年国务院颁布《关于开展和维护社会主义竞争的暂行规定》首次肯定了技术的商品属性，指出"对创造发明的重要技术成果要实行有偿转让"。

1984年1月，全国开始实施技术合同制度。1985年3月13日，《中共中央关于科学技术体制改革的决定》（中发〔1985〕6号）指出，"技术市场是我国社会主义商品市场的重要组成部分，应当通过开拓技术市场，疏通技术成果流向生产的渠道，改变单纯采用行政手段无偿转让成果的做法。"自此，我国技术市场正式成立，为技术实现有偿转让提供了基础条件。

（二）法律法规体系建立阶段（1985—2001年）

1985年4月，我国施行《中华人民共和国专利法》（以下简称《专利法》）。作为界定技术商品、规范技术市场的法律，《专利法》的颁布表明我国开始进入技术市场的规范化、法律化和正规化阶段。因此，我们将1985年作为我国技术市场发展第二阶段——技术市场法律法规体系建立阶段的开端。1987年6月23日，第六届全国人民代表大会常务委员会第二十一次会议通过《中华人民共和国技术合同法》[1]，推动我国技术市场步入法制轨道。1988年5月3日，国务院作出《关于科技体制改革若干问题的决定》，提出要鼓励科研机构切实引入竞争机制，积极推行各种形式的承包经营责任制，实行科研机构所有权和经营管理权的分离。1993年7月2日，第八届全国人民代表大会常务委员会第二次会议通过了《中华人民共和国科学技术进步法》。在这一时期，我国持续完善法律法规，为技术商品化和技术市场活动开展提供法律保障，同时做好了政策、舆论、理论等方面准备。

（三）快速建设阶段（2001—2012年）

2001年12月，中国正式成为世界贸易组织成员。我国技术市场进入从学术研究、技术引进过渡到提高自主原始创新能力和加速科技成果转化为主的发展阶段。随着国内创新需求扩大，技术市场多方积极参与，我国走

---

[1]《中华人民共和国技术合同法》自1999年10月1日起失效。1999年10月1日起我国施行《中华人民共和国合同法》。《中华人民共和国民法典》自2021年1月1日起施行，《中华人民共和国合同法》同时废止。

上了自主创新的发展道路。为进一步完善技术市场创新体系建设，2006—2008年，我国相继制定出台了一系列政策，如《关于加快发展技术市场的意见》《国家技术转移促进行动实施方案》等，引导、培育技术市场健康发展。与此同时，在技术市场的快速建设阶段，各地技术市场在政策法规环境上逐步完善，建立了较好的市场秩序。

（四）高速发展阶段（2012—2017年）

2012年党的十八大报告中提出要实施创新驱动发展战略，把强力推进经济结构转型，加快产业结构优化，创新驱动发展提升到了国家发展全局的核心位置。[8]经过前期半个多世纪的发展，我国在技术交易相关法制政策体系、组织机构、管理经营体系等方面取得显著进展，区域技术市场逐渐发展成熟，深化科技体制改革成为技术市场发展的第一要务，技术市场进入高速发展阶段。2015年9月，中共中央办公厅、国务院办公厅印发了《深化科技体制改革实施方案》（中办发〔2015〕46号），文件指出要建立技术创新市场导向机制，企业是科技与经济紧密结合的主要载体，解决科技与经济结合不紧密问题的关键是增强企业创新能力和协同创新的合力。2016年5月，中共中央、国务院印发了《国家创新驱动发展战略纲要》（中发〔2016〕4号），文件指出完善全国技术交易市场体系，发展规范化、专业化、市场化、网络化的技术和知识产权交易平台，科研院所和高校建立专业化技术转移机构和职业化技术转移人才队伍，畅通技术转移通道。

（五）高质量发展阶段（2017年至今）

2018年5月，科技部印发《关于技术市场发展的若干意见》（国科发创〔2018〕48号），提出到2025年，统一开放、功能完善、体制健全的技术市场进一步发展壮大，技术创新市场导向机制更趋完善，市场配置创新资源的决定性作用充分显现，技术市场对现代化产业体系发展的促进作用显著增强，为我国创新能力提升和迈入创新型国家前列提供有力支撑。这一时期，科技体制改革密集发力，在一些重要领域和关键环节取得实质性进展，呈现出全面推进、多点突破、纵深发展的新局面。我国技术市场成交额不断上升，2021年技术市场交易额达到37294.3亿元，2018—2021年连续4年增长率保持在26%以上，2021年增长率达到32%，交易额及增长率创历史新高。

2.1.3.2 技术市场的规模

技术市场的规模是技术市场发展程度的重要指标，反映了经济社会对于技术成果的应用情况。本节基于《中国科技统计年鉴》和《中国统计年鉴》2011—2020年的技术交易数据，从技术合同数量和技术交易金额两个方面分析我国技术市场的规模现状。

根据表2-2，在2011—2020年期间，我国技术市场的总体规模持续扩大，技术交易质量稳定提升。在技术市场交易金额方面，我国技术市场交易总额以14%到35.13%的增长率快速上升，2016年我国技术交易合同总额突破1万亿元。2017年5月，科技部发布了《"十三五"技术市场发展专项规划》（国科发火〔2017〕157号），特别提到"全国技术市场交易规模进一步扩大，技术合同成交金额保持平稳较快增长，到2020年力争达到2万亿元"。而在2019年，我国技术合同成交额已超过2万亿元，提前实现"十三五"技术市场的发展目标。此外，从2017年开始，我国技术交易合同数量年增长率持续超过12%。2020年全国技术交易合同数突破50万项，交易金额达28251.51亿元，是2011年技术交易金额的5.93倍。

表 2-2　我国技术市场交易规模（2011—2020 年）

年份	技术合同数/项	技术合同数增长率/%	技术合同交易金额/亿元	技术合同交易金额增长率/%	指数
2011	256428	—	4763.56	—	100.00
2012	282242	10.07	6437.07	35.13	135.13

续表

年份	技术合同数/项	技术合同数增长率/%	技术合同交易金额/亿元	技术合同交易金额增长率/%	指数
2013	294929	4.50	7469.13	16.03	156.80
2014	297037	0.71	8577.18	14.84	180.06
2015	307132	3.40	9835.79	14.67	206.48
2016	320437	4.33	11406.98	15.97	239.46
2017	367586	14.71	13424.22	17.68	281.81
2018	411985	12.08	17697.42	31.83	371.51
2019	484077	17.50	22398.39	26.56	470.20
2020	549353	13.48	28251.51	26.13	593.08

从平均单项技术交易合同交易额来看（图2-1），我国平均单项技术交易合同交易额逐年增长，技术市场中进行交易的技术商品价值不断提升，表明技术交易质量实现提升，技术市场的发展水平越来越高。

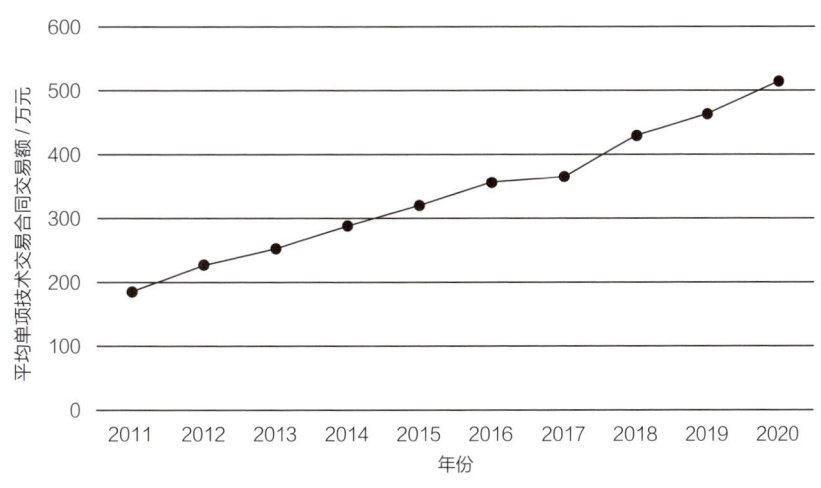

图 2-1 我国平均单项技术交易合同交易额变动趋势（2011—2020 年）

总体来看，我国技术市场近年来高速高质量发展，在2011—2020年期间规模不断壮大，交易质量稳定提升，为促进我国经济和科技高质量发展提供了良好的基础环境。

2.1.3.3 技术市场的结构

技术市场的行为主体和合同类型反映了技术市场的结构。技术市场的行为主体就是技术市场主体，包括技术买方、技术卖方和技术中介。按照主体性质，技术市场的行为主体可分为机关法人、事业法人、社团法人、企业法人、自然人和其他组织。其中，事业法人包含了科研机构、高等院校、医疗卫生等行为主体类型，企业法人包含内资企业、港澳台商投资企业、外商投资企业、个体经营和国外企业等主体类型。技术市场的合同类型有技术开发、技术转让、技术服务和技术咨询四种类型。本节基于我国技术市场的行为主体和合同数据，探索我国技术市场结构。

在行为主体的结构方面，我国技术市场形成以企业法人为主，其他行为主体共同发展的基础结构特征。根据表2-3，在技术市场中，企业一直是最重要的技术供给者。企业法人作为技术卖方，技术交易金额从2011年的4119.29亿元，提升到2020年的25828.81亿元。在整个市场中的交易份额从2011年的86.48%提升到2020年的91.42%。除企业外，其他类型行为主体在技术市场中稳定发展，2020年不同类型卖方的技术交易金额均达到2011年的3倍以上。

表 2-3 2011—2020 年不同类型卖方的技术交易金额统计

单位：亿元

年份	机关法人	事业法人	社团法人	企业法人	自然人	其他组织
2011	40.23	532.65	7.92	4119.29	15.51	47.96
2012	76.03	730.91	7.57	5570.55	31.73	20.28
2013	74.49	900.74	4.93	6436.18	11.44	41.35

续表

年份	机关法人	事业法人	社团法人	企业法人	自然人	其他组织
2014	110.94	878.97	4.47	7516.29	13.94	52.58
2015	114.08	958.17	13.15	8476.92	8.70	264.78
2016	171.06	1149.59	59.80	9881.41	13.49	131.63
2017	71.68	1339.05	49.36	11875.28	21.72	67.13
2018	165.36	1393.20	62.48	15977.99	33.11	65.28
2019	134.74	1625.27	11.03	20494.04	41.85	91.45
2020	229.29	1898.97	37.85	25828.81	56.82	199.76

在技术需求方面，企业依然是最主要的购买者（表2-4）。2020年，企业购买技术金额达22767.42亿元，占买方技术交易总额的80.59%。而其他类型的主体购买技术金额绝大多数保持每年增长，2020年大多数类型买方的技术交易金额均达到2011年的3倍以上。

表2-4 2011—2020年不同类型买方的技术交易金额统计

单位：亿元

年份	机关法人	事业法人	社团法人	企业法人	自然人	其他组织
2011	399.99	393.62	6.15	3732.43	7.10	224.27
2012	756.77	363.87	4.99	5043.70	47.01	220.74
2013	1019.36	508.22	8.10	5598.23	7.30	327.90
2014	1117.59	509.41	5.79	6609.56	26.03	308.81
2015	1617.28	583.13	6.74	7463.90	18.60	146.14
2016	1578.84	895.87	11.78	8773.18	22.12	125.19
2017	2088.42	773.68	21.82	10312.70	43.67	183.93
2018	2314.51	1128.27	48.52	13893.00	58.16	254.96
2019	3371.13	1255.31	64.83	17419.06	111.06	176.99

续表

年份	机关法人	事业法人	社团法人	企业法人	自然人	其他组织
2020	3554.94	1554.04	42.75	22767.42	68.41	263.95

综合技术卖方和买方的交易金额，不同类型的行为主体技术供需差异较大，而同一类型的技术供需基本保持平衡。不论是卖技术还是买技术，社会团体和自然人的技术交易金额占比最少，而企业法人交易金额远高于其他类型主体。此外，从不同类型的行为主体买卖技术情况来看，除机关法人外，其余类型的行为主体买卖技术交易金额基本持平。以2020年的数据为例，社会法人卖出技术交易金额为37.85亿，买入技术交易金额为42.75亿元，企业法人卖出技术交易金额为25828.81亿元，买入技术交易金额为22767.42亿元，自然人主体卖出技术交易金额为56.82亿元，买入技术交易金额为68.41亿元，其他组织卖出技术交易金额为199.76亿元，买入技术交易金额为263.95亿元。我国机关法人技术供给占比较低，但技术需求较大。2020年，机关法人卖出技术交易金额为229.29亿元，买入技术交易金额为3554.94亿元。这表明我国机关技术需求较为强烈，而技术自身供给能力尚有不足。

在合同结构方面，我国技术市场形成以技术服务合同和技术开发合同为主，技术转让合同和技术咨询合同为辅的合同结构。根据表2-5和图2-2，技术开发合同数量变化经历了两个阶段。2011—2015年，技术开发合同数保持在15万左右，比重保持在50%左右；2016—2020年，技术开发合同数量稳步增长，但比重逐年下降，2020年比重为39.61%。与此同时，技术服务合同数与比重提升。2018年，我国技术服务合同比重超过技术开发合同比重，至2020年增长为49.58%。此外，技术转让与技术咨询合同在10年间略有增长，但二者比重之和基本稳定在17%以内。

表 2-5　2011—2020 年"四技"合同的数量及比重

年份	技术开发 合同数	比重/%	技术转让 合同数	比重/%	技术咨询 合同数	比重/%	技术服务 合同数	比重/%
2011	126420	49.30	11067	4.32	31581	12.32	87360	34.07
2012	150178	53.21	11858	4.20	32582	11.54	87624	31.05
2013	153959	52.20	11797	4.00	32564	11.04	96609	32.76
2014	148946	50.14	12499	4.21	27911	9.40	107681	36.25
2015	153433	49.96	12787	4.16	33559	10.93	107353	34.95
2016	148582	46.37	12556	3.92	24447	7.63	134852	42.08
2017	169466	46.10	16698	4.54	26735	7.27	154687	42.08
2018	180431	43.80	15381	3.73	29828	7.24	186345	45.23
2019	198105	40.92	16953	3.50	31215	6.45	237804	49.13
2020	217580	39.61	23243	4.23	36151	6.58	272379	49.58

图 2-2　不同技术合同数量比重变动趋势

根据表2-6和图2-3，2011—2020年，4种技术合同金额平稳上升。其中，技术服务合同金额从2013年上升到第一位后，金额比重持续保持最高，超过45%。而2020年技术开发金额比重降低至31.41%。技术转让与技术咨询合同金额比重变化不大。

表 2-6 2011—2020 年"四技"合同的金额及比重

年份	技术开发 合同金额/亿元	比重/%	技术转让 合同金额/亿元	比重/%	技术咨询 合同金额/亿元	比重/%	技术服务 合同金额/亿元	比重/%
2011	2169.81	45.55	523.39	10.99	166.22	3.49	1904.14	39.97
2012	2635.95	40.95	1020.84	15.86	150.21	2.33	2630.07	40.86
2013	2773.41	37.13	1083.76	14.51	195.10	2.61	3416.85	45.75
2014	2949.01	34.38	1137.17	13.26	244.29	2.85	4246.72	49.51
2015	3047.18	30.98	1466.53	14.91	263.11	2.68	5058.96	51.43
2016	3479.64	30.50	1607.89	14.10	468.33	4.11	5851.13	51.29
2017	4748.54	35.37	1400.28	10.43	449.23	3.35	6826.17	50.85
2018	5888.5455	33.27	1609.6954	9.10	564.61209	3.19	9634.57	54.44
2019	7177.3214	32.04	2188.8778	9.77	614.10642	2.74	12418.08	55.44
2020	8874.076	31.41	2397.658	8.49	1104.559	3.91	15875.22	56.19

综合技术合同数量和金额来看，2011—2020年，不同类型的技术合同在数量金额上存在较大差距，技术服务合同的金额和比重基本上逐年增长，技术开发合同金额的比重下降居多，而技术转让和技术咨询持续保持较低份额。

图 2-3 不同技术合同金额的比重变动趋势

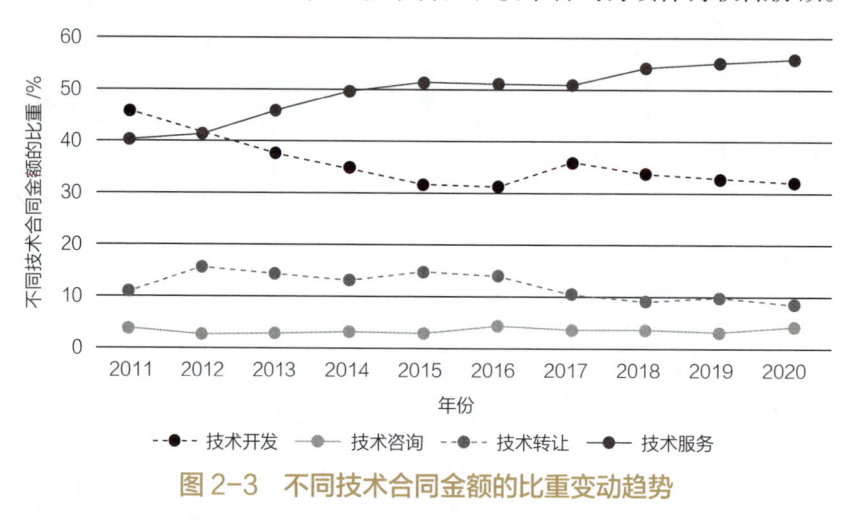

总体来看，当前我国技术市场繁荣发展，技术交易在科技与经济结合的高质量发展环境中起到更显著的作用。2011—2020年这10年间，我国技

术市场交易规模与质量齐升，企业发挥技术创新优势，在技术供给和需求方面显示主体优势。"四技"合同标准更加清晰，技术服务得到推广。

2.2 技术转移

技术转移是实现技术有效应用的重要渠道，是技术市场活动的主要内容之一。伴随着人类社会的不断发展和科技的不断进步，技术在经济发展和社会进步中发挥着越来越重要的作用，技术转移活动在社会经济活动中的重要性也愈发凸显。

2.2.1 技术转移的概念和内涵

虽然技术转移一词被广泛使用，但目前学界和实业界尚未形成统一定义。许多学者和组织站在不同的角度对技术转移的概念进行界定。本部分在梳理前人对技术转移定义的基础上，总结技术转移的内涵，分析技术转移与相关概念的区别，梳理技术转移的发展历程。

2.2.1.1 技术的定义

技术是技术转移的主要对象，对技术的内涵进行界定是研究技术转移的基础。伴随着时间的推移，"技术"在不同时代所展现的特征有所不同，其内涵也越来越丰富。

"技术"一词最早出现于古希腊，是"工艺、技能"（techne）与"理性"（logos）的组合，意为合乎理性的工艺或者技能。[9]17世纪，英语单词"技术"（technology）在英国诞生，被用来专门讨论应用技艺问题。18世纪，法国启蒙思想家德尼·狄德罗（Denis Diderot）在其主持编纂的《科学、美术与工艺百科全书》中对技术做出了较为完整的界定："技术是为某一目的共同协作组成的各种工具和规则的体系。"这通常被认为是较早且影响较大的关于技术的定义。中国的"技术"一词属于舶来品，但是"技"和"术"二字在古文中多有体现，例如《礼记》中的"凡执技以事上者，祝、史、射、御、医、卜及百工"，《庄子·天地》中的"能有所艺者，技也"。在这些文献中，"技"表示具体的技巧、技艺。至于"术"字，繁体字为"術"，《说文解字》中给出的解释是"术，邑中道也"。后来，随着经济社会的发展，"术"演化出多种含义，其中与"技"联系紧密的含义为方法、手段。因此，由"技"和"术"两字组合而成的"技术"一词，应该同时具备以上两字的含义。[10]

到了现代，"技术"一词被广泛使用，其内在含义也在不断丰富。国内外学者和组织给出了许多关于技术的定义。美国的查尔斯（Charles）认为技术是"指明人们通常如何制作东西以及制作什么东西"。[11]世界知识产权组织（World Intellectual Property Organization，WIPO）在1977年版的《供发展中国家使用的许可证贸易手册》中将技术定义成系统知识，认为它是制造一种产品所采用的一种工艺或服务，其内涵包括产品、发明、设计、动植物、技术情报、服务和协助等。联合国工业发展组织（United Nations Industrial Development Organization，UNIDO）给出的定义是："一个公司或工厂生产经营时所用的所有知识技能和经验。"阎康年认为技术是关于制和作的系统知识和技艺。[12]桑赓陶、郑绍濂认为技术是人类实践生产活动中的应用知识，包括科学知识、生产经验、融合科学知识与生产实践的知识。[13]《现代汉语词典》中将技术界定为"人类在认识自然和利用自然的过程中积累起来并在生产劳动中体现出来的经验和知识，也泛指其他操作方面的技巧"。

综上所述，本文认为技术是一种系统性的知识，可以表现为一种工艺、一种发明或一种服务，实践经验和科学知识是技术产出的主要来源。

2.2.1.2 技术转移的定义

从人类的历史来看，技术一经出现便会发生转移或扩散。进入21世纪，科学技术在经济社会发展中发挥着越来越重要的作用，人们开始逐渐关注和研究技术转移。"技术转移"译自"technology transfer"，最初是作为解决南北问题而提出来的一个重要战略，于1964年在第一届联合国贸易和发展会议上的一份呼吁支援发展中国家的报告中提出的。[14]该报告指出："发展中国家的自立发展，无疑要依赖来自发达国家的知识和技术转移，但机械式的技术转移的做法是不可取的。"此次会议将国家之间的技术流入或技术流出称为技术转移。经过几十年的发展，技术转移已得到广泛应用，不再局限于国家之间的技术引入和流出，而是逐渐拓展到不同行业、不同领域。如研究机构之间的技术项目转移、国际公司的技术许可、科研机构面对企业以及企业之间的技术转让等。一般认为，美国研究科学政策与管理的著名学者H.布鲁克斯（Harvey Brooks）是最早对技术转移概念进行完整界定的人。他认为，技术转移就是技术通过人类的交流活动不断扩散的过程，在这个过程中，组织或个人形成的经验、技巧以及开发的系统，被其他组织或个人在解决问题时运用。此外，H.布鲁克斯还进一步将技术转移分为纵向技术转移和横向技术转移。纵向技术转移是指通用性技术知识应用于具体功能目的的过程，而横向转移则是指技术向最初开发出来的领域之外的领域流动发展的过程。

由于观察问题的角度和强调的侧重点不同，不同的组织或个人对于技术转移给出的解释和定义也有所不同，本文拟从知识管理和技术扩散两个视角，将学界对技术转移的定义进行归纳，如表2-7所示。

表 2-7　不同视角下的技术转移的定义

视角	相关学者/机构	定义
知识管理视角	小林达也	技术转移就是全人类知识资源的再分配过程[15]
	《联合国技术转移行动守则（草案）》（1985）	技术转移也就是一种知识的转移，是制造产品，应用某项工艺或提供特定服务相关的知识的转移，但只涉及产品的出售或出租的交易并不包括在内[16]
	项浙学	所谓技术转移，是指某一领域的技术向其他领域转移，某一地区的技术向另一地区转移[17]
	林慧岳	技术转移是技术和知识及其载体在技术活动的发明、创新和扩散三个环节之间的定向流动[18]
技术扩散视角	布鲁克斯	技术转移就是技术通过人类的交流活动不断扩散的过程，在这个过程中，组织或个人形成的经验、技巧以及开发的系统，被其他组织或个人在解决问题时运用[19]
	奥提	技术转移指技术在两个不同实体间转移的动态过程[20]
	范小虎等学者	技术转移是指技术从供方向受方移动的过程，这个过程直到受方掌握该技术才结束[21]
	哈尔贝德	技术转移是科学技术成果的社会化过程，包括技术在国内和国外的推广[22]

总体来看，学界对于技术转移概念的研究发生了转变。早期学者主要将技术看作是知识的一种表现，而对于技术转移这一概念则强调技术拥有主体的改变。如今，学者逐步将技术转移从知识管理领域独立出来，更强调技术转移过程中技术的转化应用。本文认为技术转移是知识管理的一个重要分支，伴随着社会的不断发展和科技的不断进步，技术转移的作用也逐渐得到认可。

本文对技术转移的界定参照《国家技术转移示范机构管理办法》（国

科发火字〔2007〕565号）中对技术转移的定义，"是指制造某种产品、应用某种工艺或提供某种服务的系统知识，通过各种途径从技术供给方向技术需求方[①]转移的过程"[②]。

2.2.1.3 技术转移与相关概念的区别

与技术转移相关的概念还有科技成果转化、技术转让、技术扩散等，这些概念之间既有联系，又有区别。本研究从主客体范围[③]、市场化程度、所有权和使用权是否发生变化等角度分析技术转移与科技成果转化、技术转让和技术扩散三个概念之间的关系。

（一）技术转移与科技成果转化

科技成果转化是具有中国特色的描述科技工作的名词。《中华人民共和国促进科技成果转化法》（2015年修订）中指出："科技成果转化，是指为提高生产力水平而对科技成果所进行的后续试验、开发、应用、推广直至形成新技术、新工艺、新材料、新产品，发展新产业等活动。"由于技术转移和科技成果转化在主客体范围、过程方面存在很多共同点，因此很多学者认为两者几乎没有区别。事实上，技术转移和科技成果转化存在较大的差别，主要有以下几点。

第一，主客体涉及范围不同，技术转移的主客体比科技成果转化的主客体涉及范围更广。从主体上看，技术转移中技术供给方和需求方，均可以是自然人或法人，也可以是具有独立法人资格的组织，包括政府投资的国家实验室、科研院所、高等院校、各类企业等。科技成果转化的科技成果供给方具有特定指向性，特指科研院所、高等院校和依托科研院所、高

[①] 技术供给方指的是技术转移过程中技术流出的一方，技术需求方则指技术流入的一方。
[②] 转引自《国家技术转移示范机构管理办法》（国科发火〔2007〕565号）。
[③] 主体指的是技术转移过程参与方，客体指的是技术转移的对象。

等院校而建的国家实验室,以及某些具有研发能力的企业,一般不包括自然人和一些私人组织。科技成果转化的需求方多指企业或科研机构的衍生企业,一般不包括政府投资的国家实验室、科研院所、高等院校等科研机构[23]。从客体来看,技术转移中的技术及其载体一般包括有形的人或物、内置于这些人或物的隐性知识,而科技成果转化中的科技成果通常指的是应用技术成果。

第二,技术转移中的技术供给方和需求方通常可以转换,而科技成果转化中技术供给方和需求方的定位较为固定。技术转移中的技术供给方变为需求方,需求方变为供给方的情况比较常见。但对于科技成果转化,通常指的是科技成果从高校、科研院所等机构流入企业进行转化,由于双方在科技成果的研发和转化阶段的优势差距较大,因此反向传递的情况较少。

第三,技术转移的市场化程度比科技成果转化的市场化程度高。技术转移通常表现为市场化的交易形式,市场主导着新产品、新技术、新工艺等在不同国家或同一国家不同组织之间进行转移。科技成果转化更多地表现为科技成果在国家内部一个相对较小的范围内再分配并产业化的过程。

(二)技术转移与技术转让

技术转移包含一切导致技术地点转移和权利转移的过程和活动,不管这种过程主动或被动、有偿或无偿、有意识或无意识。

技术转让指的是拥有技术的一方将技术的使用权或所有权有目的、有意识、有偿地转让给另一方的过程,也可用技术贸易或许可证贸易等词表示技术转让。技术转移的内涵比技术转让的内涵宽泛,技术转让是技术转移的一种方式,技术转让可以被认为是有意识、有目的、有偿的技术转移活动。完成技术转让需要满足两个基础条件,一个是存在有技术转让需求的两个参与方,另一个是技术的使用权或所有权在法律上发生了变更。技术转移的实现并不需要这两个条件,只要一项技术的地点或权利发生变化,不管两者都发生变化还是只有一个变化，均可以认为发生了技术转移。

（三）技术转移与技术扩散

技术扩散指的是技术通过一定渠道在潜在使用者之间传播、采用的过程，技术扩散可理解为由创新观点扩散、研究与开发技术扩散和技术实施扩散三个部分组成[24]。

技术转移与技术扩散之间既有区别又有联系，联系在于两者均指的是技术在不同地区或领域之间发生了转移。它们之间的区别主要体现在以下三个方面：一是目的性。技术转移主要是指一种有目的的主观经济行为，参与技术转移的双方都有明确的目的，虽然目的有所不同。技术扩散既包括有意识的技术转移，也包括无意识的技术传播，但更强调后者。二是接收方的数量。一次技术转移过程中接收对象是非常明确的，通常来说只有一个。技术扩散的接收方通常不易被观察到，并且一次技术扩散活动拥有多个接收方。三是领域范围不同。技术转移是一种有目的经济行为，双方比较看重技术转移产生的经济效益。一般情况下，技术在同一领域转移比在不同领域内转移产生的经济效益大，因此技术转移更强调在同一领域发生。

2.2.1.4　技术转移发展历程

我国的技术转移发展经历了多个阶段。以改革开放为分界点，改革开放前的技术转移主要指的是从苏联和西方发达国家引进先进的技术。改革开放后的技术转移主要指的是技术在我国内部不同组织之间的流动。根据技术转移体系建设的侧重点不同，改革开放后的技术转移可分为技术转移制度的探索与建立、技术转移制度的完善与环境培育、技术转移的生态构建三个阶段。

（一）改革开放前的技术转移（1949—1978年）

新中国成立初期至改革开放前期，我国主要依靠从发达国家进口先进成套设备来建立自己的工业基础。这一时期根据主要技术进口国的不同又可分为三个阶段。

第一阶段技术转移的目的主要是建立起重工业基础。此阶段我国与苏联和东欧社会主义国家进行深度经济合作，引进这些国家当时较为先进的制造技术，包括管理体制、成套设备、整个生产体系等。特别是一五计划（1953—1957）期间，苏联援建的156个项目极大地帮助了新中国的工业经济发展，奠定了新中国的工业基础，苏联援建被认为是人类历史上少见的一次大规模的技术转移。在这一阶段，技术转移的主体是国家，技术转移以成套设备乃至生产线、大量的技术人才援助等形式体现。

第二阶段技术转移的目的转变为从西方发达国家进口影响国计民生的成套设备和技术。经过前期从苏联及东欧社会主义国家的技术引进，我国初步建立起自身的重工业基础。进入20世纪60年代，我国侧重重工业发展的政策发生转变，开始从北美、西欧、日本等地区或国家进口轻工业的关键性成套设备和技术，主要涉及化工、冶金、机械和石油等领域。这一时期，技术转移仍然以成套设备的引进为主。

第三阶段随着20世纪70年代，中日、中美先后建立外交关系，我国技术转移的重点转向从日本、西方国家引进先进技术，引进技术的范围也越来越大。这时的技术转移一方面是为了建立国内轻工业体系，另一方面是为了完善原有的重工业体系。1973年1月，原国家计划委员会向国务院报送《关于增加进口设备、扩大经济交流的请示报告》，报告建议在3~5年内引进价值43亿美元的成套设备，即著名的"四三方案"。之后我国在"四三方案"的基础上追加了一批引进的项目，计划总额达到51.4亿美元，这是继20世纪50年代引进苏联援助的156个项目之后，我国第二次大规模地引进技术。

（二）技术转移制度的探索与建立（1978—1991年）

有了前期大量引进发达国家的先进技术、生产体系、成套设备而建立起来的工业基础，伴随着科技体制改革的深化和国家战略的推行，我国开始注重内部的科技创新活动，有关技术转移的法律政策、监督管理和相关服务体系开始逐步完善。

1978年3月，全国科学大会明确提出"科学技术是生产力""四个现代化关键是科学技术的现代化"，自此科学技术的发展迎来了春天。1978年12月，党的十一届三中全会决定把全党的工作重点转移到社会主义现代化建设上来。我国的经济体制也从计划经济转变为计划与市场相结合的方式，这激发了众多企业的生产经营能力。技术转移活动开始成为一种经济行为，部分高校和科研院所开始向企业进行有偿技术转移。

1982年，我国提出了"经济建设必须依靠科学技术，科学技术工作必须面向经济建设"的战略方针。不少单位运用合同制，推动"四个转移"，即"科技成果从实验室向生产领域转移、从军工向民用转移、从沿海向内地转移、由国外向国内转移"。各地涌现出大量的技术贸易组织，从组织层面有力地促进和保障了技术市场的形成。在技术交易协调机构的协调下，通过联合本地高校、科研院所、军工单位等主体，各城市的技术交易网络呈现出多层次、多成分、多形式的发展态势，跨地区、跨行业的技术交易网络开始形成。技术成果交易会、技术难题招标会、科技信息发布会、技术交易洽谈会、大篷车技术服务队等多种促进技术交易的形式相继出现。同年，我国引入技术转移概念，一篇《什么是技术转移》的名词解释文章刊登在《瞭望》杂志第8期。

1984年3月，第六届全国人民代表大会通过《中华人民共和国专利法》，此法保护发明创造专利权，鼓励发明创造，有利于发明创造的推广应用。1985年1月，国务院发布《关于技术转让的暂行规定》，提出"国家决定广泛开放技术市场，繁荣技术贸易，以促进生产发展"，首次正式明确了技术商品和技术市场的法律地位，并规定了技术转让费、技术转让合同、技术转让权益、技术转让费的支付、技术转让的税收和技术转让收入的使用。1986年12月，国务院发布《技术市场管理暂行办法》，提出"开放、搞活、扶植、引导"的八字方针，鼓励科技成果的转化、人才流动和技术服务社会化。1987年6月，第六届全国人大常委会审议通过了《中华人民共和国技术合同法》，规定了技术市场的运行准则。随后相继出台了《技术合同认定规则》《关于科技人员业余兼职若干问题的意见》《技术合同仲裁机构管理暂行办法》《技术市场统计工作规定》《技术交易会管理暂行规定》《技术合同仲裁机构管理暂行规定》《技术合同认定登记管理办法》等法规作为支撑。

1987年10月，党的十三大报告指出"社会主义的市场体系，不仅包括消费品和生产资料等商品市场，而且应当包括资金、劳务、技术、信息和房地产等生产要素市场；单一的商品市场不可能很好发挥市场机制的作用"。1988年国务院批准建立首个国家高新技术产业开发区，同年实施"火炬计划"，以促进高技术、新技术研究成果商品化，推动高技术、新技术形成和发展。1990年12月，国家科学技术委员会[①]发布《技术交易会管理暂行办法》，以加强对技术交易会的管理。1991年，设立全国技术市场金桥奖，激发科技创新活力，促进科技成果转化。

此阶段，我国经济体制实现从计划经济到计划与市场相结合的转变。此阶段明确了技术的商品属性和生产要素市场地位，建立了技术转移市场的基本制度和框架。我国第一批技术转移服务机构出现，技术合同实现有偿服务，技术转移和科技成果转化活动频繁。

（三）技术转移制度的完善与环境培育（1992—2011年）

1992年邓小平同志视察南方发表重要讲话以后，党的十四大确立了建立社会主义市场经济体制改革目标，技术市场进入蓬勃发展的阶段。1993年5月，由科技部和上海市人民政府共同组建，我国第一个国家级常设技术市场——上海技术交易所成立。该交易所开展技术成果交易活动，引导技

[①] 1998年3月10日，根据九届全国人大一次会议通过的《关于国务院改革的决定》，国家科学技术委员会更名为中华人民共和国科学技术部。——编者注

术与各类要素资源的融合。之后，天津、沈阳、武汉、成都等城市相继建立区域性技术交易所。同年7月，《中华人民共和国科学技术进步法》颁布，明确了在社会主义现代化建设中优先发展科学技术，指出"国家建立和发展技术市场，推动科学技术成果的商品化"。1995年5月，中共中央、国务院作出《关于加速科学技术进步的决定》，提出进一步加快技术市场和信息市场建设，并逐步与国际市场接轨。发展各种技术中介机构和交易场所，培养职业技术经纪人队伍，建立技术供需的双向信息渠道和网络。1996年5月，《中华人民共和国促进科技成果转化法》发布实施，规范科技成果转化活动。

1999年3月，国务院办公厅转发科技部等部门《关于促进科技成果转化的若干规定》的通知，鼓励科研机构、高等学校及其科技人员研究开发高新技术，转化科技成果，明确了依法对研究开发该项科技成果的职务科技成果完成人和为成果转化作出重要贡献的其他人员给予奖励。同年8月，《中共中央 国务院关于加强技术创新发展高科技实现产业化的决定》确立了企业的创新主体地位，提出以加强技术创新、加速高新技术成果产业化为目标，推动科研机构进行企业化改革，建立科技型中小企业技术创新基金，发展风险投资公司和风险投资基金。由此，人才、技术、资本有机结合的科技中介服务体系初步形成。2000年2月，科技部、财政部和国家税务总局联合印发了《技术合同认定登记管理办法》的通知。2001年7月，科技部相继印发《技术合同认定规则》和《技术合同示范文本》。

2002年11月，党的十六大提出了建设国家创新体系的任务和目标，长三角技术转移联盟、环渤海技术转移联盟和东北技术转移联盟相继成立。同年12月，科技部召开全国科技中介机构大会，出台《关于大力发展科技中介机构的意见》，清华大学、上海交通大学、四川大学等6所大学组建成立的技术转移机构成为科技部认定的首批国家技术转移中心。2005年12月，国务院印发《国家中长期科学和技术发展规划纲要(2006—2020年)》，提出构建技术创新体系，促进企业、高校、科研院所等不同主体间的知识流动和技术转移。2006年1月，《中共中央 国务院关于实施科技规划纲要增强自主创新能力的决定》明确建设创新型国家的战略目标，提出"增强自主创新能力，关键是强化企业在技术创新中的主体地位，建立以企业为主体、市场为导向、产学研相结合的技术创新体系"。

2007年3月，第十届全国人民代表大会第五次会议审议通过了《中华人民共和国企业所得税法》，明确对从事技术转让的企业给予免征、减征企业所得税。同年9月，科技部、教育部、中科院联合印发《国家技术转移促进行动实施方案》，提出努力探索和完善国家技术转移体系和技术转移的有效运作机制是当前建设创新型国家十分紧迫的战略任务，提出"构建新型技术转移体系，健全技术市场法律法规政策保障体系，开展国家技术转移示范工作，培育专业化、高水平的技术转移人才队伍，建立和完善技术转移的投融资服务体系"。2008年6月，国务院印发《国家知识产权战略纲要》，提出"鼓励知识产权转化运用"。2011年7月，科技部组织实施"科技服务体系火炬创新工程"，指出"以加速技术转移与科技成果产业化为主线，围绕提升国家高新区科学发展水平和建设创新型产业集群，通过规划和政策引导，加强科技服务机构建设，整合科技服务资源，提升科技服务机构能力，加强与产业互动，培育科技服务新兴业态，建立和完善科技服务体系，促进科技与经济紧密结合"。

在此阶段，技术转移市场的基本制度和框架得到完善，技术转移政策措施更加有针对性，技术转移环境不断优化。专业化的技术转移服务机构在国内重点区域或城市成立，科技创新服务体系进入试点发展阶段，以技术转移为桥梁的科技创新活动活跃。

（四）技术转移的生态构建（2012年至今）

2012年9月，中共中央、国务院印发了《关于深化科技体制改革加快国家创新体系建设的意见》。同年11月，党的十八大报告提出创新驱动发展战略，指出要"深化科技体制改革，推动科技和经济紧密结合，加快建设国家创新体系，着力构建以企业为主体、市场为导向、产学研相结合的技术创新体系"。2013年11月，党的十八届三中全会审议通过《中共中央关于全面深化改革若干重大问题的决定》，提出"健全技术创新市场导向机制，发挥市场对技术研发方向、路线选择、要素价格、各类创新要素配置的导向作用。发展技术市场，健全技术转移机制，促进科技成果资本化、产业化"。2014年9月，财政部、科技部、国家知识产权局联合印发《关于开展深化中央级事业单位科技成果使用、处置和收益管理改革试点的通知》，明确将科技成果的使用权、处置权和收益权赋予科技成果所属的单位，以调动广大科技人员积极性和全社会创新活力。同年10月，国务院印发《关于加快科技服务业发展的若干意见》，提出加快推动科技服务业发展，重点发展技术转移等专业科技服务和综合科技服务，提升科技服务业对科技创新和产业发展的支撑能力。

2015年9月，中共中央办公厅、国务院办公厅联合印发《深化科技体制改革实施方案》，提出了"建立技术创新市场导向机制""健全促进科技成果转化的机制"等10个方面32项改革举措，形成了系统、全面、可持续的科技体制改革部署。同年12月，科技部火炬中心发布《关于加强国家技术转移人才培养基地建设的通知》，确定北京技术交易促进中心等11家单位为人才培养基地依托机构。2016年5月，新时期推进创新工作的顶层设计文件《国家创新驱动发展战略纲要》发布，提出"到2020年进入创新型国家行列""科技进步贡献率提高到60%以上"，在促进技术转移方面要"发展面向市场的新型研发机构""构建专业化技术转移服务体系""完善突出创新导向的评价制度"等。

2017年5月，科技部印发《"十三五"技术市场发展专项规划》，以加快推动科技成果资本化与产业化。同年8月，科技部、财政部、国家发改委联合印发《国家科技创新基地优化整合方案》，提出优化整合以国家工程研究中心、国家技术创新中心、国家临床医学研究中心为主的技术创新与成果转化类国家科技创新基地。同年9月，国务院印发《国家技术转移体系建设方案》，提出要"聚焦技术转移体系的薄弱环节和转移转化中的关键症结，提出有针对性、可操作的政策措施，补齐技术转移短板，打通技术转移链条"。同年10月，科技部印发《国家科技成果转移转化示范区建设指引》，随后支持上海市建设闵行国家科技成果转移转化示范区、江苏省建设苏南国家科技成果转移转化示范区、山东省建设济青烟国家科技成果转移转化示范区，以探索形成各具特色的科技成果转化机制和模式，推动重大创新成果转移转化。党的十九大报告指出"深化科技体制改革，建立以企业为主体、市场为导向、产学研深度融合的技术创新体系，加强对中小企业创新的支持，促进科技成果转化"。

2018年5月，教育部印发《高等学校科技成果转化和技术转移基地认定暂行办法》，以完善高校促进技术转移的管理体系、制度体系和支撑服务体系，探索形成各具特色的科技成果转化和技术转移机制和模式。2021年3月，《中华人民共和国国民经济和社会发展第十四个五年规划和2035年远景目标纲要》发布，指出"创新科技成果转化机制，鼓励将符合条件的由财政资金支持形成的科技成果许可给中小企业使用"。

此阶段聚焦技术转移的现存问题，尝试破除制约技术转移过程中的制度性障碍，突出了市场在创新资源和创新要素上的调节和配置作用，初步建立了系统化的技术转移运行机制，注重技术转移体系功能的实现，技术转移已成为转变经济发展方式和建设现代化经济体系的重要抓手。

2.2.2　技术转移的内容构成

技术转移的内容构成通常包含技术转移的过程、技术转移的客体和主体。技术作为技术转移的客体具有与一般商品不同的内在属性，这就导致技术转移过程产生的技术价值难以确定、交易成本过高等问题。技术转移过程并不是拥有技术供给方和技术需求方就可推进，而是技术供给方、技术需求方、服务机构和政府协同合作才能完成。

2.2.2.1 技术转移的过程

技术转移是技术在供给方和需求方之间动态传递的过程，是供需双方共同努力的结果。技术转移过程从宏观层面来看指的是技术在不同国家或同一国家不同组织之间流动的过程。从微观层面来看，技术转移是技术在一个组织内深度开发和利用的过程。

（一）宏观层面

技术转移既包括技术在地域或领域上发生改变，也包括技术的所有权或使用权发生变更。根据技术是否进行了跨越国界转移，可以将技术转移分为国际技术转移和国内技术转移。

国际技术转移是系统知识通过无偿或有偿的方式在国际输入和输出的活动过程。所谓系统知识是指信息、专利、专有技术、计算机软件等知识集合体[25]。

国际技术转移存在有偿和无偿两种方式。有偿的技术转移以交易双方国内的法律法规、双边协议等为基础，依赖市场机制来完成技术所有权或使用权的转移，是国际技术转移的主流方式。无偿的技术转移指的是技术供给方将技术无条件地转移给技术需求方，通常是政府间行为。这种方式通常根据不同国家的政府间签订的各种援助协议实施，转移过程中不涉及钱物，更没有直接的买卖双方。相对有偿的技术转移来说，无偿的技术转移属于非商业性质的活动。

国内技术转移根据其最终受益主体是否发生变化，可以分为技术内部转移和技术外部转移。技术外部转移指的是技术供给方将技术转移给技术需求方，并且技术需求方非技术供给方的下属或衍生组织，技术最终受益主体发生变化。技术外部转移通常以不同科研机构之间的技术交流和合作研发、科研机构与企业之间的产学研合作、企业与企业之间的商业性技术交易三种形式体现。技术内部转移指的是技术由供给方向其下属或衍生组织转移，虽然此过程技术的所有权或使用权可能会发生变更，但技术的最终受益主体未发生改变。

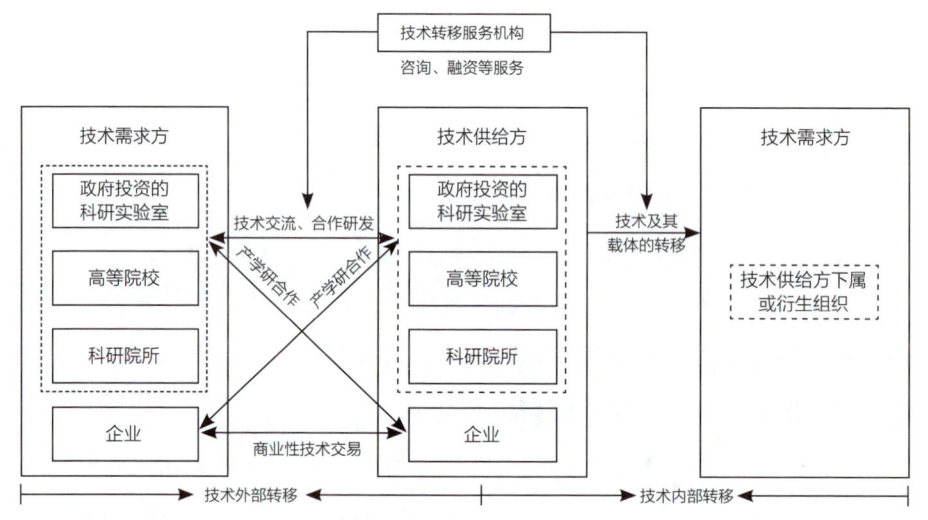

本图修改自：杨善林，郑丽，冯南平，等. 技术转移与科技成果转化的认识及比较[J]. 中国科技论坛，2013（12）：116-122.

图 2-4　技术外部转移和技术内部转移

（二）微观层面

技术转移是一种技术在技术受体内部被开发和使用的过程，是一种根植于组织中已经被体制化了的技术从原有组织形态中逐渐被剥离出来，并嵌入新的组织中不断进行互动、融合，重新体制化的一个建构过程[26]。技术需求方会根据技术及其载体的具体特点，结合自身现有的技术基础和需要，对接收的技术进行后续的处理。处理方式主要为技术再开发和技术融合。技术再开发指的是技术需求方对从高校、科研院所等技术供给方处引进的设备、工艺按照自身需要进行后续再开发的过程，一般需要经过小试、中试、产品化和商业化四个阶段。技术融合指的是技术需求方将引进的设备、工艺等与自身的设备、工艺、方法等进行融合，在深度融合的过程中对引进的技术进行消化吸收。技术融合一般会产生两种结果，一种是技术模仿，即技术需求方在进行技术融合的过程中模仿技术在供给方的运行方式，从而生产出与技术供给方类似的产品。另一种是技术新用，即在技术融合的过程中产生了新的技术，从而生产出新的产品。

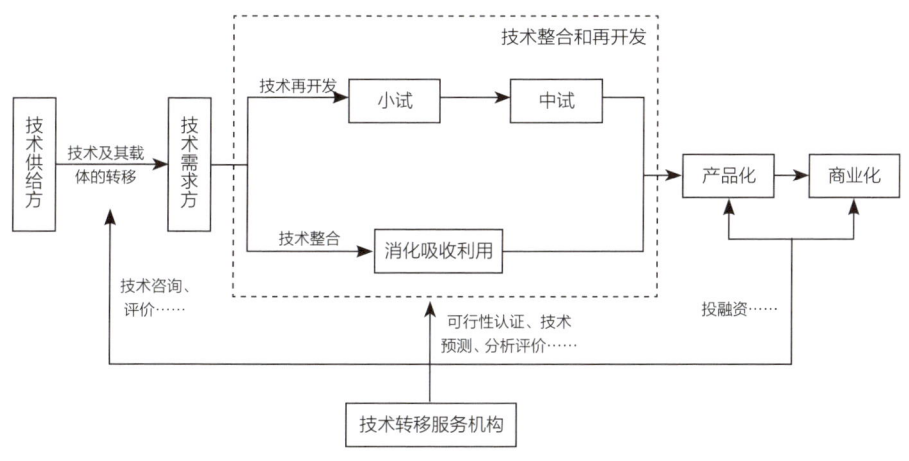

图 2-5 技术开发和使用的过程

2.2.2.2 技术转移客体

技术是技术转移的对象，技术的内在属性是影响技术转移的关键因素。技术的内在属性主要表现在六个方面。第一是技术的商品性，技术交换使供需双方获取所需的价值，且某些技术以隐性知识的形式存在；第二是技术的增值性，技术本身不会产生任何价值，只有当其与技术需求方内部的创新要素资源结合生产出产品，并且这些产品被消费者接受时，技术的价值才能得以体现；第三是技术的继承性，大多数技术都是在其他已有技术的基础上拆解、发展而来，并且这些新技术也会成为其他技术产生的基础；第四是技术的时效性，由于技术会出现损耗，因此其具有一定的时效性，技术的损耗主要以无形损耗的形式体现，原技术会因为新技术的产生或技术研发和运用时间过长而贬值；第五是技术的扩散性，技术在前期研发或后期运用过程中或多或少会出现技术扩散的现象，而技术扩散会影响潜在技术需求者的购买意愿；第六是技术的垄断性，在技术市场上，出于对知识产权的保护，政府建立了较为完善的保护制度，这就使得技术至少有一部分难以被轻易窃取、复制。

在技术转移过程中，技术是交易双方的标的物。技术的内在属性导致的技术供需状况、技术的经济价值、技术转化周期、技术交易成本均充满不确定性，产业政策、市场监管程度等因素将这种不确定性放大，这直接影响了技术供给方和技术需求方进行技术转移的意愿。通常情况下，技术供给方在技术转移过程中具有主导地位，一方面是因为现有知识产权保护制度对技术的保护，另一方面是技术供给方更加了解技术的优缺点及其未来发展潜力，这导致技术不能像其他一般商品一样形成市场均衡价格。技术商品的交易成本远远高于一般商品的交易成本，主要表现为较高的信息搜寻成本、技术产权界定和产权保护成本以及技术合约的达成、履约、监察成本。技术转移双方所处的优劣地位以及过高的成本也会影响技术供给方和技术需求方进行技术转移的意愿。

2.2.2.3 技术转移主体

技术转移活动参与主体有技术供给方、技术需求方、服务机构和政府，技术转移各参与主体在实现自身利益的过程中推动技术转移活动的进行。

（一）技术供给方

高校和科研院所是技术的主要供给方，高校规范性、系统性的技术研究和开发是基础性与应用性技术的源泉，科研院所提供的主要是前沿性的技术。对于高校和科研院所而言，进行技术转移活动主要有三个原因。第一是技术转移可以使技术供给方获得一定的收益，这部分收益一方面可以弥补前期的研发成本，另一方面可以奖励给科研人员，从而提高其后续研究的积极性。第二是技术成果产生较高的收益可以使技术供给方在此领域获得声誉。第三是与企业等技术需求方的合作能降低供给方的技术研发风险。技术供给方需要深度挖掘技术的市场需求，尤其是在早期的技术研发阶段和企业进行产学研合作，以市场为导向，提高技术研发和市场需求的匹配程度，降低技术研发的风险。

（二）技术需求方

企业会从技术供给方引进大量的技术来提高自身的生产能力，是技术转移的主要需求方。由于企业对技术的市场前景较为了解，深知技术潜在的经济价值，因此企业有动力推动技术转化为生产力。影响企业的技术转移意愿的因素主要有自身的创新能力、技术的市场前景、对技术的吸收消化能力等。对于企业而言，积极进行技术转移活动主要有两个原因。第一是通过对引进技术的消化、吸收、产品化、商业化，企业能获得较大的经济利益，并且将引进的技术与已有技术或创新资源融合使自身独立技术获得快速发展。第二是进行一项技术的研发或转化时，企业需要投入巨大的人力、物力和财力，一旦某个环节出现问题导致研发或转化失败，前期的投入都会变成沉没成本。企业直接从高校或科研院所等技术供给方获得技术一方面可以降低其自行进行技术研发带来的风险，另一方面可以与技术供给方建立深度的合作关系，与技术供给方进行优势互补、长期合作，有助于企业更好地转化新技术以及获得高校或科研院所更高质量的技术。

（三）服务机构

技术转移服务机构以技术为商品，以推动技术转移和开发为目的，利用自身拥有的知识、人才、资金、信息等资源，为技术转移的成功实现起到沟通、联系、组织和协调等作用，为参与技术转移的各方提供成果转化、技术评估、创新资源配置、创新决策、管理咨询和法律咨询等专业化服务，在政府、创新主体、创新源及社会不同利益群体之间，发挥着桥梁、传递和纽带作用。常见的技术转移服务机构有高校及科研院所建立的技术转移中心、生产力促进中心、技术交易市场、技术成果交易会、产权交易市场、行业协会、孵化器等。技术转移服务机构参与技术转移活动的原因在于获得经济收益、竞争优势，提升品牌价值。在我国存在大量公共性技术转移服务机构，这部分服务机构更加关注技术成果成功转移后带来的社会效益。

（四）政府

政府在技术转移活动中的作用主要是制定相关的法律法规以及支持和引导政策、建设公共性技术转移服务机构、推动前沿基础性科学研究、建立知识产权保护制度等。政府在参与技术转移活动中关注的重点在于技术成果产业化、商业化之后带来的社会效益，经济效益不是其关注的主要方面。技术转移是科技创新支撑经济高质量发展的重要渠道，技术的快速转移转化已成为国家竞争新优势的重要来源，不同于以单一要素为主的劳动力市场和金融市场，技术市场整合了技术、资金、人才、信息等多种要素，这需要政府确立激励创新的产权制度和建立竞争性环境的市场制度，在技术研发方向、技术路线选择、要素价格形成、创新资源配置等方面要发挥市场的决定性作用。

2.2.3 技术转移服务机构

技术转移服务机构是以企业为主体、市场为导向、产学研相结合的技术创新体系的重要组成部分，是区域创新体系的重要内容。在创新驱动发展战略背景下，技术转移活动愈发活跃，技术转移服务机构作为促进技术转移的关键环节，在技术转移全过程中发挥着重要的作用。

2.2.3.1 技术转移服务机构类型及典型组织

按功能划分，我国的技术转移服务机构大体上可以分为三类：第一类是直接参与服务对象技术创新过程，并提供全方位、综合性服务的机构。包括生产力促进中心、高新技术创业服务中心、工程技术研究中心等。第二类是利用技术、管理和市场等方面的知识为技术创新主体提供咨询服务的机构，包括科技评估中心、科技招投标机构、情报信息中心、知识产权事务中心和各类科技咨询机构等。第三类是为科技资源有效流动、合理配置提供服务的机构，包括常设技术市场、人才中介中心、知识产权交易机构等[27]。在我国较为典型的技术转移服务机构有三种，分别是生产力促进中心、企业孵化器和技术市场。

（一）生产力促进中心

生产力促进中心作为技术转移服务机构，是技术服务体系的重要组成部分，主要为科技成果的提供者和市场建立连接的桥梁，加快科技成果转化为生产力的步伐。经过多年的发展，生产力促进中心已在全国范围内形成较为完善的服务网络，成为企业特别是中小企业技术转移服务的中坚力量，可为企业提供科学技术咨询、科技成果转化、科技金融等方面的服务[28]。

（二）企业孵化器

企业孵化器在我国也被称为高新技术创业服务中心，主要目的是为新创办的科技型中小企业提供两个方面的支持，一方面是为企业提供办公场所、公共设施等物理空间，另一方面为企业提供诊断、前景评估、投融资等服务。通过提供这两个方面的服务来降低创业者的创业风险和创业成本，促进科技成果的转移转化。较为常见的企业孵化器有创业服务中心、科技企业孵化器、大学科技园等。各省市建立的高新技术产业开发区等也可认为是一种综合性的大型孵化器。

（三）技术市场

狭义的技术市场主要指从事技术中介服务和技术商品经营活动的场所。广义的技术市场是指技术商品交换关系的总和，主要指无形市场，包括从技术商品开发到技术商品应用的全过程，它涉及技术开发、技术转让、技术咨询、技术服务及其相关的其他技术交易活动。技术市场具有以下四个方面的功能：一是实现和增加以科技成果为主的技术商品的价值和使用价值；二是通过市场机制配置技术商品资源；三是通过市场主体的社会分工提高技术商品交易的效益和效率；四是为促进科技创新、推进技术商品产业化、提高科技竞争力等提供良好的市场环境[29]。典型的技术市场有技术商店、技术交易中心、网上技术市场、技术贸易机构等。

2.2.3.2　技术转移服务机构促进科技成果转移转化案例

科技成果转移转化是高校科技活动的重要内容。四川大学高度重视科技创新和成果转移转化工作，积极探索科技成果转移转化的新模式、新途径和新举措。2016年年底，四川大学出台《四川大学科技成果转化行动计划（试行）》（简称"川大22条"）。针对制约高校科技成果转化立项与需求脱节、科技与经济脱节难题，四川大学从基础研究、应用开发到成果转移转化和产业化的成果转化全过程的角度，全方位、系统性地提出了关于成果转化全链条八大方面的22条举措，重点推进包括科技成果"三权"改革、校内科研评价考核办法改革及支持和规范科研人员兼职或离岗创业等，并进一步修订、制定、出台一系列配套实施文件，初步构建了以"1个行动计划"为纲领，"N个配套性文件"及"x个操作流程/内控制度"为支撑的"1+N+x"科技成果转化与技术转移政策体系，全方位、系统性地推进科技成果转移转化。

四川大学在长期的科技成果转移转化工作探索过程中，以转化带动创新，形成了从基础研究到应用开发、成果转移转化、产业化、企业孵化的全链条、全流程的创新研发和转移转化工作体系，如图2-6所示。四川大学科研院科技合作与技术转移部、四川大学产业技术研究院、四川大学国家技术转移中心、四川川大科技产业集团（以下简称"四川大学产业集团"）、四川大学国家大学科技园、成都川大技术转移集团是该体系的主要单位。

在该体系中各单位相互协作，各司其职，为四川大学技术转移、成果转化提供了较为完善的科技成果转移转化服务支撑。

四川大学科研院科技合作与技术转移部是学校的正处级机构，负责科技成果转移转化政策制定、体系构建、校地企合作、技术合同签署等统筹推进工作。四川大学产业技术研究院、四川大学国家技术转移中心是科技成果转移转化的专门服务机构，主要负责搭建并管理科技成果转移转化平台和网络，开展知识产权运营和服务，重大科技成果产业化示范等工作。四川大学产业集团为学校资产经营管理公司，在成果转化中代表学校签署投资协议、持有成果作价投资股权等。四川大学国家大学科技园是高新技

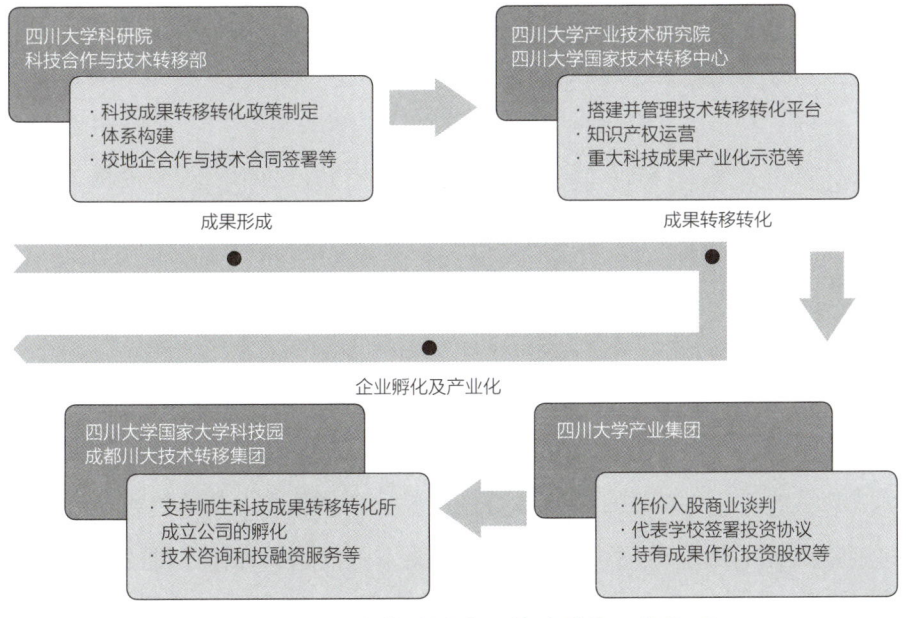

图 2-6 四川大学科技成果转移转化工作体系

术企业孵化基地，对四川大学师生科技成果转移转化所成立的公司进行孵化。成都川大技术转移集团是新成立的以"学校+政府+校友企业"的混合所有制模式公司，着重发挥校友作用，提供投融资、技术评估和咨询等支撑服务。

（一）四川大学国家技术转移中心

四川大学国家技术转移中心于2001年成立，是原国家经贸委和教育部联合认定的国家首批6个依托高校成立的国家技术转移中心之一。四川大学国家技术转移中心的职能主要有几点：一是围绕国家产业结构调整方向，联合有关重点企业共同参与行业共性、关键性技术的开发和推广，突破产业结构调整中的关键技术瓶颈；二是和企业共建以企业技术中心为主要形式的研究开发机构，使四川大学的创新资源与企业的创新资源紧密结合，提高企业研发水平，培育和孵化具有市场潜力的科技成果，促进高校科技成果向企业进行转移；三是依靠四川大学在海外访问、工作、留学等的人员，积极参与国际技术转移工作，帮助企业做好引进技术的消化吸收，实现技术的开发与创新；四是为企业提供综合服务，根据企业需求，提供技术评估、咨询和管理等服务。

目前，四川大学依托四川大学国家技术转移中心，分别在长沙、攀枝花、自贡、遂宁、界首建立了技术转移分中心，与国内20多个省（自治区、直辖市）、100多个地市和5000多家企业建立了产学研合作关系，建立了近400个高水平校地企产学研平台。

（二）四川大学产业技术研究院

四川大学于2012年成立产业技术研究院（以下简称"产研院"），是四川省第一个依托于高校建立的产业技术研究院。产研院作为科技成果中试成功后的产业化基地，加速了科技成果从中试到产业化的过程。产研院的工作内容主要涉及4个方面：一是为重大科技成果转化项目的遴选、培育、支持、示范直至产业化的全过程服务；二是负责技术合同登记；三是开展项目评价；四是承接政府科技金融的对接服务。

产研院以"企业化管理，市场化运作"为宗旨，作为独立法人机构运营，其若干项目的主管聘任采用市场机制。产研院支持四川大学有条件的学院（研究所、研究中心）和国家级科研基地设置专职科技成果转化服务岗位促进科技成果的转移转化。产研院组建了一支专业的技术转移服务队伍，涉及化学化工、生物医药、先进材料、电子信息、节能环保、机械制造、轻工食品、知识产权、法律、经济、管理等专业，具备丰富的专业知识储备和科技成果转化及技术转移领域从业经验。产研院的技术转移服务队伍为四川大学科技成果转化和技术转移活动提供保障。

产研院大力创新体制机制和运行模式，为推动四川大学在校老师自主创新和科技成果转移转化出台了许多政策，包括考核、职称评定、分配和激励、项目遴选和项目评价及设立产业技术培育和成果转化奖励基金等方面的政策。

在考核政策方面，在产研院进行产业化示范项目工作的教师，如果无法保证教学工作量，可以以科研工作量折算，以利于其专心从事科技成果转化工作；以团队为单位，采取团队考核的方式，有利于教师形成科研团队以承担重大工程技术项目。

在职称评定方面，产研院设立"重大科技成果转化系列"职称评定体系，主要以科技成果转化情况、工程技术服务等为职称评定依据，不以发表论文为单一的评价依据。

在分配和激励政策方面，通过产研院转化的项目，可以以技术入股的方式创办公司，教师本人和课题组成员均可直接持股；在科技成果作价入股形成的股份中，课题组成员的持股比例可高于目前学校现行政策规定的比例。

在项目遴选和项目评价方面，产研院与四川省企业信息交流促进会等部门合作成立科技成果转化评价中心，建立科学、完善、适应市场需求的项目评价体系，对可转化的项目进行评价。

产研院还设立产业技术培育基金和成果转化奖励基金，对遴选进入产研院的项目通过产业技术培育基金给予经费支持；对在四川省内落地转化并取得突出经济效益的项目，可获得成果转化奖励基金。

（三）成都川大技术转移集团

四川大学在"让校友企业家来当高校科技成果'搬运工'"的思路之下筹划建立成都川大技术转移集团有限公司（以下简称"川大技转集团"），利用校友的力量促进学校的科技成果转移转化。川大技转集团由四川大学产业集团有限公司、成都科技服务集团有限公司、成都武侯资本投资管理集团有限公司、成都空港科技服务集团有限公司四家国有企业，以及海纳同创控股有限公司、四川川大校友同创投资管理股份有限公司、深圳市海纳同创投资有限公司、筑塔（上海）科技有限公司、成都海纳棠湖科技有限公司五家川大校友企业于2020年6月共同发起建立，作为四川大学科技成果产业化的平台。川大技转集团整合各股东单位在政策扶持、创业投资、金融支持、转化服务等方面的优势，对四川大学优质科技成果进行深度挖掘转化，特别是那些面向世界科技前沿、抓源头创新以及面向国家重大需求的科技成果。

川大技转集团工作内容主要有几个方面：一是为服务企业提供技术、信息、人才资源，提供技术培训、管理咨询等综合服务；二是搜集服务企业的技术需求，依据服务企业的技术需求，及时与技术供给方进行对接；三是负责收集四川大学的科技成果，帮助服务企业培育和孵化具有市场潜力的科技成果，协助服务企业进行产品开发；四是开展共性技术的推广和扩散，促进校企合作，联合四川大学与服务企业共同承担国家重点技术创新项目，参与行业共性、关键技术的开发和转移；五是促进四川大学的科技成果在企业进行孵化、转移及转化。

（四）四川大学产业集团

四川大学于2001年成立四川大学产业集团，代表学校履行出资人权利，经营管理学校持有的资产。四川大学产业集团的主要职能有：代表学校持有全部企业中学校所占的股权，负责新办企业的审批，经营和管理校属经营性国有资产，承担国有资产保值增值的责任。四川大学产业集团投资涵盖电子信息、生物与医药、资源与环境、新材料、光机电一体化、新能源与高效节能、高技术服务业、文化产品运营等多个产业领域，并负责大学科技园区的建设。

四川大学产业集团依托四川大学科研和人才等方面的优势，产学研结合，通过科技成果转化、股权经营和运行大学科技园区等措施，促进学校科技成果的转移转化工作。自2017年以来，四川大学产业集团推动转化科技成果47项，与学校科研团队共同参与成立公司18家，科技成果总价值6.2亿元，带动社会投资8.4亿元，在科技成果转化项目数、存活企业数、成果总价值等方面均走在行业前列。

（五）四川大学国家大学科技园

四川大学国家大学科技园（以下简称"四川大学科技园"）创办于1999年12月，是科技部、教育部批准的15家试点和22家首批认定的国家大学科技园之一。四川大学通过四川大学科技园延伸其作为高等院校的社会职能，服务于国家和区域经济社会发展、推动创新创业、促进科技成果转移转化。四川大学科技园将关注重点放在科技成果转移转化链条中最后的环节——成立企业推进科技成果产品化、商业化，即企业孵化过程。四川大学科技园已构建集行政服务、科技中介服务、投融资服务、创新创业人才培育于一体的较为完备的服务体系，形成了"创业苗圃—众创空间—孵化器—加速器"企业孵化链条。

四川大学科技园于2018年年底建成并运营四川大学国家"双创"示范基地五大平台之一的高新技术企业孵化平台。四川大学高新技术企业孵化平台占地13000平方米，拥有高端人才创业企业孵化区、全球青年大学生创业企业孵化区、科技成果交易服务区和公共创业服务区在内的高品质科创空间。四川大学高新技术企业孵化平台搭建的低成本、便利化、开放式的"互联网+"共享服务平台，包括C-FabLab、物联网应用云平台、互联网+智能机器人系统等，满足了园区企业数字制造、电气产品研发及测试、服务器及网络信息、远程会议等需求。为园区企业的科技成果转移转化工作赋能。

四川大学科技园建有"互联网+科技成果转化交易系统"。该系统汇聚来自高等院校、科研机构、创新企业的核心技术及科技成果、专家资源、科技中介机构、金融机构、技术经纪人等创新要素，集"科技成果库、专家咨询与约见、科技成果交易、科技服务、科技成果供需对接"等多功能于一体。通过此种方式，在一定程度上解决了科技成果供需双方信息不对称的问题，丰富了科技成果开放共享机制，畅通了科技成果与市场对接渠道，提高了四川大学科技成果转移转化率。

依托现有的科技成果转移转化网络平台，四川大学积极推进优势学科领域的科技成果转化，并探索形成了具有川大特色的科技成果转化和技术转移模式。如在化学化工领域，依托国家级科技创新平台提供高质量科技成果源头供给，以技术许可、转让与企业联合进行后期开发，建立生产线，实现科技成果转化与技术转移；在交叉学科领域，以多学科交叉理论创新引领技术创新，实现创新性科技成果工程转化应用；在生物医药领域，灵活组合运用技术开发、技术转让、作价投资等多种方式，引入企业早期投资，促进长周期、高风险的新药类科技成果研发转化；在国防军工领域，面向国家重大需求，研发团队技术入股创办企业实现重大科技成果运营转化；在磷资源综合利用领域，组建优秀团队，集成创新，以整体技术转移的方式形成产业引领技术；在清洁制革、水利水电等领域，以行业重大需求为导向，实现关键共性技术突破，以技术服务支撑行业发展。

2.3　小结

本章首先探讨了技术市场的概念、构成要素与功能，梳理技术市场的发展历程，对技术市场的现状进行分析，之后分析了技术及技术转移的定义、技术转移与相关概念的区别、技术转移发展历程，探讨了技术转移的内容构成和技术转移服务机构的类别、功能等，对典型的技术转移服务机构促进科技成果转移转化的过程进行了分析。

在技术市场的概念与构成要素方面。技术市场应涉及技术商品研究开发到技术商品产业化的全过程，是技术商品从开发转变为生产力的供求关系的总和，技术市场的构成要素包括技术市场的主体、客体以及软硬件。技术市场的发展历程可划分为五个阶段，分别是萌芽阶段、法律法规体系建立阶段、快速建设阶段、高速发展阶段和高质量发展阶段。通过分析技术市场交易规模与结构数据，在2011—2020年十年间，我国技术市场交易规模与质量逐步上升，企业作为市场主导力量，发挥其技术创新优势，在技术供给和需求方面显示出主体优势，"四技"合同标准更加清晰，技术市场进入高质量发展阶段。

在技术转移的概念和内涵方面。技术和技术转移二词虽然被广泛使用，但目前学界和实业界尚未形成统一定义。本文在梳理前人研究的基础上，认为技术是一种系统性的知识，表现形式包括但不限于一种工艺、一种发明或一种服务。对技术转移的定义则参照《国家技术转移示范机构管理办法》中的定义，认为技术转移是制造某种产品、应用某种工艺或提供某种服务的系统知识，通过各种途径从技术供给方向技术需求方转移的过程。在对技术及技术转移的概念进行界定之后，本文分析了技术转移与三个容易混淆的相关概念之间的区别和联系。技术转移相对于科技成果转化、技术转让和技术扩散三个概念，具有主客体范围更广、市场化程度更高等特点。本文继续探讨了我国技术转移的发展历程，其发展历程可以改革开放为分界点，要关注创新主体、技术市场的培育和创新资源和要素的调节和配置。

在技术转移的内容构成方面。本文从宏观层面和微观层面对技术转移的过程进行分析。宏观层面的技术转移指的是技术在不同国家或同一国家内不同主体之间的转移，并且按照最终受益主体是否发生变化，又可将同一国家内不同主体之间的技术转移细分为技术外部转移和技术内部转移。微观层面的技术转移指的是技术在技术需求方内部深度开发使用的过程，微观层面的技术转移更强调技术从原来的组织中剥离，转移到新的组织中进行不断融合、再创新的过程。技术转移的客体技术由于具有时效性、继承性等内在属性，因此技术转移过程会出现各种信息不对称从而影响双方转移意愿。技术转移各参与主体在实现自己利益的过程中推动技术转移活动的进行，技术转移服务机构作为技术转移全过程的"润滑剂"，降低了技术转移双方的信息不对称，提高了技术转移的效率。

本文最后探究了技术转移服务机构在技术转移过程中的作用。我国技术转移服务机构大致可以分为三类：一是以生产力促进中心和企业孵化器等为代表的直接参与服务对象技术创新过程，并提供全方位、综合性服务的机构；二是以科技评估中心、知识产权事务中心等为代表的咨询服务机构；三是以技术市场等为代表的为科技资源有效流动、合理配置提供服务的机构。这些技术转移服务机构是我国技术创新体系的重要组成部分，为我国的技术转移工作提供了坚实的基础。

本章参考文献

[1] 中共中央关于科学技术体制改革的决定［J］. 中华人民共和国国务院公报，1985 (9)：201-209.

[2] ARARO A, FOSFURI A, GAMBARDELLA A. Markets for technology the economics of innovation and corporate strategy［M］. Cambridge: MIT Press, 2001: 5-6.

[3] 秦宛顺，刘学. 中国技术市场形成、发展与运行分析［J］. 数量经济技术经济研究，1998 (5)：3-9.

[4] 李先亭. 政府补贴、技术市场对高技术企业技术创新的影响研究［D］. 沈阳：辽宁大学，2021.

[5] 林仁红. 技术市场创新生态系统协同机理研究［D］. 北京：首都经济贸易大学，2016.

[6] 苏小倩. 政府支持和技术市场规模对创新效率的影响研究［D］. 郑州：河南财经政法大学，2020.

[7] 董正英. 技术交易、中介与中国技术市场发展［D］. 上海：复旦大学，2004.

[8] 胡锦涛. 坚定不移沿着中国特色社会主义道路前进 为全面建成小康社会而奋斗——在中国共产党第十八次全国代表大会上的报告［J］. 前线，2012 (12)：6-25.

[9] 刘大椿. 科学技术哲学导论［M］. 北京：中国人民大学出版社，2000.

[10] 韩东屏. 试给一个确当的技术定义［J］. 科学与社会，2022, 12 (1)：122-136.

[11] CHARLES S. A history of technology［M］. Oxford: Oxford University Press, 1979.

[12] 阎康年. 技术定义、技术史和产业史分期问题探讨［J］. 科学学研究，1984 (3)：20-29.

[13] 桑赓陶，郑绍濂. 科技经济学［M］. 上海：复旦大学出版社，1995.

[14] 林耕，李明亮，傅正华. 实施技术转移战略促进国家技术创新［J］. 科技成果纵横，2006 (1)：25+32.

[15] ［日］小林达也. 技术转移——从历史上考察美国和日本［M］. 东京文真堂，1981.

[16] 金杰. 大学技术转移的效率及影响因素研究［D］. 上海：上海交通大学，2018.

[17] 项浙学. 企业技术进步［M］. 北京：企业管理出版社，1989.

[18] 林慧岳. 技术转移的社会学分析［J］. 自然辩证法研究，1993 (4)：48-54.

[19] Brooks H. The government of science［M］. Cambridge: MIT Press, 1968.

[20] AUTIO E, LAAMANEN T. Measurement and evaluation of technology transfer: review of technology transfer mechanisms and indicators［J］. International Journal of Technology Management, 1995 (10)：643-664.

[21] 范小虎，陈很荣，仰书纲. 技术转移及其相关概念的涵义辨析［J］. 科技管理研究，2000 (6)：44-46.

[22] HALBEDEL B, ALBRECHT A, FRANK T, et al. Magnetische mikrokomponenten für die mikroreaktionstechnik［J］. Materialwissenschaft Und Werkstofftechnik, 2003, 34 (7)：677-679.

[23] 杨善林，郑丽，冯南平，等. 技术转移与科技成果转化的认识及比较［J］. 中国科技论坛，2013 (12)：116-122.

[24] 傅家骥. 技术创新学［M］. 北京：清华大学出版社，1998.

[25] 陈霞，范亚泃. 国际技术转移成因分析——兼论邓宁国际生产折衷理论［J］. 科技进步与对策，2004，21 (10)：113-114.

[26] 斋藤优. 技术转移理论与方法［M］. 谢燮正，丁朋序，等译.［出版地不详］：［出版者不详］，［1985］.

[27] 方杰，刘正士. 试论我国技术创新中介服务体系［J］. 机电产品开发与创新，2003 (1)：26-29.

[28] 赵源，叶思维. 新时期四川省生产力促进中心的发展路径思考［J］. 科技经济市场，2021 (9)：18-19.

[29] 吴晓妹. 中小企业技术创新中介服务体系的构建及运行［D］. 合肥：合肥工业大学，2006.

3
技术交易的内容与方式

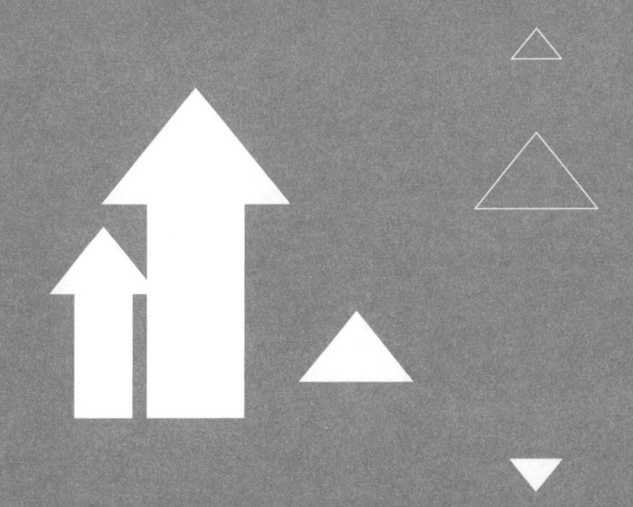

技术既包含经验的总结，又囊括科学开发的成果，既涵盖生产上的工艺、技能，又包含工具和设备。然而，技术要作为交易的对象在技术市场中流动就需要具备可进行交易的必要商品性质和产权保障。技术交易是在市场化的条件下，技术供需双方对技术商品产权进行货币交换的契约行为，技术交易的内容是多种类型的技术商品，包括专利、专有技术、机械设备、技术服务等，交易本质是商品所属权利的交易。确定交易的内容和标的是交易的基础，根据交易内容选取恰当的方式并借助契约与法律的支持才能保障技术这一特殊商品能够成功交易并且转移。

本章讨论技术交易中的技术商品的形成及其特性，技术产权的定义及构成，比较技术交易的方式，并在多边平台的视角下分析技术交易模式的动态演进。

3.1 技术交易的内容

技术交易的主要内容包括可直接交换的技术商品以及为需求者提供的技术服务。技术交易的前提是技术产权的确立及技术的商品化。

3.1.1 技术商品

伴随着劳动分工和劳动成果交换，商品出现在第二次社会分工中。商品是为了出售而产生的劳动成果。商品的出现催生了以物交换货币的这种交易形式。随着社会分工的进一步细化，物质生产过程中的技术愈加复杂，技术性劳动门槛不断提高，一些知识水平较高的人专门从事科学技术的研究开发和产品工艺的改进，使得一些技术性的劳动成果独立形成技术商品。比如，贝尔实验室为客户创造、生产、提供了大量富有创新性的技术，获得过两万五千多项专利，也被称为"技术工厂"。技术商品延续了商品的性质，在广义上，它是商品的子类，是带有技术或知识属性的商品。更具体地，技术商品是以交易为目的的技术成果。[1]技术商品应具有完备的商品属性，同时它又有不同于一般商品的特性。

技术商品的特性很大程度上源于技术的知识密集性、保密性、技术保护的时效性，具体表现为以下四个方面：

（1）信息不完全性。技术商品中的一部分以知识的形态储存在技术研究人员、开发人员的大脑中，买方既无法完全获得，也无法要求其删除。

（2）信息不对称性。由于技术商品的保密要求，在交易前，买方无法掌握意向技术商品的完全信息，对技术的先进性、成熟度等判断可能出现偏差，而卖方常常不能完全掌握市场信息。这种双方的信息不对称性会对买卖双方的交易谈判造成影响。

（3）时效不确定性。技术商品可能由于技术的快速更迭或技术路线的改变而迅速失去价值。并且，由于技术商品（如专利权）所包含的产权保护具有时效性，使得技术商品买方在购买后不能永久拥有该技术商品。

（4）不确定可得性。一般商品在交易完成后即可获得商品并直接使用，即使是服务性商品，在购买后的约定时间内也可以享受服务。但是，由于技术商品的知识密集性和复杂性，它需要买方对技术商品有消化、吸收和再开发的能力。因此，技术商品即使形成了交易，买方也不一定能真正意义上完全获得和利用技术商品。

当然，除具备不同于一般商品的特性外，技术作为一种特殊的商品还需要符合一定的条件。首先，只有具有显性价值的技术才能称为技术商品[2]。技术作为有形或无形商品都应该能够为使用者创造经济利益或实用效益，没有明确技术转移路线及合理预期的技术不能被称为技术商品。其次，科学发现不应作为技术商品。对于科技成果的定义，从广义上可以包含科学理论成果、技术成果以及软科学成果[3]。而揭示自然规律、自然现象等的科学理论探索等基础科学成果不能被纳入技术商品范畴。再次，根据各类社会公约及法律条款①，对社会产生公共效益的技术成果不应被纳入技术商品范畴，如疾病诊断、治疗方法、国防安全、环境保护、动植物品种等。又如20世纪人类三大科学计划，即人类基因组计划、曼哈顿原子弹计划、阿波罗登月计划，这些计划的研究成果也不会作为技术商品被交易。最后，技术的商品化应受到科技伦理约束，违反社会公德的技术成果不应作为技术商品，如带有暴力淫秽图片或照片的外观设计，非医疗目的的人造器官或者其替代物，克隆人或克隆人的方法等。违反法律的技术成果也不应成为技术商品，如用于伪造国家货币、票据、公文等的技术与工具，用于赌博的设备、机器及与造毒、吸毒、贩毒有关的器具与方法。

3.1.2 技术产权

技术商品通过市场交易，将技术的生产和消费有机结合起来，加快科技成果产业化的进程[4]。在交易中，以科斯（Coase）为代表的产权经济学家认为，产权是交易能够达到最优的前提条件。布坎南（Buchanan）交易理论认为受益权更能代表产权成为交易可持续以及最优化的前提。

3.1.2.1 技术产权的定义和构成

从交易的角度出发，技术产权是指具有交换价值的并且能够给持有者或者使用者带来超额收益的、受到法律法规保护并享有所有权、使用权、收益权、处置权等一系列权利的集合。例如，科技成果权属认定、专利、

---

① 《中华人民共和国专利法》第二十五条。

专有技术、软件、版权及技术型企业的产权等[5]。根据产权经济理论，技术产权的内涵包括四个方面。第一，技术所有权。指技术持有人对其技术拥有排他的最高支配权，是技术产权的核心。一般来说，谁取得了技术所有权，谁就取得了实际的占有权和支配权。第二，技术使用权。指具体组织和运用技术的权利。第三，技术处置权。指技术所有人在允许的范围内以各种方式处置技术成果的权利，如通过许可把技术使用权转让他人或把所有权出售给他人。第四，技术收益权。指在不损害他人利益的情况下，可以享受技术成果带来的利益的权利。

从技术产权的构成上看，科技成果的权利归属是技术产权的内在本质，知识产权的申请和保护是手段，知识产权的归属是结果。一般来说，在科学技术研究形成成果之前或之后就应确立科技成果的权利归属，并在此基础上申请知识产权并采取相应的保护手段（图3-1）。由于历史或现实原因，也会存在先申请知识产权再通过知识产权转让、许可或者签订合同的方式对科技成果权利进行重新划分的情况。

图 3-1　技术产权的一般形成过程

3.1.2.2　科技成果权利

科技成果在广义上包含科学理论成果、软科学成果以及应用技术成果。根据2015年最新修正的《中华人民共和国促进科技成果转化法》的第二条，科技成果被定义为"通过科学研究与技术开发所产生的具有实用价值的成果"。根据中共中央办公厅、国务院办公厅印发的《深化科技体制改革实施方案》，科技成果权利具体应包括使用权、处置权和收益权。

从时序的角度出发，科技成果的权属划分可以在科技成果产生之前进行，也可以在科技成果产生之后，知识产权申请之前进行。科技成果权属是技术产权的重要组成部分。

根据洛克（Locke）的"劳动财产权理论"，对于劳动成果来说，一般遵循"谁劳动，谁获得"的原则。在一般情况下，科技成果应该归属于科技成果完成人。在实际情况中，鲜有科技成果不依靠企业、高校、研究所等组织及单位的资源和支持而完全由个人研发。因此科技成果的权利归属主要涉及职务科技成果的判定，其中包括单位技术秘密以及技术合同等问题。科技成果的归属有完成人和持有人之分。科技成果完成人是为形成科技成果付出实际劳动的人，而科技成果持有人可以是科技开发任务执行单位以及其他为了合作开发、委托开发而提供资源的利益相关者。

在《中华人民共和国促进科技成果转化法》中，职务科技成果是指执行研究开发机构、高等院校和企业等单位的工作任务，或者主要是利用上述单位的物质技术条件所完成的科技成果。为鼓励科技人员产出高质量科技成果，激发科技人员创新创业活力，2016年国务院印发《实施〈中华人民共和国促进科技成果转化法〉若干规定》，对科技成果收益分配制度做了如下规定：

（1）以技术转让或者许可方式转化职务科技成果的，应当从技术转让或者许可所得的净收入中提取不低于50%的比例用于奖励。

（2）以科技成果作价投资实施转化的，应当从作价投资取得的股份或者出资比例中提取不低于50%的比例用于奖励。

（3）在研究开发和科技成果转化中作出主要贡献的人员，获得奖励的份额不低于奖励总额的50%。

（4）对科技人员在科技成果转化工作中开展技术开发、技术咨询、技术服务等活动给予的奖励，可按照《中华人民共和国促进科技成果转化法》和本规定执行。

2017年，教育部办公厅《关于进一步推动高校落实科技成果转化政策相关事项的通知》中明确要维护职务科技成果权益。高校依法享有并自主行使职务科技成果使用权、处置权和收益权。很多高校也制订了与科技成果转化、科技成果权属认定有关的方案和行动计划。例如，四川大学印发《四川大学科技成果转化行动计划（试行）》，推进科技成果的"三权"改革：

（1）处置权

学校将作为职务科技成果处置的主体，授权产研院代表学校处置职务科技成果。产研院负责学校科技成果转化中的各项工作事宜，包括确权、定价、交易和公示等关键环节的管理。产研院负责组织完成科技成果所有权权属认定工作；与科技成果完成人协商选择定价方式（协议定价、技术市场挂牌交易、拍卖等），选择交易方式（实施许可、技术转让、作价投资等）；代表学校签署科技成果转化所需的相关协议及办理相关手续；落实对科技成果完成人的相关奖励。

（2）所有权

首先，学校承认科研人员个人的发明灵感、创新思路和实现能力在形成的最终科技成果中应有的所有权权属份额。科技成果完成人可与学校共同作为科技成果所有权人，即职务科技成果可由学校完全持有，科技成果完成人也可申请与学校共同持有。

职务科技成果由学校完全持有的，相关科技成果申报、保护等按现行政策办理，科技成果转化收益分配按本文件相关条款办理。

职务科技成果由学校和科技成果完成人共同持有的，根据科技成果形成过程中获得国家和地方各级政府项目经费、使用学校资源等情况，学校科学评估和确定所有权权属比例，科技成果完成人可享有50%~90%的科技成果所有权，并按所有权权属比例享受相应的权益。

对于既有知识产权，可由科技成果完成人提出申请，先确定科技成果所有权权属比例，学校与科技成果完成人签订科技成果权属共享协议后，由科研院出具知识产权所有人变更所需材料，将知识产权变更为学校和科技成果完成人共同所有。

对于新的知识产权申请，科技成果完成人提出申请，也可先按程序确定科技成果所有权权属比例，学校与科技成果完成人签订科技成果共享协议后，学校和科技成果完成人作为知识产权共同所有人共同申请。

其他科技成果，包括专有技术、技术秘密和技术信息等可参照上述方式进行约定和办理。

（3）收益分配权

对科技成果完成人、科技成果转化重要贡献人员和团队的收益分配和奖励，不受当年学校工资总额限制，不纳入学校工资总额基数。给予科研人员的奖励，其个人所得税按国家有关规定缴纳。

已实行所有权确权分割的，科技成果完成人按所有权权属比例享受相应的权益。未实行所有权确权分割的科技成果，按以下比例分配科技成果转化收益：以实施许可方式转化的，学校将科技成果转化收益的85%奖励给科技成果完成人；以技术转让方式转化的，学校将科技成果转化收益的70%奖励给科技成果完成人。

政策实施后，截至2021年，四川大学已累计分割确权科技成果239项，科技成果评估作价超过20亿元，领、创办科技企业30余家，大大激发了科研人员从事科技成果转移转化的积极性。

自《中华人民共和国促进科技成果转化法》修订以来，其他高校也大力推动校内科技成果有效转化，出台了一系列科技成果转化管理办法和激励方法，包括认可科技成果完成人的部分科技成果所有权、完善收益分配方案、下放处置权等主要内容。不同高校对于实施科技成果转化的政策不同，对于科技成果的权属划分及收益分配方案也略有差异，大多体现在科技成果转化收益分配的具体比例、奖励比例、科技成果管理和服务部门以及实施具体流程中。

表3-1主要关注高校科技成果收益分配比例，展示了11所高校出台的相关科技成果转化相关政策。尽管各高校对于不同科技成果转化方式的收益分配比例不尽相同，但在各转化实施办法中科技成果发明人或完成人享有的收益分配比例通常不低于60%。为了鼓励校内二级单位如学院、实验室、研究所等发挥其资源优势，形成科技成果转化氛围、创新氛围，不少高校明确了院系及所属单位可以享有收益分配的权利，其收益分配比例通常介于10%~20%，这说明了高校对于科技成果转化的实施与激励正在逐步走向精细化。另外，华中科技大学和上海交通大学还明确了可与技术转移平台和科技成果转化服务中心等促进科技成果转化的中间组织分享转化收益，这意味着激励的对象和范围将进一步扩大。

表 3-1 高校科技成果收益分配政策

颁发主体	文件名称	年份	类别	学校	院系/所属单位	科技成果发明人/完成人	备注
北京大学	《北京大学技术转让管理办法》	2019	转化收入	30%	—	70%	
	《北京大学技术入股管理办法》	2019	技术入股	30%	—	70%	
	《北京大学专利运营管理办法》	2015	专利收入	15%	15%	70%	
清华大学	《清华大学科技成果评估、处置与利益分配管理办法（试行）》	2015	成果许可、转让或投资入股	15%	15%	70%	

续表

颁发主体	文件名称	年份	类别	收益分配比例 学校	收益分配比例 院系/所属单位	收益分配比例 科技成果发明人/完成人	备注
复旦大学	《复旦大学科技成果转化管理办法（试行）》	2016	科技成果转化收益	15%	15%	70%	
同济大学	《同济大学科技成果转移转化实施细则》	2017	转化净收益	15%~30%	—	70%~85%	
上海交通大学	《上海交通大学关于印发科技成果转化奖励激励管理办法（试行）的通知》	2020	科技成果转化现金收益	15%	15%	70%	分配收益、股权收益部分中不超过25%的比例，对科技成果转化作出贡献的学校、地方研究院等技转平台进行分配
			职务科技成果作价投资的股权激励	20%	20%	60%	
浙江大学	《浙江大学促进科技成果转化实施办法（暂行）》	2015	职务科技成果转化净收益	15%	10%	70%	科技成果完成人所在研究所可获得5%的收益分配
四川大学	《四川大学科技成果转化行动计划（试行）》	2016	实施许可的转化收益	15%	—	85%	对于已实行所有权确权分割的科技成果，成果完成人按已确立的所有权权属比例享受相应的权益
			实施转让的转化收益	30%	—	70%	
电子科技大学	《电子科技大学关于促进科技成果转化的实施意见》	2015	科技成果转化收益		—		比例下限提高至70%

续表

颁发主体	文件名称	年份	类别	收益分配比例 学校	收益分配比例 院系/所属单位	收益分配比例 科技成果发明人/完成人	备注
武汉大学	《武汉大学科技成果转化和收益管理办法（试行）》2015	2015	横向科研项目所产生成果的收益	10%	20%	70%	
武汉大学	《武汉大学科技成果转化和收益管理办法（试行）》2015	2015	纵向科研项目所产生成果的收益	20%	20%	60%	
华中科技大学	《华中科技大学科技成果转化管理办法》	2019	转化净收益	12%	10%	70%	科技成果转化服务中心可获得8%的收益分配
西安交通大学	《西安交大科技成果转化管理办法》	2016	技术转让及许可收益	15%	5%	80%	
西安交通大学	《西安交大科技成果转化管理办法》	2016	作价入股收益	20%	—	80%	

3.1.2.3 知识产权

人类的创造性是始终存在的，为了鼓励这种创造性，保障发明人的合理权益成为必要。知识产权是"基于创造成果和工商标记依法产生的权利的统称"，是"权利人对其智力劳动所创造的成果享有的财产权利"。其中包括作品、专利、商标以及商业秘密等的专有权利①。"知识产权表面上可被理解为对知识的财产权"，其前提是知识具备成为法律上财产的条件[6]。

---

① 《中华人民共和国民法典》第一百二十三条。

从产权经济学角度来看，知识产权的存在具有充分的必要。有关知识产权的法律制度通过赋予智力成果的创造者以排他性使用权和转让权的方式，创造出了知识的产权归属形式。知识产权的认可和法律制度的结合促进了知识类产品和技术商品的生产、传播和使用。

知识产权之于科技成果可以类比财产权之于财产，科技成果是申请获得知识产权的一种客体。在技术交易中，交易的内容是技术商品，而产权的确立是技术商品可以进行交易的前提，法律保护知识产权则是技术商品在交易中的必要保障。由于技术交易的方式和目的不同，所以技术交易的标的和内容不同。对于已经形成科技成果或知识产权的技术商品，交易的内容可以是知识产权的所有权或使用权。对于正在开发中的科技成果或尚未开发的科技成果，技术交易的标的可以是开发完成后的科技成果所有权、处置权和收益权。

当下，企业在知识产权保护方面的整体布局及策略越发重要。由于现代技术创新成果的交叉性与复杂性，将不同形式的知识产权作为一个有机联系的整体进行综合保护的需求日益增加，如计算机软件需要《中华人民共和国著作权法》《中华人民共和国专利法》《中华人民共和国商标法》的综合保护。为了避免技术交易中由知识产权带来的风险，在交易前对知识产权进行查新、检索、评估成为必要。有关技术转移中的知识产权问题将在第7章具体讨论。

3.2 技术交易的方式

3.2.1 技术转让

3.2.1.1 定义与法律依据

我国关于技术转让的定义与国外有所区别。在国外，"Technology

transfer"通常包含技术转移及技术转让,而我国的技术转让偏向技术的有偿转移。[7]更具体地说,技术转让是指出让方将特定技术成果的所有权或使用权转移给受让方,而受让方须根据技术交易类型支付约定价格或使用费,包括专利权转让、专利实施许可、非专利技术转让等多种交易类型。

根据《中华人民共和国民法典》第八百六十二条,技术转让合同是合法拥有技术的权利人,将现有特定的专利、专利申请、技术秘密的相关权利让与他人所订立的合同。技术许可合同是合法拥有技术的权利人,将现有特定的专利、技术秘密的相关权利许可他人实施、使用所订立的合同。

表3-2 技术转让有关法律依据

法律	部分重点条款
《中华人民共和国民法典》	第八百六十三条 技术转让合同包括专利权转让、专利申请权转让、技术秘密转让等合同。 技术许可合同包括专利实施许可、技术秘密使用许可等合同
《专利法》	第十条 专利申请权和专利权可以转让。 第十一条 发明和实用新型专利权被授予后,除本法另有规定的以外,任何单位或者个人未经专利权人许可,都不得实施其专利。外观设计专利权被授予后,任何单位或者个人未经专利权人许可,都不得实施其专利。 第十二条 任何单位或者个人实施他人专利的,应当与专利权人订立实施许可合同,向专利权人支付专利使用费。被许可人无权允许合同规定以外的任何单位或者个人实施该专利
《关于居民企业技术转让有关企业所得税政策问题的通知》财税〔2010〕111号	一、技术转让的范围,包括居民企业转让专利技术、计算机软件著作权、集成电路布图设计权、植物新品种、生物医药新品种,以及财政部和国家税务总局确定的其他技术。 其中:专利技术,是指法律授予独占权的发明、实用新型和非简单改变产品图案的外观设计。 三、技术转让应签订技术转让合同

3.2.1.2 适用范围

技术转让的适用情形非常多，但主要适用于已经形成技术成果并根据规定确立技术产权的技术商品。根据《联合国国际技术转让行动守则（草案）》及其他有关公约，技术转让的标的涵盖专利、专有技术、商标及版权等。然而，我国《最高人民法院关于审理技术合同纠纷案件适用法律若干问题的解释》将技术转让的标的主要归为两大类，即专利与专有技术。根据转让技术的权利化程度和性质的不同分为不同的转让类型。

从所有权转让的角度，技术转让可分为三种基本类型：

（1）专利权转让。专利权转让是指专利人作为让与方将其发明创造专利的所有权或持有权移交给受让方的技术转让形式。

（2）专利申请权转让。专利申请权转让是指让与方将其特定的发明创造申请专利的权利移交给受让方的技术转让形式。

（3）非专利技术转让。非专利技术（技术秘密、专有技术）转让是指让与方将其拥有的非专利技术成果提供给受让方，明确相互之间非专利技术成果的使用权、转让权的技术转让形式。

从使用权转让的角度，技术转让还包括专利实施许可。专利实施许可是指专利权人或者授权人作为让与方，许可受让方在约定的范围内实施专利的技术转让形式。专利许可按实施条件分类，主要包括普通许可、独占许可、排他许可、从属许可和专利交叉许可。

普通许可，也称非独占性许可。是许可方允许被许可方在规定的时间和地域内实施某项专利，同时许可方自己仍保留在该地域内实施该项技术，以及再与第三方就同一技术签订许可合同的权利。

独占许可，是指被许可方不仅取得在规定的时间和地域内实施某项专利技术的权利，而且有权拒绝任何第三者，包括许可方在内的一切其他人在规定的时间、地域内实施该项技术。

排他许可，也称独家许可。即在一定地域，许可方只允许被许可方一家而不再许可其他人在该地域内实施其专利，但许可方仍有权在该地域内实施。排他许可与独占许可的区别在于排他许可不能排斥许可方本人实施。

从属许可，也称分许可或分售许可。从属许可是指专利权人作为许可人允许被许可人实施其专利，按照合同的约定，被许可人还可以将专利许可给第三方使用，相对于原实施许可合同，这就是分实施许可合同。在这种许可方式下，专利权人可以从分实施许可合同中收取部分提成。

专利交叉许可。专利交叉许可是指通过两个互相依存、互为条件的专利许可合同实现的技术间互相授权，一个合同的许可方即另一个合同的被许可方，被许可方即另一个合同的许可方，是一种基于谈判的，在商品或商品生产的过程中，需要对方拥有的专利技术的时候，互相有条件或无条件地允许对方使用本企业的专利技术的协定[8]。通常在两个或两个以上的专利权人之间进行且一般不涉及使用费支付，仅限于交换技术范围及期限等。如果两项专利的价值不相等，其中一方也可给另一方一定的补偿[9]。

上述许可的方式根据合约内容受到合同法的保护，但在双方取得协商一致的情况下，许可方和被许可方可以另行约定许可方式。如2019年，上海交通大学医学院将"增强激动型抗体活性的抗体重链恒定区序列"的专利技术及其同族的一些靶点以8.28亿元合同总金额外加销售额提成以独占许可的方式转移给了一家苏州企业。根据独占许可的规定，该组专利技术为苏州企业独占，许可方和任意第三方在约定范围内都不得再实施该专利。但由于苏州企业因为开发能力限制无法开发该专利技术的全部价值，上海交通大学多次与苏州企业进行沟通，苏州企业同意将专利技术中的一个靶点以独占许可的方式授权给一家上海的生物技术公司。这种将一种专利进行拆分，并以独占许可的方式许可给两家公司的情况在国内首次发生。这个案例为促进技术许可创新提供了一些启示，技术的转让、许可不以买卖为最终目的，而应以保障技术权益、实现技术价值和社会效益为目标。在这样的原则中，技术许可方式和类型可以在协商、谈判以及恰当的合约规范下灵活变通。

除上述五种专利许可类型外，从不同角度出发，专利许可还有五种分类[①]，如表3-3所示。

表3-3 专利许可的分类标准

分类标准	内容
实施范围	制造许可、使用许可、销售许可及制造、使用、销售全部许可
实施用途	一般实施许可、特定实施许可
实施期限	专利有效期间实施许可、专利有效期某一时间段实施许可
实施地区	境内实施许可、特定区域实施许可
实施方式	固定费用许可、产量许可、两部制许可、混合许可

在技术转让的相关交易中，当事人的标的是技术成果的使用权或所有权，即专利权转让合同中所转移的是专利所有权。专利实施许可合同和技术秘密转让合同转移的是专利技术和技术秘密的使用权。专利申请权转让合同中，如果申请权被批准，合同转移的是专利的所有权。

3.2.2 技术开发

3.2.2.1 定义与法律依据

技术开发是当事人之间就新技术、新工艺、新品种或者新材料及其系统的研究开发进行的技术交易类型。其中包括委托开发和合作开发方式，其客体是尚未形成的有待开发的技术成果，风险由当事人共同承担。在国

---

① 根据《中华人民共和国专利法》《中华人民共和国专利法实施细则》中的条文。

际上，技术开发合同称为研究与开发合同。在我国，"技术开发"一词是在《中华人民共和国技术合同法》颁布实施后才被广泛使用的，我国的科技和法律文献中曾使用过"科研有偿合同""科研合同"等名称。技术开发的有关法律依据见表3-4。

表3-4　技术开发有关法律依据

法律	重点条文
《中华人民共和国民法典》	第八百五十一条　技术开发合同是指当事人之间就新技术、新产品、新工艺、新品种或者新材料及其系统的研究开发所订立的合同。技术开发合同包括委托开发合同和合作开发合同。 第八百五十二条　委托开发合同的委托人应当按照约定支付研究开发经费和报酬；提供技术资料，提出研究开发要求，完成协作事项，接受研究开发成果。 第八百五十五条　合作开发合同的当事人应当按照约定进行投资，包括以技术进行投资，分工参与研究开发工作，协作配合研究开发工作。 第八百五十九条　委托开发完成的发明创造，除法律另有规定或者当事人另有约定以外，申请专利的权利属于研究开发人。研究开发人取得专利权的，委托人可以依法实施该专利。 第八百六十条　合作开发完成的发明创造，申请专利的权利属于合作开发的当事人共有；当事人一方转让其共有的专利申请权的，其他各方享有以同等条件优先受让的权利
《中华人民共和国专利法》	第八条　两个以上单位或者个人合作完成的发明创造、一个单位或者个人接受其他单位或者个人委托所完成的发明创造，除另有协议的以外，申请专利的权利属于完成或者共同完成的单位或者个人；申请被批准后，申请的单位或者个人为专利权人

3.2.2.2　适用范围

技术开发活动是一项探索未知领域的科研活动，具有不可预知性和高风险性，而且往往需要消耗大量的人力、物力和财力。受到人类现有技术条件的制约，某些技术开发需要反复试错、周期长、成功率低，需要付出较大成本。采用技术开发的交易形式是由于委托人所需技术具有相对新颖性，这种相对新颖性是指合同标的是前人或他人未知的发明创新项目，既可以是世界范围内的新项目，也可以是全国范围内的新项目，还可以是地区性或行业性的新项目。如果某种开发项目已存在，但在订立合同时委托方尚未掌握，必须经受托方创造性的劳动才能获得，也可以被认为存在相对新颖性。

技术开发活动包括委托开发和合作开发两种情形，对应委托开发合同和合作开发合同两种类型，其交易标的通常为技术成果及技术成果对应的技术产权集合。

（1）委托开发合同

委托开发合同是指当事人一方委托另一方进行研究开发所订立的合同。具体来说，就是委托开发合同的委托人应当按照约定支付研究开发经费和报酬；提供技术资料、原始数据；完成协作事项；接受研究开发成果。委托开发合同的研究开发人应当按照约定制订和实施研究开发计划；合理使用研究开发经费；按期完成研究开发工作，交付研究开发成果，提供有关的技术资料和必要的技术指导，帮助委托人掌握研究开发成果。

（2）合作开发合同

合作开发合同是指当事人各方就共同进行研究开发工作所订立的合同。具体来讲，是合作开发合同的当事人应当按照约定进行投资，包括以技术进行投资；分工参与研究开发工作；协作配合研究开发工作。如果一方当事人提供现金、设备、材料、场地等物质条件，承担辅助协作事项，另一方主要进行研究开发工作，则应当按委托开发合同来处理。

3.2.3 技术咨询

3.2.3.1 定义与法律依据

技术咨询是指顾问方以自己的技术和劳力为委托方提供专业性咨询服务，

而委托方须支付报酬的交易。技术咨询交易通过签订技术咨询合同进行,提出合同要求和标的并付款的一方为委托方,提供特定成果的一方为被委托方。

技术咨询合同的形式始于19世纪末,最初仅以土木工程咨询服务为内容,20世纪以后为大陆法系各国所接受。目前,某些国家的法律将其视为技术服务合同中的分类,还有些国家将其视为独立的技术合同类型。我国《中华人民共和国民法典》规定"技术咨询合同是当事人一方以技术知识为对方就特定技术项目提供可行性论证、技术预测、专题技术调查、分析评价报告等所订立的合同"[①]。

技术咨询公司的模式起源于欧洲,在鼎盛时期,曾经有过超过万人规模的咨询外包公司。技术咨询的专业化程度较高,因此,国际上的技术咨询大多以行业为团体进行。目前,在发达国家大都有咨询工程师协会或联合会等,在许多发展中国家也有相当数量的咨询公司。咨询公司掌握着丰富的知识、经验和技术情报,可以帮助委托方选择先进的、适用的技术以及可靠的技术出让方。除此以外还可以帮助委托方讨价还价,用比较合理的价格购到较高质量的技术。虽然委托方寻求技术咨询需要支付咨询费,但由咨询带来的资金节约远超其所支付的咨询费用,因此,技术咨询对委托方仍然有利。

3.2.3.2 适用范围

技术咨询的范围包括科学技术与经济、社会发展的软科学研究项目及专业性技术项目可行性研究、效益分析、工程设计、施工、监督、监测及鉴定、设备的订购、竣工验收等。根据全国技术合同认定登记公共服务平台,技术咨询主要包括以下内容:

(1)科学发展战略和规划等软科学研究。

---

① 《中华人民共和国民法典》第八百七十八条。

（2）技术政策和技术路线选择的研究。

（3）工程项目、开发项目、科技成果推广和转化项目、技术改造项目等的可行性论证。

（4）专业技术领域、行业、技术发展的分析预测。

（5）就区域、产业科技开发与创新及技术项目进行的专题技术调查、分析评价。

（6）技术产品、服务、工艺分析和技术方案的比较与选择。

（7）专用设施、设备、仪器、装置及技术系统的技术性能分析。

（8）技术评估和技术查新。

在技术咨询合同履行的过程中，委托方要向顾问方提供技术资料、工作条件；顾问方以其专门的知识、信息、技能、经验，运用科学方法和先进手段，通过调查研究，写出技术咨询合同，提出建议和最佳的或几种可供选择的方案，为委托方决策提供参考。通常，提供技术咨询的顾问方为科研机构、大专院校，而委托方通常是国家有关机构、职能部门和生产企业。技术咨询有利于技术落后的国家找到性价比较高的技术。一些技术比较落后的国家，由于科技力量不足或对解决某些技术课题缺少经验，聘请外国工程咨询公司，提供咨询服务，可以避免走弯路或浪费资金。技术咨询的交易标的是合约要求的最终技术方案及研究报告等。

3.2.4 技术服务

技术服务是指服务方以自己的技术和劳力为委托方解决特定的技术问题，而委托方接受工作成果并支付约定报酬的交易。技术服务合同制度源自英美法系，20世纪以后为各国所接受。目前一些国家的法律将其视为独立的技术合同类型，另一些国家将其与技术咨询合同视为同类，还有些国家将其作为技术转让合同的一种。我国民法典规定"技术服务合同是当事人一方以技术知识为对方解决特定技术问题所订立的合同，不包括承揽合同和建设工程合同"。

如今技术服务发展已经相对成熟，交易的标的为委托方享受的服务事实，现已经出现分行业分领域的技术服务内容，包括但不仅限于以下服务范围：

（1）信息服务，技术服务组织应与有代表性的用户建立长期、稳定的联系，及时取得用户对产品的各种意见和要求，指导用户正确使用和保养产品。

（2）安装调试服务，根据用户要求在现场或安装地点（或指导用户）进行产品的安装调试工作。

（3）维修服务，一般分为定期与不定期两类，定期技术维修是按产品维修计划和服务项目所规定的维修类别进行的服务工作。不定期维修是指产品在运输和使用过程中由于偶然事故而需要提供的维修服务。

（4）供应服务，向用户提供产品的相关备品配件和易损件。

（5）检测服务，为使产品能按设计规定有效运转所进行的测试、检查、监控工作，以及所需要的专用仪器仪表装置。由于检测服务的工作量日益繁重，各种专用仪表也日益增多，检测服务趋向于建立各种综合性或专业性的测试中心。

（6）技术文献服务，向用户提供产品说明书、使用说明书、维修手册以及易损件、备件设计资料等有关技术文件。

（7）培训服务，为用户培训操作和维修人员。培训内容主要是讲解产品工作原理，帮助用户掌握操作技术和维护保养常识等，有时还可在产品的模拟器或实物上进行实际的操作训练。

3.3 技术交易模式演进

"模式"是处理一类问题的方法论[10],"技术交易模式"可被认为是为促成技术交易而形成的经验、方案及流程总结。随着技术市场的发展,技术交易模式也处于更新和演进的过程之中。

3.3.1 直接交易

直接交易是人类最古老的经济活动,需求与供给相互匹配产生了交换和交易的动机,最早体现为买卖双方的直接交换行为,也就是"面对面交易"。直接交易包括以物易物和货币易物,而现代交易中则多是货币资金购买商品。在交易顺利进行时,资金由买方流向卖方,商品由卖方流向买方。当然,现代社会也存在易货交易,比如闲置置换。

技术的直接交易模式表现为不通过第三方机构,技术供给者与技术需求者双方完成供需匹配、价值评估、谈判协商、合同签订等交易流程。例如,科技部火炬中心曾将高校院所自有科技成果直接向企业进行推广与转化,其典型的特征就是点对点的直接转移[11]。技术市场中的易货交易则称为技术交叉许可,这是一种将自有技术进行相互许可,双方均可按照约定使用对方技术,而不发生现金往来的方式。

在技术的直接交易模式中,交易的过程是逐层深入的,任何环节的失败,都会导致交易中止并使前期交易费用成为损失。技术的直接交易对供需双方的能力有较高要求,需要供需双方具备相对完整的技术交易能力,如图3-2所示。

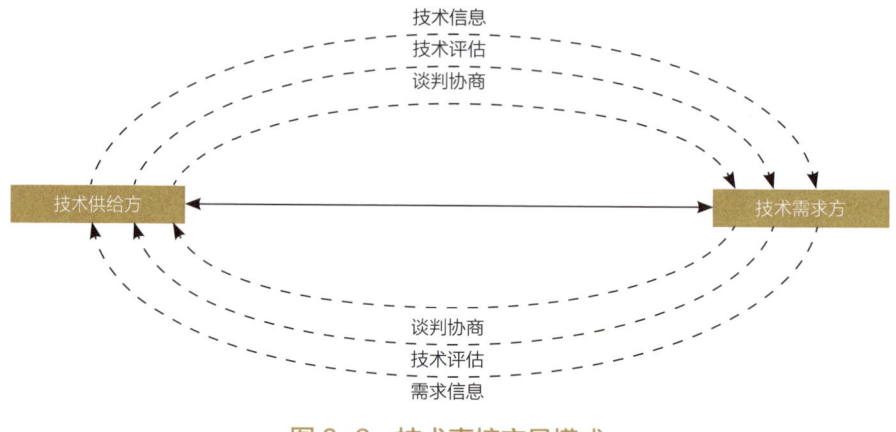

图 3-2　技术直接交易模式

首先，需求方需要在偌大的技术市场中识别和匹配技术商品信息，而供给方需审慎把控技术商品的信息披露程度使得技术需求方能够识别技术商品价值而竞争对手无法窃取技术核心或效仿技术路线。因此，在供需匹配的过程中，将会产生高昂的交易费用。其次，直接交易要求供需双方具备价值评估能力，然而供需双方的双重信息不对称在技术交易中广泛存在，技术供给方无法掌握技术需求市场的准确信息，而技术需求方无法掌握技术的准确信息，如核心工艺、技术先进性等。

例如，在很多技术交易中，高校科研院所为技术商品的供给方，而其研发团队往往不具备足够的商务能力，使得技术转移遭遇障碍。为了解决高校技术发明人遇到的技术转移的困难，许多学校设立了促进技术转移的组织机构，如在国外设立技术转移办公室（technology transfer office，TTO），在国内设置各类技术转移中心。这些组织机构可以帮助研发团队解决在技术交易环节中遇到的某些困难。

在科斯（Coase）的交易成本理论中，以上这种通过设立组织承接技术转移的情况——企业（或组织）对企业（或组织）间点对点的交易，也不属于纯粹的直接交易。根据管理经济学中科斯的交易成本理论，企业产生的原因之一是企业将外部交易转化为内部交易并以此来降低交易成本。企业中存在与商品买卖不直接相关的第三方部门,但与商品产销直接相关的部门却需要借助这些第三方能力来完成交易。从这个角度理解,间接交易在现实生活中广泛存在。

3.3.2 间接交易

在近现代经济活动中,借助第三方来完成的间接交易已经广泛普及。交易费用理论证明了以第三方为代表中间性组织存在的合理性[12]。随后丹尼尔·F.斯帕尔伯(Daniel F. Spulber)从交易的中介角度提出了企业的中间层理论。这种中间层是一种广义的定义,斯帕尔伯认为只要通过某一中间层的交易能够比卖方和买方直接交易带来更多净收益时,中间层的企业或组织就会形成。技术间接交易的中间层主要由科技服务业构成,其中包括技术推广服务、科技中介服务、科技管理服务、科技咨询服务、科技信息服务、科技法律服务、科技金融服务、知识产权服务等①。

在以上交易成本经济学的理论中,间接交易模式的目的是降低交易成本,这些交易成本包括以搜寻成本、信息成本、议价成本、决策成本为代表的事前交易成本及以监督成本、约束成本、转换成本为代表的事后交易成本。[13]

在现实中,中间层的组织包括商品的经销商、分销商、金融机构及各类中介服务机构,如信息中介、商品中介、物流中介及资金中介等[14]。这些中间层组织作为第三方,可以撮合买卖双方交易、为市场提供流动性,并维持市场运行。[15]在间接交易中,买方或者卖方委托第三方所支付的金额会小于不通过第三方时的中介费用。

第三方的存在还会影响交易的流程和进程,大多数情况下会加快技术

---

① 参照国家统计局《国家科技服务业统计分类(2018)》。

交易进程并提升技术交易的成功率。具体而言，经销商、中间商等第三方以先买后卖的方式解决了直接交易中的跨时空供需错配、远距离交易和匹配性不足的问题；信息中介可以帮助收集商品信息、识别质量信息，保障真实有效的信息传递；资金中介具有结算、担保、借贷的功能，在线上交易中以支付宝为代表的企业在交易完成前替买方保管现金、为卖方提供信用担保，使得线上购物的安全性和便捷性都大幅度提升。

第三方加入后的技术交易间接模式如图3-3所示。

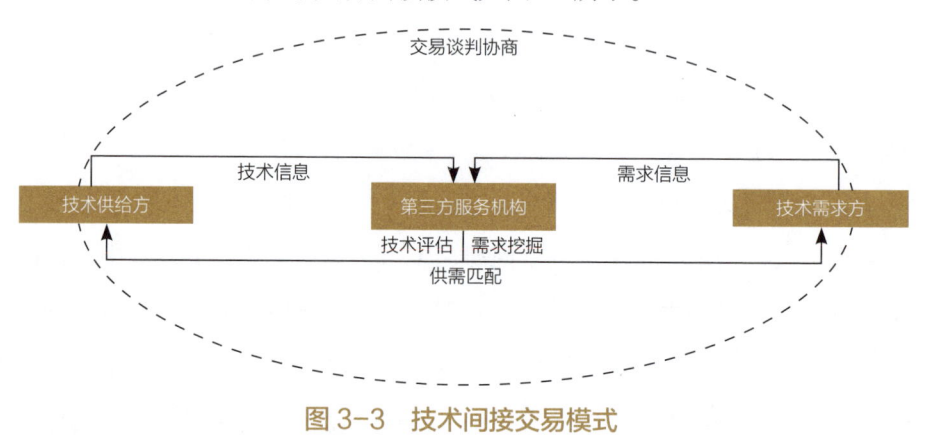

图 3-3　技术间接交易模式

技术供需双方的信息向第三方汇集，由第三方完成技术供给方的信息发布及技术需求方的需求挖掘。第三方在完成技术供需双方的供需匹配后协调双方进行沟通。除供需匹配之外，第三方服务机构还可以提供技术评估、检测、咨询等服务。这些服务可以在供需匹配前完成，也可以在供需匹配之后进行。

但是，由于技术交易的复杂性，所以技术的间接交易模式中可能存在多个第三方，技术的供需双方也可以选择多种中介服务模式。众多的第三方组织出现，帮助技术交易的买卖双方突破了交易能力不足的阻碍，并且能够在一定程度上降低交易成本、促成技术交易。间接交易模式在一定程度上解决了直接交易的问题，但同时，它也存在新的问题。例如，委托第三方将带来的委托代理问题、多主体参与形成的多方博弈问题、间接交易中的信任问题等。

3.3.3 平台交易

在间接交易的基础上，平台交易在现代经济活动中得以快速发展。近些年来，独具中国特色的互联网平台经济模式形成，各式各样的平台企业、平台组织涌现，其中不乏网络购物平台、团购服务平台、出行服务平台、金融服务平台等。平台交易渗透到经济生活的各个方面，提升了市场活动的整体效率，并逐渐发展成为主流。

在理论研究中，平台以及与之相关的双边市场的一般理论在2003年至2004年形成，其中罗谢特（Rochet）和蒂若尔（Tirole）[16]、阿姆斯特朗（Armstrong）[17]、凯拉德（Caillaud）和朱利安（Jullien）[18]等做出了关于平台研究的开创性工作。安德瑞（Andrei）和朱利安在研究平台交易时，对平台促成依附其上的多方客户需求匹配和发生直接交易的典型特征做了描述，将平台模式的研究引向多边市场领域。[19]

现在有关产生平台交易模式的主要观点有两种，一种是交易空间与场景的变化，另一种是商业模式的变化。

徐晋认为平台是传统隐性交易市场显性化的结果，它表现为交易空间或场所，该空间引导或促成双方或多方客户之间的交易，吸引交易各方使用该空间或场所，并且通过收取适当的费用维持自身运行，实现各方利益增加。[20]

平台本身并不局限于线上交易平台，然而当下的平台模式受益于通信网络技术、数字技术，消除了时间与空间的限制，能够实现高效的线上平台交易。互联网平台就是平台的一种有效搭载方式，若有更先进的技术如元宇宙等技术出现也可能成为未来平台交易的载体。

另一种观点［如帕克（Parket）等人的观点］认为平台是一种基于外部供应商和顾客之间的交易创造和互动的商业模式。[21]平台为这些互动提供了开放的组织形式并为他们制定了规则。他们认为平台的首要目标是匹配用户，为所有的参与者提供或者创造价值。这种观点的产生是商业环境的变化带来的。在20世纪的工业时代，规模经济由生产效率驱动，成本优势是当时供应规模经济主要竞争优势，因此，交易成本是交易方式抉择的重要决策因素。21世纪进入互联网时代后，信息传播速度飞跃，产品多样化程度加深，消费者接触新产品信息的速度加快，并且拥有了更多选择的机会。与之相应的，市场细分越发明显。在这种环境下，企业从优化流程、降低成本这类向内聚焦的战略转向市场营销、打造差异化核心竞争力的向外聚焦战略，企业更加关注与外部利益相关者的互动。因此调动第三方资源和社群资源的平台模式备受青睐。

平台交易与间接交易的重要区别在于，平台不再是简单的线性结构，而是复杂的网络结构，信息在类似神经网络般的节点间实现发散式的传播，交易效率因此得以提升。而间接交易中存在的信任问题、委托代理等问题都有可能通过平台机制与平台治理解决。

就技术的平台交易模式而言，其基础目标是完成技术交易双方的供需匹配，由于技术交易的复杂性，现在的技术平台交易逐渐从双边交易发展成为多边交易，平台需要集成供需网络、中介服务资源以及国际合作资源等。如北方技术交易市场组建了以"北方技术网"为骨架的信息网络，搭建起技术集成、中介集成、信息集成、国际合作四种平台服务模块，形成了信息服务、对接服务、中介服务、科技会展、技术产权交易和国际合作交流六项服务功能。

近年来，关于技术交易平台的研究与实践探索相继出现。梅姝娥等学者从价值网络的视角出发，梳理了技术交易平台的功能和结构，同时提出技术交易平台有必要明确其价值主张、服务集成与盈利模式，进行商业模式的梳理。[22]何喜军总结了在线技术交易平台的运营模式，提出了利用数字化技术智能化供需匹配和交易推荐的创新平台服务模式。[23]倪渊等学者讨论了复合型双边平台中多主体互动的特征及目标差异。[24]

在技术平台交易的实践中，当下的技术交易平台呈现从双边平台向多边平台发展的态势。在国内，以浙江网上技术市场为代表的技术交易平台历经近20年的发展，其功能逐渐从技术供需的信息展示到真正实现平台交易，发展至今已开始设置服务功能。在国外，美国的Yet2技术服务与交易平台是一个基于开放创新服务的全球性平台，为全球的技术交易提供评估、鉴别以及开发等整个交易决策过程中的科技服务。除买方与卖方主体外，该平台还集成了第三方服务资源，为技术双方合理有效地沟通和完成技术交易提供了保障。韩国文化产业技术振兴院运营的韩国国家技术银行（National Tech-Bank，NTB）也是一个集交易与服务功能于一体的商业化平台。它的目标是促进技术供应者、技术投资者、技术需求者及技术交易评估机构之间的信息交互，提供从技术开发到收集、数据库化并最终实现转移和商业化全过程的服务。有关技术交易平台的具体内容将在第6章详细讨论。

3.4　小结

技术交易正处于持续的观念转变、制度调整及政策优化的过程中。有关技术内容及交易方式的讨论有助于技术成果朝商业化方向发展。本章介绍了技术作为商品的共性与特殊性、阐释了技术商品存在的价值，讨论了技术产权的构成。在产权经济学的视角下，技术商品等无形资产的交易实质是其权益的转移，技术产权由科技成果权属与知识产权组成，其中包含了所有权、使用权、受益权、处置权等一系列权利组合。对成果完成人来说应尽量保障其发明、开发的劳动所得，对于成果持有人或成果使用人也应该依法保障其正当权利。而对于交易的买方来说，应该根据最终目的以及标的构思技术交易的方式。

本章以技术开发、技术转让、技术服务及技术咨询四种类型的技术合同为基础讨论了技术交易的方式。这一系列交易方式以及其对应的合同是为了促进技术交易形成，并保障了交易双方的权益。在当事人协商一致的基础上，确立相互之间的权利与义务关系，保障当事人在各方交易中顺利达成交易目的。

技术交易的范围在扩大、场景在增加，技术交易的模式也处于动态演进之中。本章从交易参与主体的维度出发，将交易模式分为直接交易、间接交易及平台交易三种模式，并在多边平台视角下，探究了技术交易模式演进的动因。一般情况下，交易的模式总是从直接交易开始，买卖双方不借助第三方直接进行供需匹配。[25]随后，供需匹配困难导致高昂的交易费用产生，促成交易的第三方出现并形成间接交易。目前，信息技术的发展以及对交易效率要求的提高使得平台交易成为一种重要的交易方式。在直接交易中，交易双方掌握关于交易的全部信息，不存在委托代理问题以及中间差价，但由于技术成果信息的获取难度较大，这种交易方式的效率较低。间接交易模式中出现了可以为交易双方提供信息或补足能力的中间组织，或称第三方，他们可以加快市场中交易信息的流动。其中不乏一些功能性的第三方为了补全交易双方能力、促成双方交易而存在，如知识产权代理、律师事务所、金融机构等第三方。而平台模式则是在间接模式的基础上，改变线性的信息交流模式与合作模式，实现多点信息互通、多方合作、多边共赢的交易模式，能够极大地提高技术交易的效率，然而有关间接模式中存在的委托代理问题以及技术交易中的保密问题还有赖于平台机制来平衡或缓解，这三种交易模式相互补充并同时在市场中存在。

本章参考文献

[1] 张晓凌，陈彦. 技术经纪人培训教程［M］. 北京：知识产权出版社，2020：5.

[2] 易继明. 技术交易知识与案例［M］. 北京：中国科学技术出版社，2020.

[3] 李玉香. 科技成果转化法律问题研究［M］. 北京：知识产权出版社，2015：2.

[4] 全国干部培训教材编审指导委员会. 社会主义市场经济概论［M］. 北京：人民出版社，2002：157.

[5] 熊焰，刘一君，方曦. 专利技术转移理论与实务［M］. 北京：知识产权出版社，2018.

[6] 冯晓青. 财产权经济学理论与知识产权制度的正当性［J］. 法律科学. 西北政法学院学报，2003（2）：86-93.DOI：10.16290/j.cnki.1674-5205.2003.02.012.

[7] 张爱民. 中国境内技术转让企业所得税优惠制度研究［D/OL］. 上海交通大学，2018. DOI：10.27307/d.cnki.gsjtu.2018.002879.

[8] 岳贤平，顾海英. 国外企业专利许可行为及其机理研究［J］. 中国软科学，2005（5）：89-94.

[9] 黎长志. 中国知识产权制度［M］. 北京：中国民主法制出版社，2019.

[10] 夏春阳，刘光顺，张怡等. 技术经纪实训教程［M］. 南京：东南大学出版社，2015.

[11] 科技部火炬中心. 2013年国家技术转移示范机构交易模式分析［EB/OL］.（2013-12-23）［2022-04-10］. http://www.chinatorch.gov.cn/jssc/llyj/201312/3af421bd52bb4755b4ce3b356c929eec.shtml.

[12] 马中东. 交易费用、中间性组织与产业集群——基于新制度经济学的研究视角［J］. 山东财政学院学报，2005（6）：20-24.

[13] WILLIAMSON O E. Markets and Hierarchies: Analysis and Antitrust Implications: A Study in the Economics of Internal Organization［M］. NewYork: The Free Press, 1975.

[14]　王勇，辛凯璇，余瀚. 论交易方式的演进——基于交易费用理论的新框架［J］. 经济学家，2019, 4 (10)：49–58. DOI: 10.16158/j.cnki.51－1312/f.2019.04.007.

[15]　SPULBER D F. Market Microstructure and Intermediation［J］. The Journal of Economic Perspectives, 1996. 10 (3)：135–152.

[16]　ROCHET J-C, TIROLE J. Platform Competition in Two-Sided Markets［J］. Journal of the European Economic Association, 2003, 1 (4)：990–1029.

[17]　ARMSTRONG D M. Truth and Truthmakers［M］. Cambridge: Cambridge University Press, 2004.

[18]　CAILLAUD B, JULLIEN B. Chicken & Egg: Competition among Intermediation Service Providers［J］. RAND Journal of Economics, 2003: 309–328.

[19]　CAILLAUD B, JULLIEN B. Chicken & Egg: Competition among Intermediation Service Providers［J］. RAND Journal of Economics, 2011: 309–328.

[20]　徐晋. 平台经济学［M］. 修订版. 上海：上海交通大学出版社，2013.

[21]　PARKER G G, VAN ALSTYNE M W, CHOUDARY S P. Platform Revolution: How Networked Markets Are Transforming the Economy and How to Make Them Work for You［M］. New York: WW Norton & Company, 2016.

[22]　梅姝娥，吴玉怡. 价值网络视角下技术交易平台商业模式研究［J］. 科技进步与对策，2014, 31 (6)：1–5.

[23]　何喜军. 新发展格局下推动我国在线技术交易平台高质量发展［J］. 科技智囊，2021 (2)：29－31.

[24]　倪渊，蔡功山，赵艳，等. 双目标多主体下的技术交易一站式服务平台定价模式研究［J］. 工业工程与管理，2022, 27 (3)：24－32.

[25]　黎长志. 中国知识产权法律制度［M］. 北京：中国民主法制出版社，2020.

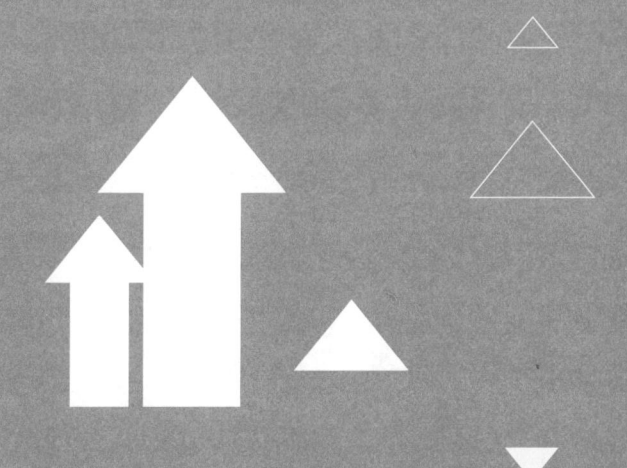

4 技术成果评估与评价

4 技术成果评估与评价

在技术转移及技术交易的过程中，技术成果评估与评价是必不可少的一个环节。技术成果的价值信息包含两个部分，技术的应用价值及技术的资产价值。在技术转移的过程中，技术的应用价值被广泛关注，它关乎技术的应用前景、可行性、生产效率、经济效益、社会效益及潜在风险等内容。在技术交易的过程中，交易双方对于价格的协调往往与供需关系关联紧密，技术的创新性、先进性以及成熟度共同决定着技术的供需表现。技术成果的评价与评估能为技术转移参与者提供大量有效信息并影响交易双方的价格谈判。为了保证技术成果评估与评价科学有效，需要借助多种工具对技术成果进行多维度评价与评估。2021年8月，国务院办公厅正式发布《关于完善科技成果评价机制的指导意见》，直面科技成果转化痛点，提出了健全完善科技成果分类评价体系，特别关注了科技成果评价中"评什么""谁来评""怎么评""怎么用""如何奖"的问题，鼓励完善多元化多角度的科技成果评价方法。

有关技术成果的评估与评价还在不断发展。张晓凌和陈彦认为，技术评价的目的性决定了技术评价的差异性，而技术评价的目的又取决于不同主体的需求。[1]因此，本章将在概述技术成果评估的基础上，对技术成果评估评价的几种主要方法进行论述，并将不同主体的视角下评估方法的选择偏向纳入讨论。

4.1 技术成果评估概述

我国的技术经济评估评价萌芽于20世纪，其发源于科技项目的评价需要。在"一五"时期，随着156项大型项目的引进，我国需要对大型建设项目进行技术经济论证，包括项目财务评价、项目经济评价、项目社会评价以及项目社会评价等内容。随后，在中央的部署下，我国开始逐步构建技术经济评价的方法体系，为技术成果的评估评价提供了方法基础。随着21世纪的到来，世界范围的技术创新的钟声被敲响，科技和经济社会的快速发展使得各类科技活动对评估的需求与日俱增。

技术成果评估与科技成果评估在内涵上没有本质的区别，均指遵循一定的原则和标准，运用规范的程序和方法，对科学技术成果所开展的专业化评估与评价活动，包括评估机构或专家组开展的与技术成果有关的各类评价、评议和评审活动。在科技管理和评估实践中，评估和评价这两个术语都经常使用。评价偏向于对评价对象提建议、下结论，而评估则是基于评估对象的各种性质作出相应的价值预测和估计。

评估是个交叉学科领域，通常涉及经济学、社会学、公共管理、政治学、自然科学、系统工程、统计学及其他学科领域，因此，评估评价经常采用这些学科领域的一些方法，如社会调查、投入产出分析、统计分析、模型预测、文献计量等。技术成果的评估评价方法多种多样，可以从下文的分类角度进行划分：

（1）从技术层面分类，可以分为定性评估方法、定量评估方法和综合评估方法，如表4-1所示。

表 4-1 根据技术层面分类的技术成果评估方法

技术层面	主要方法
定性评估	案卷研究、问卷调查、实地调研、同行评议、德尔菲法等
定量评估	成本效益分析、主成分分析法、比较分析法、回归分析法、数据包络分析、层次分析法、模糊数学评估法、灰色关联度评估法、逼近理想解排序法、熵权法、技术就绪度评价等
综合评估	指数法、标杆法、平衡计分卡法和战略地图法

注：根据（国家科技评估中心等，2019）整理。[2]

（2）按照技术成果的评价要素，可以进行如表4-2所示划分。

表 4-2　根据评价要素分类的技术成果评价方法

技术成果评价要素	评价内容
技术成果的成熟度评价	技术成果的发展状态，反映评价期间技术满足预期目标的程度
技术成果的先进性评价	技术成果与行业现有常规技术、常用技术相比，其性能和效果所处的水平
技术成果的创新性评价	技术成果的创新点、创新能力以及创新程度
技术成果的实用性评价	技术成果在生产、应用等方面的价值
技术成果的经济效益评价	技术成果在效率提升、成本降低、产品价格提升等方面的经济效益
技术成果的乘数效应评价	技术成果应用后对行业发展、劳动条件、就业机会、生活质量等方面的影响[3]

（3）按照评价的时间节点，可以分为技术成果转移和交易过程中的事前评价、事中评价和事后评价（表4-3）。

表 4-3　根据时间节点分类的技术成果评价方法

评价方法	内容	目的
事前评价	目标要素、可行性、资源配置、预期效果	为项目决策提供依据
事中评价	转移进展、组织管理、预期目标实现程度、权利与义务履行程度	优化过程管理、项目管理和经费动态调整
事后评价	转化效果、生产效率、经济效益	评估技术转移效果

无论是何种评估评价方法，都需要在技术成果的性质、评估评价目的以及评估需求主体的综合考虑下使用。

4.2 技术成果应用评价

4.2.1 技术成熟度评价

任何一项技术都必然经历从产生到发展成熟的过程,将技术在发展过程中所处状态的评价称为技术成熟度评价。在技术交易与技术转移领域,尚未形成对技术成熟度的统一定义。本节所谈论的技术成熟度(Technology Maturity)指技术的发展状态,反映了评价期间技术满足预期目标的程度。

在实际应用中,技术成熟度评价提供了一种解释特定技术成熟度的方法,其目的是简要、清晰地传递有关技术状态的信息,使技术的开发者、管理者、决策者以及投资者能够快速建立共识。

4.2.1.1 技术就绪水平

技术就绪水平(Technology Readiness Level,TRL)也被称为技术就绪度、技术成熟等级、技术准备水平等,是评估演进中的技术(材料、设备、方法等)成熟程度的一种度量标准。[4]技术就绪水平的雏形在美国实行阿波罗登月等航空航天科学工程中逐渐形成,主要用于内部技术评估管理,后于20世纪70年代被美国国家航空航天局(NASA)提出,并得到美国科学技术协会(American Association for Science and Technology,AASCIT)认可。美国国防部在2001年正式采用技术就绪水平进行技术成熟度评价,要求所有采办计划均需要经历该评价。2005年,美国国防部颁布《技术就绪水平评估手册》,进一步完善了这一评价方法。英国国防部及许多国际组织也都在技术引进、采办、项目管理中相继使用了这种方法。2009年美国更新的《技术就绪评估手册》对技术就绪评估给出的定义是技术就绪评估是一个正式的、系统性的、基于指标体系来评估某项技术的成熟度并形成评估报告的过程。该方法已广泛应用到科技项目、技术转移、技术交易的评估评价中，是技术成果评价的重要部分。[5]

在技术就绪水平方法推广和应用初期，英美等国家在国防采办中主要使用九级技术就绪度标准（表4-4），并将技术划分为硬件和软件两类。

表 4-4 美国国防部的技术就绪水平标准

| 硬件类技术就绪度等级 || 软件类技术就绪度等级 ||
等级	定义	等级	定义
TRL1	发现并报告技术的基本原理	TRL1	发现并报告技术的基本原理
TRL2	阐明技术的概念和用途	TRL2	阐明技术的概念和用途
TRL3	技术概念的关键功能和特性得到解析和验证	TRL3	技术概念的关键功能和特性得到解析和验证
TRL4	在实验室环境下完成基础部件/实验板*验证	TRL4	在软件开发环境下完成基本模块/子系统验证
TRL5	完成相关环境下部件/原理样机验证	TRL5	完成相关环境下的软件模块/子系统验证
TRL6	完成相关环境下系统/子系统模型或样机验证	TRL6	完成端到端环境下软件模块/子系统验证
TRL7	完成使用环境下系统样机运行	TRL7	完成高逼真度仿真环境中的软件系统原型验证
TRL8	完成实际系统试验，并验证合格	TRL8	通过运行环境实验测试与演示验证，真实系统完成
TRL9	实际系统通过检验，并成功执行任务	TRL9	软件系统通过检验，执行任务合格

*：实验板（Breadboard）是为了验证技术原理和技术应用而组装的一组零部件，是对系统或分系统的特征描述，可用于验证技术概念的可行性以及开发技术参数。

表4-4所述的相关环境（Relevant Environment）是一种实验环境，它能够模拟运行环境（Operational Environment）的关键特征。

经过多年的应用和发展，技术就绪度评价已经产生横向和纵向的延伸。例如新加坡将技术就绪水平方法发展成为技术成熟度系统评价（Technology Maturity Level System，TML system）。还有学者深入不同细分领域和行业，提出更加具体的技术就绪度评价方法，例如设计就绪度（Design Readiness Levels，DRL）、工程与制造就绪度（Engineering and Manufacturing Readiness Levels，EMRL）、集成就绪度（Integration Readiness Levels，IRL）[6]、能力就绪度（Capability Readiness Levels，CRL）[7]、商业就绪度（Business Readiness Levels，BRL）[8]、材料就绪度（Material Readiness Levels，MRL）、生物医学技术就绪度（Biomedical Technology Readiness Levels，BTRL）等。

我国对于技术就绪度的研究始于2000年。技术就绪水平评价方法进入国内后，钱东等学者分析了美军在装备采办、MK48鱼雷以及潜艇作战系统等水下装备研发中应用技术就绪水平的方法。[9]赵慧斌等学者探讨了在电子对抗装备研制过程中应用技术就绪水平方法，并依据美国技术就绪水平的军方定义提出了电子对抗装备技术就绪水平定义表。[10]朱毅麟提出将技术就绪水平应用在航天技术领域，应杜绝过度强调创新而导致的技术仓促应用、项目中途失败的情况。[11]需要注意的是，大多对于技术成熟度的论述和研究均从技术就绪水平方法的视角出发。

现在，我国对于技术就绪水平方法的应用已经从探索、引进发展至再创造阶段。这类研究有两种类型。第一种是分领域、行业对技术就绪水平方法的应用进一步细化和明确。例如，杨良选基于技术分解结构和S形曲线知识图谱构建了技术成熟度多维评估模型，并重新划分了技术成熟度等级。[12]陈炜钢等学者基于技术贴近度构建了多层次的评估参数结构。[13]刘朝辉等学者细化了农业科技成果的技术成熟度等级，进一步明确了标准、细则和支撑文件的要求。[14]第二种是对技术就绪水平的评价过程做了拓展，除技术从研发到产品化外，还增加了对产品进入市场的商品化过程的评定。巨建国等学者提出了十三级分类的技术成熟度标准（表4-5），其中第十至十三级增设了有关技术商业化过程的等级认定。[15]

表 4-5 《科技评估师职业培训教材》技术成熟度等级定义

等级	简称	定义
第一级	报告级	观察原理并形成正式报告
第二级	方案级	形成技术概念或开发方案
第三级	功能级	关键功能分析和实验结论成立
第四级	仿真级	研究室环境中的部件仿真验证
第五级	初样级	相关环境中的部件仿真验证
第六级	正样级	相关环境中的系统样机演示
第七级	环境级	在实际环境中的系统样机试验
第八级	产品级	实际系统完成并通过实验验证
第九级	系统级	实际通过任务运行的成功考验
第十级	销售级	第一个销售合同回款
第十一级	盈亏级	批产达到盈亏平衡点
第十二级	利润级	利润达到投入的20%
第十三级	回报级	收回投入稳赚利润

4.2.1.2 技术成熟度曲线

技术成熟度曲线（Hype Cycle）也被称为炒作周期曲线，是一种反映社会对技术的期望的预见方法。美国高德纳（Gartner）咨询公司提出的这一方法提供了技术成熟度评价的社会分析视角，结合定性与定量的方法反映社会或市场对某一技术的接受程度。该方法将技术的市场反馈情况可视化，进而评估技术的成熟度和发展态势，能够帮助投资者捕捉技术风口并为管理决策者制定技术策略提供支持。[16]

高德纳公司发布的技术成熟度曲线[17]主要分为五个阶段：

创新萌芽期（Innovation Trigger）：在此阶段，随着媒体报道、非理性地渲染，产品的知名度提高。

创新触发事件可以是导致技术快速发展和公众兴趣增长的任何事件，每一项技术的触发事件都不相同。如，新产品推出、大型公司介入、创新概念的媒体宣发、政策风向改变、法律法规限制改变等。

过热期（Peak of Inflated Expectations）：技术的宣传使得公众对新技术的预期达到高峰，但实际上这种预期有可能超出技术的实际情况。

随着新技术术语的扩散，希望在技术上领先的企业会投入这种技术研发。紧接着，该技术的供应商吹嘘他们的早期客户，使得其他企业也想加入以免落后。此时从众效应出现，该技术被推向顶峰。这种炒作泡沫可能会持续数月到一年左右，但是在商业领域，由于企业决策和投资的步伐较慢，因此炒作带来的高峰通常持续至少一年。由于互联网+、区块链等技术受到的关注过多，它们所造成的"炒作泡沫"更大，使得过热期可能会持续两到三年。

泡沫化的低谷期（Trough of Disillusionment）：由于技术的缺点、问题、限制出现，失败的案例多于成功的案例，试验和项目实施交付失败的信息曝光等，公众对技术的兴趣降低。

由于这种技术不能达到早期过度膨胀的企业和媒体预期，所以其声誉快速下滑。只有少数技术开发者和供应商能够持续改进产品，使得早期采用者满意。而低谷的时间长度因为技术不同而差异很大，平均时间长度为两到四年，发展较快的创新可能会在六个月到九个月内出现暂时性衰退。

复苏期（Slope of Enlightenment）：一些开发者和供应商克服了最初的困难，获得了持续的投资，开始获得收益。更多能够使企业受益的应用实例出现并逐渐得到认可，技术开发者和供应商开始推出第二代、第三代产品。

在复苏期，人们吸取了很多经验教训，技术的声誉开始恢复上升。开发者把获得的经验融合到下一代产品，并设计出一些方法和工具来简化开发流程。有些技术会出现导致价值主张发生变化的崭新能力或重大性能改进或创新，从而扩大了创新的应用范围。在这个阶段，技术变化或改进的速度较慢、幅度较小，企业只有积极跟踪才会发现这类变化。

生产成熟期（Plateau of Productivity）：在此阶段，方法论经过数代的演进，新技术产生的利益与潜力被市场实际接受，技术发展成熟并开始取得回报。

采用技术成熟度曲线的方法来评估技术成熟度有两种方式。

一是通过标定某单项技术沿技术成熟度曲线走向成熟的各个阶段，展示该项技术的成熟历程或对其发展趋势进行预测，描绘单项技术在纵向时间序列内的成熟度变化历程（图4-1）。

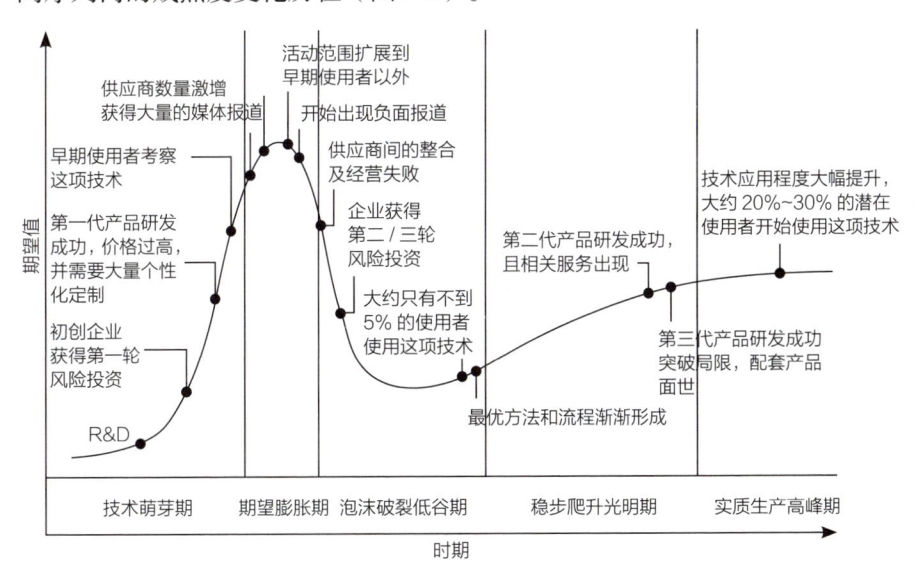

图 4-1 不同阶段的技术成熟度曲线

（资料来源：杰姬芬恩，马克·拉斯金诺[18]，《精准创新》，2014）

二是通过标定某领域多项技术在技术成熟度曲线上的相对位置，以展示在某个时间节点各项技术不同的成熟度，是技术集群内多项技术在某一时间横截面的成熟度评估（图4-2）。

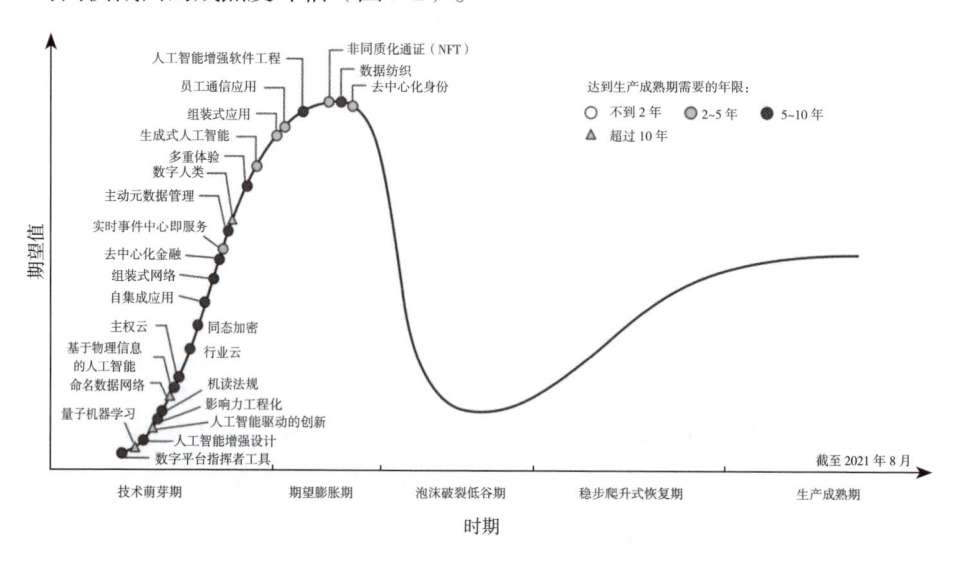

图 4-2　2021 年新兴技术的成熟度曲线

[资料来源：张娟（中国科学院成都文献情报中心）摘编自《世界科技研究与发展》]

图4-2是高德纳于2021年8月发布的新兴技术的成熟度曲线，涉及多项技术的成熟度评估报告。高德纳每年在多个领域发布此类评估报告。该图不仅标定了新兴技术所处成熟度的阶段及在曲线的位置，同时，由于不同技术发展至成熟的时间不同，图例中使用不同颜色的圆圈和三角符号标示该项技术从发展成熟直至进入实质生产平稳阶段所需的时间，分为不到2年、2~5年、5~10年和达到生产高峰期前即被淘汰。例如，"生成式人工智能"在2021年进入期望膨胀期，距离发展至生产成熟期仍需要2~5年时间；"人工智能增强软件工程"同样处于期望膨胀期，但该技术发展至生产成熟期可能还需要5~10年时间。

虽然高德纳公司绘制技术成熟度曲线的具体方法未公开，但根据高德纳公司的公开信息可知技术成熟度曲线绘制的主要步骤为数据收集与处理、模型建立和验证、图形绘制和标准化处理。

绘制技术成熟度曲线图所需的数据来源有多种，可根据技术的不同进行选择。在经济领域，可以用股票价格和投资水平定量地评估技术期望值。在技术领域，可以通过专利数量、专利引用量、专利价值和专利交易成交金额等反映技术期望值。在其他领域，可以通过社会公开发表的新闻、期刊、学术文章对某一技术领域、技术路线提及的数量以及具体反馈来间接计算社会对该技术的期望值。

根据芬尼[19]的分析，技术成熟度曲线可由影响技术成熟度的两个因素的曲线合成（图4-3）。其中一个因素为炒作水平（Hype Level），它是市场对技术的正负反馈的表现，并且通常为钟形，反映媒体和公众对于某项技术兴起后所产生新机遇的兴奋及因此产生的高期望。随着时间推进，客观理性的分析会使大家识别出宣传中的虚假信息，加之技术的不成熟表现曝光，过高的期望迅速回落。另一个因素为技术的工程表现或商业成熟度（Engineering or Business Maturity），它是一项技术本身的普遍表现，技术缓慢地被改善并逐渐成熟，最后产生递减的回报，因此通常以坡度较缓的S形曲线表示。技术成熟度曲线一般根据钟形曲线和S形曲线的参数取值做标准化处理后绘制。[20]

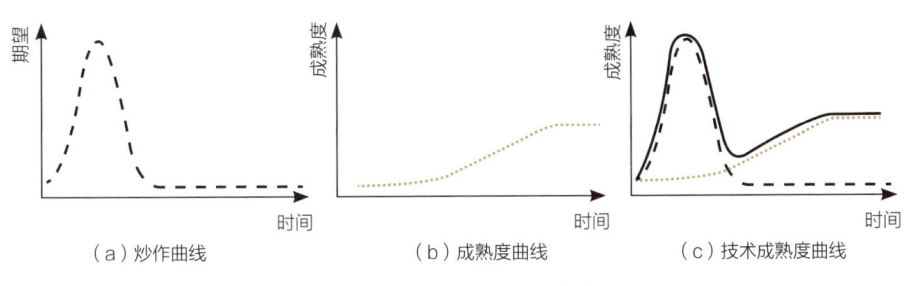

（a）炒作曲线　　（b）成熟度曲线　　（c）技术成熟度曲线

图4-3　技术成熟度曲线

（资料来源：根据 Gartner 官网整理）

从技术成熟度曲线的制作过程可见，这种技术成熟度评价的方法与传统的方法相比，可以借助计算机信息技术完成数据的收集与整理、通过科学的计量方法建立评估模型，构建简便、快捷、通用的技术成熟度评估方法，这降低了对技术专家的依赖性，避免了评估执行人的主观评价失误，具有方法学价值。将技术成熟度曲线应用到技术成熟度评估体系中可以补充有关技术成熟度的外部信息，帮助技术交易中的供需双方有效判识技术的成熟度。

4.2.2 技术先进性评价

近年来随着技术创新的脚步加快，技术成果收获颇丰，不同层次、不同领域、不同水平的成果也越来越多。一方面，技术进步使得科研难度越来越大，投入的人力、物力、财力越来越多，承担的风险性也越来越高。另一方面，由于缺乏对各种技术成果的先进性、创新性的了解，技术成果的推广运用遇到阻碍。某些具有创新性和先进性的成果由于未形成成熟应用，在评估评价中处于劣势。被低估的技术成果使得研发团队无法获得持续的科研经费，导致具备先进性和创新性的技术无法投入生产实践发挥作用。解决这个矛盾的对策之一便是了解技术进展及动向，形成技术先进性评价。

早在20世纪80年代，我国学者就讨论过技术的先进性与经济的合理性之间的关联，曾建勋讨论了使用文献计量法评价技术先进性。[21]在后续的研究中，何德祥等学者认为技术先进性是科技成果商业化成败的首要因素，[22]一些学者（如张道天[23]和徐岩等[24]）也研究了不同应用领域的先进性评价，但文献中对于先进性的基本定义涉及较少。这些研究对于技术先进性评价具有重要的促进作用，但尚未形成具有公信力的技术先进性评价方法。

目前学术界并没有明确给出技术先进性评价的准确定义。关于该概念的描述，本节认为技术先进性是技术成果与行业现有常规技术、常用技术相比，性能和效果所处的水平。也就是说，与同类技术比较，如果性能参数提高、消耗参数降低则技术先进程度较高，反之则技术成果不先进。一一般来说，这种方法需要先确定与被评价对象对标的、且在对应范围内处于较高水平的参照技术，通过对比会得出"超过""达到""未达到"几种情况。根据参照技术的情况和对比结果，一般将技术先进性划分为七个等级，见表4-6所示。

表4-6 技术先进性评价等级对照表

等级	定义
第一级	该技术的核心指标暂未达到所在行业国内标准最低值
第二级	该技术的核心指标达到所在行业国内标准最低值
第三级	该技术的核心指标达到所在行业国内标准最高值
第四级	在国内范围内，该技术的核心指标值达到该领域其他类似技术的相应指标
第五级	在国内范围内，该技术的核心指标值领先于该领域其他类似技术的相应指标
第六级	在国际范围内，该技术的核心指标值达到该领域其他类似技术的相应指标
第七级	在国际范围内，该技术的核心指标值领先于该领域其他类似技术的相应指标

资料来源：青岛市科学技术局组织编写，2018。

技术先进性评价等级对照表清晰地展示出先进性评价的过程信息。该评价的主要价值在于帮助技术交易双方了解技术的核心应用对比情况，把握优劣势对讨价还价过程具有重大意义。技术先进性是科技评价的一个非常重要的指标，也是在传统鉴定过程中决定技术成果水平的重要依据。

技术就绪水平的实施对象为技术成果本身，包括硬件、软件、工艺、方法、商业模式和服务等。技术成果完成方需要提供包括专利、论文、著作、图纸、试验报告、检测报告、应用证明和合同等证明材料。由评估执行人根据所提供证明材料的内容，进行等级判断，确定技术成果的技术就绪水平。在针对科技项目的技术就绪度评价时，还应对技术项目进行分解（图4-1），形成有效的工作分解结构（Work breakdown Structure，WBS），建立工作分解单元（Work Breakdown Element，WBE），确定每个WBE交付物的类型。需要注意的是，由于技术成果展现出强烈的性质差异，不同类型的技术应当依据不同的技术就绪水平标准进行评定。根据技术要素的不同，选择或者建立合适的技术就绪水平评价标准和细则。

在对技术先进性进行评价时，其主要目标是将被评价技术的核心指标与参照物的相同指标进行对比。首先要明确被评价技术的应用领域和在该领域发挥的作用，然后要明确体现该作用的核心指标，同时找到证明该核心指标的相关材料，展示被评价技术的主要信息。具体评价步骤如下：

（1）参照物的选取。所选的参照物必须是与被评价技术有着同样应用领域，并且能够用同一个核心指标来衡量的相关技术。被评价技术拥有者需要提供参照技术的名称、在国内外所处的级别以及指标值，同时必须提供能够证明这些信息的相关材料。为了解技术成果在领域内进行性具体区间，有时可选取多个参照物进行比较。

（2）技术核心指标建立。根据具体技术成果以及应用标的，确认所需评价的核心指标。例如，性能指标包括可靠性、成功率、功耗等；经济指标包括成本利润率、单位产品成本、售价比、收入利润率等；环境指标包括土地利用率、水资源利用率、废水排放量、废弃物排放量、产品回收利用率等。不同技术成果的评价指标差异较大。

（3）填写技术先进性评价表。评估执行人根据技术信息和证明材料，对照先进度的等级定义，确定该指标的先进性等级并填写评价表（表4-7）。在评价时，可以列出多个核心指标的对比数据，增加先进性评价的说服力。多个指标在排列时应按照重要程度从上向下排列。在判断相关信息的过程中，凡是根据先进性等级定义不能确定的信息，都需要咨询相关专家。

表 4-7 技术先进性指标对比评价表

被评成果			参照物			先进性
指标名称	指标值	证明材料编号	级别	指标值	证明材料编号	

4.2.3 技术创新性评价

在对科学技术的评价中，创新性和先进性一直都是非常重要的两个维度。在定义创新度之前，需要对创新性和先进性进行区别。创新性主要体现的是相对时间或者相对其他技术"此有彼无"的状态。先进性则是体现创新所带来的作用或效果。[25]根据克里斯坦森的观点，持续性技术进步会改善现有产品的性能，技术进步的速度满足甚至超过市场的需求。[26]当产品越来越高端，提升产品性能的速度超过客户的实际需求时，发展持续性技术就会逐渐失去意义，产生技术进步的边际效应递减，技术的先进水平不再是卖点，消费者选择产品的标准将转移到需求尚未得到满足的其他属性上。这时候，企业可以进行破坏性创新（或称为颠覆式创新），创造出新的产品，赋予产品新的功能和属性，从而拓展新的价值网络、新的市场。这个新兴的小市场并非是原有市场的子市场，而是处于新的价值网中的市场。根据克里斯坦森的理论对创新性与先进性进行区分，先进性评价针对渐进式的技术创新成果，而创新性评价针对颠覆式创新成果。创新性评价能够为暂时在技术参数上表现不佳但具有潜力的颠覆式创新成果提供机会。

根据创新点"此有彼无"的定义，技术成果创新度等级的高低则体现着"此有彼无"的范围大小，等级越高，范围越大，说明该创新点在更大范围内是独有的。因此，技术成果的创新度可以按照下表进行等级划分。

表 4-8　技术创新性等级

等级	定义
第一级	该技术创新点在国内范围内，在某个应用领域中检索不到
第二级	该技术创新点在国内范围内，在所有应用领域中都检索不到
第三级	该技术创新点在国际范围内，在某个应用领域中检索不到
第四级	该技术创新点在国际范围内，在所有应用领域中都检索不到

需要注意的是，创新度最根本的意义在于给出技术创新点"新"的程度，将技术的创新点结合着工作分解结构明确展示出来，使评价结果的使用者能够快速、清晰又准确地获得技术创新方面的重要信息。但是，仅靠创新度并不能说明技术作用的大小，只有在实际应用中结合其他指标共同表达，才能体现更为准确的意义。

在实践中，技术创新性的评价方法步骤如下：

（1）确定评价技术单元或技术元素。在进行技术创新度评价时，需要对所评价的技术进行分解，可以按照4.2.2中的方法建立技术工作分解结构对技术单元逐层分解，直到找到该技术创新点所在的工作分解单元。

（2）创新点检索与查新。找到工作分解结构列表中有创新点的工作分解单元，对相应的创新点进行描述，以此作为创新点展示和查新的依据。进行评价前，必须有相关的检索证明。在成果评奖和科研管理等应用中，由第三方机构出具的科技查新报告可以作为证明材料。创新性达到三级和四级的技术必须提供国际查新报告，而一、二级只需提供国内查新报告。此外专利证书也可以作为创新性的辅助证明。如果需要对创新性进行更为细致的判断，需要评估执行人或相关科研人员对该技术的创新点做更为细致和全面的检索。

（3）技术成果创新性评价。评估执行人根据创新点等级标准，依据证明材料对技术创新点进行评价。技术分解评价如表4-9技术成果创新点评价表所示。

表 4-9　技术成果创新点评价表

工作分解单元	主要内容	创新点描述	创新等级	证明材料编号

4.3　技术资产价值评估

资产价值的评估和认定是商品交易、企业管理及投资并购等经济活动的重要基础。2016年12月，《中华人民共和国资产评估法》正式实施，进一步认可了资产评估的重要价值，规范了资产评估的有效程序，确立了资产评估行业的法律地位。

在经济增长方式转变的过程中，技术作为资产评估的对象，其评估价值关系到该技术成果能否实现有效转移和转化，这对于形成完善的技术市场和产权交易市场有着重要意义，更在我国科学技术发展、技术水平提高、创新战略的施行中发挥着重要作用。

技术资产价值评估是技术资产在某一时点的价值估算，是资产价值评估在技术资产上的应用。目前，国际公认的评估资产价值的三种基本方法包括成本法、收益法和市场法。[27-28]除此以外，基于实物期权的资产价值评估方法——实物期权法也开始受到关注。因此，本节将分析技术资产价值评估的成本法、收益法、市场法以及实物期权法。

4.3.1 成本法

成本法是目前评估资产现值的三大基本方法之一，它与收益法、市场法一同作为常用评估方法写入由国际评估准则理事会（International Valuation Standard Council）发布的《国际评估准则（2017版）》（《International Valuation Standard》）中。[29-30]

在财务统计中，成本的归集和分配有多种方法，包括原始成本法、成本加和法和重置成本法等。在资产评估时，成本法一般定义为求取估价对象在估价时点扣除折旧后的重置价格或重建价格的方法，因而又被称为"重置成本法"。将成本法应用到技术资产价值评估中时，应将购买或开发新技术成果的成本与该技术成果在其生命周期内所能提供服务的经济价值相比较。采用这种方法的基本前提是这项技术成果确实带来经济收益。

生产费用价值论认为，商品的价格依据其生产所花费的必要费用决定。技术资产的费用主要由技术研发的直接成本以及技术研发过程中需要摊销的间接成本构成，表4-10所示为技术资产的常见成本构成。

表4-10 技术资产的常见成本构成

成本类型	成本构成
直接成本	材料费、设备费、资料费、外协费、咨询费、差旅费、科研人员工资、存储费、运输费、专利申请手续费、保险费、劳动保护
间接成本	管理费、折旧费、摊派费

价值理论认为，成本法考虑了产品的生产成本对其价值贡献的作用，这种价值贡献需要扣除被评估资产因其实体性贬值（使用、存放）、功能性贬值（社会进步、技术进步）和经济性贬值（外部环境变化）带来的资产价值损耗。成本法的基本计算公式为

资产评估值=重置成本-实体性贬值-功能性贬值-经济性贬值

采用这种方法评估出的资产价值是重置成本的净值,其关键在于估算重置成本和贬值成本的大小。

实体性贬值又称为物理贬值,指资产在使用或存放过程中因磨损、变形、老化等自然力作用下引起的价值损耗。实体性贬值虽然是累计折旧额的重要组成部分,但对有些不存在实体的技术资产来说可能并不存在。

功能性贬值是指由于技术进步,出现性能更优越的新资产,从而使原有资产本部分或全部失去使用价值而造成的贬值。由于技术商品通常是智力劳动的成果,随着技术更新换代加快,同用途的多种技术路线出现,功能性贬值问题越发突出。

经济性贬值指因外部经济环境变化、政策变化、需求变化等对技术带来的利空信号,导致技术资产应用受到限制、收益下降,进而造成资产价值的无形贬值。

成本法是资产评估最简单直接的方法,在知识产权交易频繁的西方国家,该方法已经经历了多年的实践应用,它的局限性也随之被普遍认识。其中最突出的问题为技术成果的费用计算边界模糊。首先,相当一部分的技术成果需要经历长达数年的研发过程,可能面临原始成本的不确定性以及无据可查的情况。其次,研发过程普遍存在多线并行的情况,某些技术成果甚至只是非研发项目目标的中间产物。然而,如果没有对所评估的技术成果设立单独的核算账户,在评估时就难以认可其成本来源的合理性。最后,技术资产是一种智力资产,它的投入包含资金成本和智力成本。资金成本主要指技术研发过程中投入的财力、物力,是技术资产的有形成本。而智力成本的测度是很困难的,因为智力成本的投入不仅与研发投入人员有关,还与智力的机会价值有关。相同的研发团队如果将时间、精力及其智力投入另一项价值更高的技术研发中,可能会实现更高的收益。研究人员的知识、经验的积累和运用等仅靠计算工资额来计算智力成本,无论从理论上还是从实践上来讲都是不合理的。[31]

4.3.2 收益法

任何资产的价值都取决于它在未来带来的收益。根据中国资产评估协会（以下简称中评协）发布的《资产评估执业准则——资产评估方法》的规范，收益法是指通过将评估对象的预期收益资本化或者折现，来确定其价值的各种评估方法的总称。收益法有时也被称为折现现金流法、净现值法，包括多种具体方法。例如，企业价值评估中的现金流量折现法、股利折现法等；无形资产评估中的增量收益法、超额收益法、节省许可费法、收益分成法等。

在知识经济时代，专利和专有技术等技术型资产的重要性在企业的发展过程中迅速凸显出来。而在以专有技术投资或专有技术转让的价值评估中，收益法是国际公认的相对有效的评估方法。

在评估技术资产时，收益法的基本思想是把被许可技术产生的未来现金流量转换为现在时点的流量，从而估算被授权技术的价值。收益法的主要评估参数是净现值、折现率和收益期，其一般计算公式是

$$v = \sum_{n=1}^{n} \frac{F_t}{(1+D)^t}$$

v 表示技术的净现值，t 表示收益期限或折现期限。

F 表示预期未来现金收益，它意味着该技术资产可以被合理预期得到经济效益。

D 为折现率，它关乎在预期模式中实现经济效益的相关风险假设。折现率的一般计算式是

折现率＝无风险利率＋通货膨胀率＋风险报酬率

每一个主要评估参数下还有许多具体的分析指标，这些指标都需要根据专有技术的属性和特征进行准确的估计。

由收益法的计算式可知，若想得到合理、有效、准确的技术资产价值评估结果，则需确定预期经济效益并对风险进行合理假设和评估。因此，

这种方法有时被认为是一种主观性很强的评估方法。曾任通用公司首席执行官的韦尔奇（Welch）曾在《商业周刊》的采访中评论道："你永远不能百分之百地肯定技术的可行性，即使技术可行，你永远也不能准确地知道市场会如何反应。"[32]对于技术资产的持有者或者购买方来说，技术资产的经济效益常常很难准确估计也很难控制，因此，他们需要尽可能地对风险进行评估和把控。技术成果在产品化过程中面临几个常见问题：技术是真的吗（技术商品的披露信息）？市场需要这项技术吗？如果需要，值不值得投资？当然，知识产权保护范围和力度、专有技术和数据也是影响技术资产的关键因素。收益法中，在假设知识产权对于技术资产具有充分保护的情况下，雷德盖提斯总结了投资者看待不同技术资产时的风险调整临界率的经验法则（表4-11）。[33]

表4-11 技术资产风险调整临界率的经验总结

风险等级	风险特征	风险调整临界率范围
无风险	市场对某产品存在高需求，采用相同技术生产该产品	8%~18%
低风险	通过改进已掌握技术，生产具有现实需求的现有产品	15%~20%
中低风险	利用已掌握技术生产具有新特征的产品，有足够的证据证明目前已存在客户群体	20%~30%
中风险	利用已掌握的技术生产新产品，有证据表明存在相应需求	25%~35%
中高风险	使用未完全掌握的技术进行新产品生产，并将该产品投放到现有客户群 或者使用已完全掌握的技术生产新产品，并将新产品推广到新市场中	30%~40%
高风险	使用新技术生产新产品，并将新产品推广到新市场	35%~45%
极高风险	成立新公司来生产现行市场未销售的产品或使用未被论证的技术进行产品生产	50%~70%或更高

即使面临着市场不确定性，收益法仍然有其优势，它反映了资产经营目的和市场价格形成的特点。

4.3.3　市场法

市场法又称市价法、比价法或市场比较法，它是将评估对象与可比参照物进行比较，并以可比参照物的现行市场价格为基础来确定评估对象资产价值的评估方法。

市场法包括多种具体方法，如企业价值评估中的交易案例比较法和上市公司比较法、单项资产评估中的直接比较法和间接比较法等。总体来说，市场法主要通过市场中对同等技术的判断共识来测量未来经济效益的现值。在资产评估项目的产权主体需要发生变动的假设下，各类市场法的评估思路均按照公开市场的价格形成机制和现行市价标准，对评估对象与可比较参照物的各项资产价值影响因素进行逐个对比，得到各项因素的最终调整结果，确定被评估资产在评估基准点上的现行公允价值。

市价法一般适用于整体资产评估和预测未来收益的单项资产的评估，特别适用于技术资产等无形资产的评估，但需要具备一系列条件。这些条件包括被评估资产可以用货币衡量其未来收益的单项资产或整体资产，社会基准收益率或行业收益率和折现率可以确定，资产所有者或经营者承担的风险等因素可以用货币来衡量等。[34]

应用市场法有两个先决条件，一是存在一个活跃的、公开的市场，二是该市场上存在可供比较的参照物。在对技术进行资产评估时，这两个基本前提也是评估常常遇到的困难，原因有如下两个：

第一，单一的销售不会构成一个市场。"活跃的市场"其理想状态是有大量的技术资产交易。然而，目前的技术交易市场范围广而规模小。在技术交易市场中存在生物医药技术交易、电子电器技术交易、计算机软件工程技术等子市场，活跃程度还有待提高。"公开"的要求在技术交易中难以实现。在传统的交易中，如证券交易市场，普通股票的交易价格是清晰可知的，与交易对象有关的新闻信息、公司规划、年报等的披露程度较大。而在技术交易中，卖方出于保护技术成果的考虑，会严格控制技术成果的核心信息，包括技术参数和核心工艺；买方如企业方，基于技术战略的保密性，有警惕竞争者出场的必要，因而可能要求隐藏相关交易信息。

第二，参照物的选取对技术成果的可比性以及这种技术交易发生的时间有较高要求。住房是一个常用市场法评估的资产，住房的特性之一是一栋楼内往往有多套相同房型，其地理位置、面积大小、朝向、布局等影响资产评估的参数都相同，需要进行可比性调整的部分很少。在房屋开盘销售期，有较多时间间隔短的成交案例，对资产价值的影响很小。而在技术市场，获取可比技术成果的难度大，很多有创新性的成果甚至是市场中的唯一。技术成果信息披露程度低、专业化程度高，非技术专业的评估执行人难以确定技术成果之间的差异，同时也难以基于差异以及差异带来的不同预期进行可比性调整。即使存在可比技术，也难以找到时间间隔小，或有连续成交信息的技术成果交易。这种交易的不连续性使得交易价格具有很大的偶然性，不能反映资产客观价值。评估执行人因此很难对技术成果的评估价值进行时间调整。

4.3.4 实物期权法

期权是期货合约选择权的简称，它赋予合约持有者决定是否在一段时间内以事先确定的价格买进和卖出合约商品的权利。为获得这种选择权利，要求合约持有者需要支付一定的期权费用。期权最先作为金融衍生产品建立在金融期货基础上，而迈尔斯（Myers）提出实物期权，以各种实物资产为标的，借助金融期权定价技术对实物资产进行价值评估。[35]

在过去，人们担心不确定性带来的风险，因此想方设法去降低不确定性。而事实上，不确定性越大，投资机会可能越好，收益也可能越大。期权思想就在于帮助人们识别不确定性中蕴涵的投资机会。可见，实物期权具有三个特性：

（1）高收益性。实物期权拥有者是为了追求高收益而购买期货标的物买卖与否的选择权，有利变化的幅度越大，获利越多。

（2）高风险性。高收益性是较高的变动程度带来的，这种变动程度是技术风险、市场风险、管理风险、经营风险、自然风险等不确定风险带来的。

（3）损失有限性。实物期权持有者有在未来发生期货标的物有利变化时则行使期权，否则就放弃执行，投资者损失有限。

对比以上实物期权的特性可知，技术资产符合实物期权的特性。以专利或专有技术为例，其风险很大，潜在价值也很大。一旦取得某项技术资产，企业便获得以这种技术开发和制造产品的权利。只有当预期产品销售的现金流超过开发成本时，公司才会使用此项技术资产进行生产。人们看好技术资产，实质上是看好技术资产未来现金流量的现值。然而由于技术资产存在高风险，技术寿命又具有随机性，因此技术资产既有获得巨大现金流量的可能，也有失败的可能。此时，采用期权定价模型，把技术资产拥有权看作一个买方期权，后续技术产品为标的资产，而标的资产现时价值就是现在生产该产品的预期现金流量的现值。

技术成果作为特殊的产品，具有知识含量高、独创性强的特点，具有较大的潜在价值和再生能力。投资者获得科技成果的目的就是在后续投资中获得超额利润，带来超额收益。[36]投资的潜在价值是未来不确定性的函数。技术产品的市场变化越大，企业开发技术资产的风险越大，收益可能越高。少量的、初始的期权投入能够为将来创造新的、更多的投资机会，并且，这种投资机会具有"可选择性"。企业取得技术成果后可以在市场环境良好的情况下进行完善并投资生产，也可以在市场低迷的时候暂时搁置，延期投资或者直接放弃。另外，企业对技术的开发费用不一定很大，但技术可能会激发巨大的市场潜力。[36]

目前广泛采用的收益法是建立在投资回报基础上的。美国学者曾批评这种方法将低估颠覆式创新的价值，并认为这种方法造成了技术投资上的短视行为和美国企业的创新能力下降。[37]例如，在收益法中，决策者很难接受一个净现值为负的投资。而在实物期权理论中，决策者考虑到长期的无形收益以及超额收益的可能性，高风险的技术项目可能比低风险的项目更有吸引力。可见，将期权思想扩展到技术资产评估可以补充现有传统的技术资产价值评估，为企业长期的、战略性的技术资产投资决策提供更有力的根据和科学的评价思路。

现有的"期权定价理论"（Options Pricing Theory）已经发展得比较完善了，这为期权思想在企业技术资产评估的实际运用提供了可能。在实物期权评估中，实物期权的种类繁多，所对应的期权特性差异较大。常见的实物期权评估模型有BS模型（Black-Scholes Model）和二项式模型（二叉树期权定价模型）。评估执行人需要选择适合具体分析技术资产的实物期权的期权定价模型。确定了实物期权定价模型之后，根据相关模型中涉及的变量来确定所需参数。一般来说，期权定价模型所需参数需要结合案例实际所处市场的数据实际状况和历史数据获得。最后选用最合适的模型带入明确的数据参数，对项目价值进行核算。

虽然现在对实物期权的探索越来越多，然而实物期权法在现有技术交易中的实践仍然较少。

4.3.5 资产评估的实施

技术的资产价值评估有不同的方法，需要根据评估对象的特征和评估目的进行选用，无论采取何种评估方法，都需要经历一定的评估流程。根据"中评协"发布的《资产评估执业准则——无形资产》，执行资产评估业务应当遵守法律、行政法规和资产评估准则，履行适当的资产评估程序。资产评估基本程序包括：明确业务基本事项；订立业务委托合同；编制资产评估计划；进行评估现场调查；收集整理评估资料；评定估算形成结论；编制出具评估报告；整理归集评估档案。

（1）前期准备

在前期准备中，需要明确评估业务基本事项，包括评估对象、评估对象产权归属、评估目的等。根据评估目的和评估对象的特殊性质才能确定评估执行的具体方法和方案。

（2）资产评估委托

通常情况下，资产评估的目的分为交易和盘存。只有在盘存且结果对于企业经营影响较小的情况中，企业才会选择自行评估。大多数情况下，资产评估需要委托第三方进行。委托人与代理人在协商评估事宜后应签订资产评估委托协议书，明确资产评估工作中双方的责任与义务。资产评估委托协议书具有法律约束力，委托方与受托方就约定事项达成一致意见后，经双方签字盖章，委托协议书生效。

（3）资料提交

委托方需向评估服务机构提供评估资料，资料具体包括：委托方基础资料，如企业简介、公司章程、法定代表人简介、组织结构图、主营业务经营状况等；技术成果资料，包括技术发明人简介、技术成果鉴定证书、专利证书、专利权利要求书、专利说明书及其附图、专利缴费凭证、技术资产实施状况及实施经营条件等；财务资料，如专利实施企业近三年资产负债表、损益表或与专利产品相关财务收益统计；专利产品开发研制资金投入及费用统计等。

除此以外，评估执行小组还需要通过网络检索、数据搜查、现场考察等方式对所提供资料进行核实。

（4）评估执行

评估执行方在收集信息后需要及时整理工作底稿、归集有关资料、选定评估方法并及时与委托方讨论评估方案。在确定方法合理以及方案可行后，评估团队展开评估具体工作，完成资产评估初步数据的分析和讨论并对有关部分的数据进行调整处理。完成数据和信息处理工作后，具体参加评估的各组负责人员草拟出各自负责部分的评估说明，同时提交全面负责、熟悉本项目评估具体情况的人员草拟出的资产评估报告书。评估方开展交流座谈，就评估中的问题与委托方进行讨论，同时收集相关补充数据。就评估基本情况和评估报告书初稿的初步结论与委托方交换意见，听取委托方的反馈意见后，在坚持独立、客观、公正的前提下，认真分析委托方提出的问题和建议，考虑是否应该修改评估报告书，对评估报告中存在的疏忽、遗漏和错误之处进行修正，待修正完毕即可撰写出正式资产评估报告书。

（5）评估报告编制

出具评估报告阶段可细分为六步：出具报告草稿、就评估值交换意见、出具正式报告、收取评估费、提交报告、资料存档备案。

资产评估报告书是建立评估档案、归集评估档案资料的重要信息来源。因此，评估机构撰写出正式资产评估报告书后，经审核无误，按以下程序进行签名盖章：先由负责该项目的注册评估师签章（两名或两名以上），再送复核人审核签章，最后送评估机构负责人审定、签章并加盖机构公章。

4.4　多边主体视角的技术评估

技术成果有多种评估评价方法，由技术交易涉及的多边主体发起方不同、目的不同、阶段不同、所处环境不同而产生不同的价值评估偏向。技术评价的目的性常常决定了技术评价的差异性。国务院办公厅关于《完善科技成果评价机制的指导意见》（国办发〔2021〕26号）中提出要"坚持科学分类、多维度评价"的基本原则，加快构建政府、社会组织、企业、投融资机构等共同参与的多元评价体系，调动各主体的积极性。为了把握科研渐进性和成果阶段性的创新规律，创新成果评价方式方法，推动科技成果价值早发现、早实现，不同的主体基于自身利益所选取的技术评估方法也不尽相同。因此本节将从多边主体的视角出发讨论相关的技术成果评估方法。

（1）技术买方评估

技术买方可以是企业、高校和科研院所。对于高校和科研院所而言，技术交易的目的主要是引进新兴技术或得到基础技术的授权，并在这些技术的基础上进行进一步研究和开发。这种情况下，高校和科研院所对所需技术的了解较多，并且不以经济效益为目的进行技术转移。然而，大多技术买方仍然是以企业为代表的经营主体，对于企业而言，技术是手段和工具，它能带来的经济效益才是目的。

在企业经营管理的视角下，企业为了追求最大利润可以有多种选择，如扩大再生产、优化流程、降低成本、采取技术创新等。在蓝海市场中，扩大再生产的确是企业迅速壮大的途径。在供应短缺的卖方市场中，企业提高价格，也可以获得超额利润。但在市场竞争十分激烈的红海市场中，企业只能通过技术创新来打破市场竞争僵局，技术进步可以帮助企业改善产品，提高产品附加值，取得高额利润。

马克思认为在资本主义条件下，企业为追求利润最大化而开展技术创新的行为目的并不在于提高劳动生产率，更不在于减轻工人的劳动量，而在于赢得竞争，获取高于其他企业的超额利润。

所以，以企业为代表的技术买方进行技术交易和转移的最终目的是通过增强竞争能力来实现最佳的经济效益。以经济效益为目的的技术评价内容就应符合企业的技术需求、满足企业的实行条件、达成企业的经济效益指标。

因此，企业买方更加关注技术成果供需匹配程度评价、技术可行性评价以及经济效益评价。具体内涵如下：

①技术成果供需匹配程度评价。根据企业的技术战略以及技术需求，形成WBS，并分解出关键WBE形成企业技术需求评价表，对比技术成果所提供的相关资料和参数进行评价打分，形成供需匹配评价。

②技术可行性评价。技术可行性评价应包括技术的任务来源、技术的主要性能指标、技术及产品的标准化程度、技术应用及其产品生产的难易程度和技术的适用程度评价分析等内容。根据技术商品的特性，技术商品是否成功开发并转化成企业的技术能力还取决于企业方的吸收能力。[38]这种能力具体表现为企业评估和选择、消化外部知识并最终商业化应用的能力。[39]不同企业存在着配套技术和技术人员水平的差异，如何选择与企业自身技术力量、基础设施、产业配套能力、资金实力和管理水平等方面条件相适应的技术，需要权衡高新技术、先进技术、适用技术和原创技术之间的应用利弊。

③经济效益评价。经济效益是企业买方考虑是否购买技术成果和开发技术成果的重要因素。经济效益评价的内容应当包括技术及其产品的用途、使用范围，技术及其产品的发展前景及市场适应与竞争能力，技术及其产品预期的生产建设投资规模，技术及其产品的经济效益、社会效益等。

从成本和效益的角度分析，投资回报是决定技术是否能转移的首要指标。项目的投融资规模、资金的均衡调度、投资的回收期限分析等是保证项目正常运行的基本条件，盈亏平衡点、需求弹性、风险系数等提供决策支持。因此经济效益评价的主要指标有成本效益分析、投资收益率、投资回收期、内部收益率、净现值、盈亏平衡点等。

（2）技术卖方评估

对于技术卖方而言，自研技术是辛勤劳动的成果，在劳动创造的过程中还伴随着相应的资源投入。从卖方意愿出发，技术成果基于劳动价值与资产交换理论进行评估评价是无可厚非的。因此技术卖方更关注技术成果的成熟度、创新性和先进性，倾向于采用成本增值法来评估技术成果的价值。

成本增值法是在核算原始成本的基础上，根据技术成果的成熟程度、创新性、先进性带来的增加价值对技术成果进行评估评价。但是这种方法没有考虑市场对该技术的需求及认可度，也未考虑技术开发的风险。正如雷德盖提斯所说，除技术开发者本人外，没有人关心技术开发的成本。[33]原因之一是因为他们无法判定成本的真实性，原因之二是技术开发的投入被他们视作"沉没成本"，无论技术交易与否、开发与否，该技术成果的研发费用都已经投入，不再作为决策要参。成本是否作为技术成果的价值评价因素也成为技术买卖双方在技术成果评估评价以及谈判协商定价中的主要争议点。

（3）技术交易的中介服务方评估

对于技术交易的中介服务方而言，他们承担着技术买方与卖方之间信息交换的主要任务。使用雷德盖提斯的D-V-D模型（Discovery-Valuation-Dealmaking）可以解释传统中介服务方在技术交易中的主要任务在于发现机会、对机会进行估值、促成交易。[33]在技术交易的间接模式中，中介服务方是技术供给信息和需求信息的集散中心，因此技术中介服务方需要对技术成果信息和供给需求信息进行解析和归集，以此来发现技术交易的机会。除此以外，技术中介服务方还掌握更多技术交易的市场信息，更便于他们采用行业标准评估法和排名评级的方法。

（4）政府评估

政府层面的技术评价则从全民整体利益出发，技术评价范围应包括科技规划、科技机构、科技布局、科技政策、科技队伍等多方面的专业评估和综合评估。包括技术方案的预前、预中、预后结果评估，如温室效应的碳交易技术评价、H1N1流感防控技术评价、北约的防导技术评价、铱星系统技术评价等。政府对于技术成果的评估，关系着各类科技项目基金以及奖励补贴的发放。根据评估内容，政府对于技术成果的评估主要包括以下几类：

①科技战略和规划评估，包括技术成果与科技战略和规划的目标定位、任务部署、落实与保障、目标完成情况、效果与影响等内容。

②科技计划评估，是指对科技计划整体的综合评估活动，一般包括技术成果的目标定位、任务部署、资源配置与使用、组织管理、实施进展、成果产出、知识产权、人才队伍、目标完成情况、效果与影响等内容。

③技术成果的有效性评估，包括必要性、合理性、合规性、可行性、执行力、效率、效果、风险与影响等内容。

4.5　小结

本章概述了技术成果评估与评价的方法，在此基础上具体讨论了技术成果评价方法与技术成果评估方法。在技术成果评价中，参与者更多关注技术成果本身的价值。例如技术成果的成熟程度影响着技术成果投入使用的可能性以及市场接受程度。成熟度越高的技术成果进入商业化的阶段的可能性越高且速度越快，反之，由于成熟度较低的技术成果还需要经历技术的改进和迭代以及市场对技术的炒作和宣发，这些成果的商业化进程则会大大拉长。技术的先进性反映了技术在市场上的先进程度以及替代性，而技术的创新性则反映了该技术在市场上的稀缺性。然而对于这两个指标，不同的参与者持有不同的态度，技术成果供给方认为技术成果创新性和先进性是技术成果的优势，对于技术成果需求方来说技术成果的经济效益以及其作为商品的性价比也是重要考量因素。

在企业资产管理以及技术交易的场景中，对于技术成果的资产价值评估则显得更为重要。本章讨论了技术成果资产价值评估的四种方法，成本法、市场法、收益法以及实物期权法。

成本法以重置成本法为代表，以基准日的现有条件为基础，估算重新构建一个被评价技术的复制品的所需费用，再减去被评价技术成果所产生的各种贬值后，形成最终评估结果。市场法采用的是替代的思路，具体而言，该方法要求评估者在将评估对象放入开放的市场环境中，通过对比、分析行业技术商品、行业技术标准以及行业技术标杆，最终选取市场上与评估对象最相似的、信息可获取的技术成果或技术商品作为参照物，调整参照物的交易价格并最终确定被评估的无形资产的价值。看似简单但市场法在现阶段的技术市场的应用中有颇多受限：其一，技术商品属于稀缺性商品，可类比的对象少；其二，技术成果交易的保密要求较高，可获得的有效信息少。收益法是在选择恰当的折现率后，将被评估对象未来的预期收益折算成评估当下的基准日的现值的方法。使用收益法的三个核心问题在于对被评估对象有恰当的预期，恰当的风险评估以及稳定的收益期。这就意味着对被评估对象有较长期且深入的认识，以及被评估对象的使用时间较长且具有连续性，能在未来一定期间内取得一定的收益。实物期权法衍生于金融期权，目前仍处于发展阶段，在推行知识产权证券化的未来，实物期权法则更有可能用于评估以专利、知识产权为载体的技术商品。

技术成果的评估评价是技术转移的不可缺少的一环，也是技术交易双方议价的基准和前提，参与人应根据实际情况选取合适的评价方法。最后，本章基于多边主体的视角，讨论了多边主体视角中具有代表性的技术交易动机以及不同主体从不同视角出发对于技术成果评估提出的特别要求。

本章参考文献

[1] 张晓凌，陈彦. 技术经纪人培训教程［M］. 北京：知识产权出版社，2020.

[2] 国家科技评估中心，中国科技评估与成果管理研究会. 科技评估方法与实务［M］. 北京：北京理工大学出版社，2019.

[3] 张晓凌，陈彦. 技术经纪人培训教程［M］. 北京：知识产权出版社，2020.

[4] MANKINS J C. Technology Readiness Assessments: A Retrospective［J］. Acta Astronautica, 2009, 65 (9–10) :1216–1223.

[5] MANKINS J C. Technology Readiness and Risk Assessments: A New Approach［J］. Acta Astronautica, 2009, 65 (9–10) :1208–1215.

[6] SAUSER B, VERMA D, RAMIREZ-MARQUEZ J, et al. From TRL to SRL: The Concept of Systems Readiness Levels［C］//Conference on Systems Engineering Research, Los Angeles, CA. Citeseer, 2006: 1–10.

[7] TETLAY A, JOHN P. Determining the Lines of System Maturity, System Readiness and Capability Readiness in the System Development Lifecycle［J］.［s.n.］, 2009.

[8] 郭道劝. 基于TRL的技术成熟度模型及评估研究［D］. 国防科学技术大学，2010.

[9] 钱东，崔立. 从MK48系列新型鱼雷看美海军的研发方针和策略［J］. 鱼雷技术，2006, 14 (2) : 1–6.

[10] 赵慧斌，黄敏. 技术就绪水平在电子对抗装备研发上的应用［J］. 电子信息对抗技术，2008, 23 (6) : 55–59.

[11] 朱毅麟. 开展航天技术成熟度研究［J］. 航天工业管理，2008 (5) : 10–13.

[12] 杨良选. 技术成熟度多维评估模型研究［D］. 长沙：国防科学技术大学，2011.

[13] 陈炜钢，张敏芳，王静. 基于贴近度的技术成熟度评估方法及应用［J］. 技术经济与管理研究，2013 (12) : 16–20.

[14] 刘朝辉，魏春虹，赵娟. 技术成熟度评价在农业科技成果转化中的应用［J］. 农村

经济与科技，2021, 32 (12)：270-272.

[15] 巨建国，夏晓蔚，何小敏等. 科技评估师职业培训教材［M］. 中关村巨加值科技评价研究院，2013.

[16] LEARY O', Daniel E. Gartner's Hype Cycle and Information System Research Issues［J］. International Journal of Accounting Information Systems, 2008, 9 (4)：240–252.

[17] Gartner. Understanding Gartner's Hype Cycles.（2018）［2022-5-10］https://www.gartner.com/en/documents/3887767.

[18] 杰姬·芬恩，马克·拉斯金诺. 精准创新［M］. 中欧国际工商学院专家组，译. 北京：中国财富出版社，2014: 212.

[19] FENIN J, RASKINO M, Mastering the hype cycle: how to choose the right innovation at the right time［M］. Harvard Business Press. 2008.

[20] 李亚男. 类Hype Cycle技术成熟度评估方法研究［D］. 北京：中国人民解放军军事医学科学院，2016.

[21] 曾建勋. 技术先进性评价的文献计量法［J］. 情报知识，1987 (4)：29-32.

[22] 何德祥，吴荫方，李裕芳. 科技成果商业化的评价［M］. 北京：中国农业大学出版社，1997.

[23] 张道天，严正，韩冬，等. 采用灰色聚类方法的智能变电站技术先进性评价［J］. 电网技术，2014, 38 (7): 1724-1730.

[24] 徐岩，刘沅昆，张友强，等. 采用质量功能展开理论的新一代智能变电站技术先进性评价［J］. 黑龙江电力，2016, 38 (3)：195–199.

[25] 姜波，青岛市科学技术局. 科技成果标准化评价理论与实务［M］. 北京：知识产权出版社，2018.

[26] CHRISTENSEN C M. The Innovator's Dilemma: When New Technologies Cause Great Firms to Fail［M］. Boston, MA: Harvard Business Review Press, 1997.

[27] 中国资产评估协会. 我国当前评估实践中应用收益法存在的问题分析及对策［EB/OL］.（2005-09-05）［2022-05-20］. http://www.cas.org.cn/hygla/zyyj/zywk/pgll/14601.htm.

[28] 刘伍堂. 我国当前评估实践中应用收益法存在的问题分析及对策［J］. 中国资产评

估，2004, (5)：10-11.

[29] 中国资产评估协会. 资产评估执业准则——资产评估方法［S］. 2019.

[30] INTERNATIONAL VALUATION STANDARDS COUNCIL. International Valuation Standards［Z］. IVSC London, 2017.

[31] 张永榜. 技术资产价值评估方法研究［D］. 长沙：中南大学，2004.

[32] WELCH S, WELCH J. When to Talk, When to Balk: As Today's Drumbeat for Transparency Grows Louder, Here Are Four Simple Rules for Managers［J］. Business Week, 2007, 4032: 102.

[33] RAZGAITIS R. Valuation and Dealmaking of Technology-Based Intellectual Property: Principles, Methods and Tools［M］. Hoboken: John Wiley & Sons, 2009.

[34] 熊焰，刘一君，方曦. 专利技术转移理论与实务［M］. 北京：知识产权出版社，2018.

[35] MYERS S C. Determinants of Corporate Borrowing［J］. Journal of Financial Economics, 1977, 5 (2)：147-175.

[36] 蔡俊平. 技术资产评估方法研究［D］. 成都：电子科技大学，2003.

[37] KESTER W C. Today's Options for Tomorrow's Growth［J］. Harvard Business Review, 1984, 62: 153-160.

[38] 王志伟. 企业技术吸收能力与改进式技术创新［J］. 研究与发展管理，2009, 21 (1)：30-36.

[39] COHEN W M, LEVINTHAL D A. Absorptive capacity: A new perspective on learning and innovation［J］. Administrative science quarterly, 1990, 35: 128-152.

5
技术交易价格形成机制

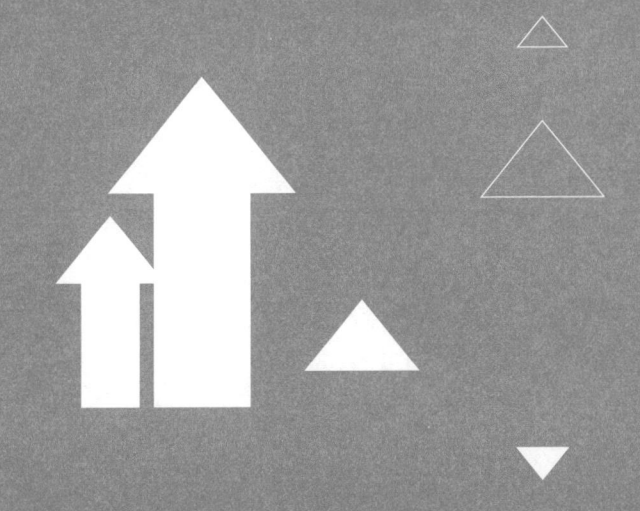

技术交易价格形成是技术转移与技术交易过程中的关键一环，合理的价格形成机制有助于壮大技术市场，激发市场活力，促进技术市场要素流动。技术交易价格形成与一般商品市场中供求决定价格有所不同，它受技术商品本身、交易双方特征以及技术交易过程中其他参与主体等多种因素影响。探讨技术交易价格形成机制有助于把握技术交易价格形成特点，厘清技术交易价格形成关键因素，确定合适的技术交易价格形成方法。

因此，本章围绕技术交易价格形成机制，从技术交易价格形成特点、影响因素以及形成方法三个方面内容出发，探讨技术商品的特殊性、技术交易标的及支付方式、技术投入和效益因素以及技术市场构成要素等对技术交易价格形成的影响，分析技术交易协议、拍卖以及挂牌三种技术交易价格形成方法的特征及适用条件，以期为技术交易价格形成实践提供参考借鉴。

5.1 技术商品的特殊性与技术交易价格形成特点

相较于市场上的一般商品，技术商品有着自身的特殊性。技术商品的特殊性为技术商品定价带来了普通商品定价过程中一般不会出现的问题，而这些问题进一步决定了技术交易价格形成的特点。

5.1.1 技术商品的特殊性

当前已有许多学者对技术商品的特殊性做了总结。陈征从技术商品的价值、使用价值以及技术商品所需的劳动三个方面总结了技术商品的特殊性，包括知识性、时间性、创新性、价值流通的特殊性、生产技术商品的个别劳动时间大体上等于它的社会必要劳动时间等。[1]张晨宇等学者基于技术定价方法，总结了技术商品的特殊性包括无形性和不确定性。[2]赵春玲等学者将技术商品的特殊性总结为无形性、价值难以确定、所有权垄断、交易的严重信息不对称性以及使用价值风险性。[3]梁洁指出技术商品是一种以知识形态为主的智力产品，具有使用的不灭性、交易价格的不确定性、所有权的垄断性以及使用价值的间接性。[4]张千慧认为技术是一种特殊的知识性商品，具有无法可视化、可多次转让、价值巨变、技术内隐性时效性以及研发和持有的风险性的特性。[5]程海森等学者分析了技术商品的间接性、垄断性、共享性以及实效性四个方面的特殊性对技术市场价格指数编制的难点。[6]韩睿敏等学者认为无形性是技术商品的最基础特征，不能直接使用、使用价值不随交易次数的增加而减少也是技术商品相较于其余商品所具有的特殊性。[7]

不同的学者从不同视角对技术商品的特殊性做了相关总结。本节基于技术商品的价值实现过程，将技术商品从创造到价值体现过程中所体现出来的特殊性总结为生产的非重复性、所需劳动的特殊性、权属可分离性、无形性以及价值实现的依赖性五个方面。

5.1.1.1 生产的非重复性

技术商品生产的非重复性是指技术商品一旦被研发出来就为人类所掌握，不必进行重复研发，即技术商品不会进行重复批量生产。生产的非重复性是技术商品创新这一内在要求所形成的必然特殊性。如果若干技术研发人员同时研发一项新技术，只有最先成功的技术成果才能得到社会的认可，其他研发人员的研究活动就会变得无效，其研发成果也不会得到社会性承认。在实践中，技术研发人员通常可通过申请专利的方式来保证自己垄断该项技术的所有权。技术商品生产的非重复性决定了技术交易买卖双方的"垄断性"，这在一定程度上影响了供求机制在技术市场中发挥价格决定作用。

5.1.1.2　所需劳动的特殊性

技术商品所需劳动的特殊性体现在两个方面：一方面，技术供给方在研发技术商品时，所付出的劳动以较为复杂的脑力劳动为主；另一方面，"生产"技术商品所需要的个别劳动时间约等于社会必要劳动时间。普通商品的价值是以简单劳动为衡量尺度，由生产该商品所花费的社会必要劳动时间决定。但一件技术商品的产出通常需要技术研发人员付出更高占比的脑力劳动。脑力劳动是以脑力消耗为主的劳动，是质量较高的复杂劳动，其价值是简单劳动的数倍，难以用简单劳动作为价值参照。与此同时，技术商品所需要的劳动时间往往又是唯一的，不同技术商品的产出所需要的条件、遇到的困难以及研究人员自身素质都有所不同，这一点是由技术商品生产的非重复性所决定，因此，技术商品的产出不存在所谓的"社会必要劳动时间"。所需劳动的特殊性，使得技术商品价值无法用简单劳动来衡量，且难以找到相似的复杂劳动作为对比和参照。

5.1.1.3　权属可分离性

与一般商品交易不同，技术交易并不总是交换技术商品的所有权，当交易双方选择交易方式为技术许可时，技术需求方实质上购买的是技术商品的使用权，而技术供给方保留技术商品的所有权，这就是技术商品的权属可分离性。技术商品的权属可分离性是因为技术商品可以为不同利益主体共同合用，技术商品需求方在只拥有技术商品使用权的条件下就能获得预期收益。这一特性使得技术交易可以有多种交易方式，包括技术转让、技术许可及技术作价入股等。其中，技术转让就是实现技术商品的整体转让，技术买方获得技术商品的所有权，而技术许可则是技术卖方保有技术商品所有权，买方仅能获得技术商品的使用权，此时，卖方可以选择是否要将技术使用权许可给多位技术买方，具体还需要根据许可合约内容进行决定。技术许可合约通常会规定更为具体的技术许可方式，包括独占许可、排他许可、普通许可和从属许可等。

5.1.1.4 无形性

技术商品的无形性是指技术作为一种知识的集合，没有独立的物质形态。在技术交易过程中，技术商品必须要依附于一定的载体形式才能扩散和转移，一般来说，技术商品的载体可以归纳为软件载体、人脑载体和硬件载体三种。[8]其中，软件载体的技术商品表现为设计图纸、工艺配方、专用技术资料以及计算机程序等，与之相应的技术转移和交易过程表现为许可证协议。以人脑为载体的技术商品表现为技术秘密、专家经验等，与之相应的技术转移和技术交易过程表现为技术咨询、技术服务和技术培训等。以硬件为载体的技术商品表现为电子计算机、精密仪器设备以及各种先进生产工具、产品、原料等实物形态，但是这些实物只是它的外壳，更重要的是这些实物中所包含的新的知识或者新的知识组合方式。以实物为载体的技术商品的转移和交易形式与实物商品相似，但通常需要结合前两种载体的技术商品交易形式才能完成。这是因为实践过程中一个技术商品的价值挖掘，通常需要借助技术说明书或专家咨询。正是由于技术商品的无形性，技术商品难以用实物对比的手段衡量和评估其价值。

5.1.1.5 价值实现的依赖性

技术商品价值实现的依赖性是指技术商品需要与生产经验、劳动技能或生产工具等结合才能发挥价值。一般商品经过"生产—流通—消费"即可以实现其自身价值，而技术商品则不同，存在一个"潜在价值阶段"。技术商品的潜在价值阶段是指从技术研发人员将技术商品创造出来到技术商品产业化之前的一个阶段。这个时候技术商品以技术商品载体的形式存在，其价值尚未实现，需要技术需求方购买技术商品后，再次对技术商品进行应用加工，将技术商品作为新产品的一部分加入新产品生产中，技术商品的价值就此附加在新产品中，而新产品的价值需要同一般商品一样，进入市场流通后，其价值才可以实现。在该过程中，技术商品需要经历两次不同的"生产—流通—消费"。[1]简言之，技术商品的价值必须在使用它所生产的新产品被消费后才真正地被体现，而且技术商品价值的大小，与通过该技术所生产的新产品价值大小紧密相关。需要注意的是技术商品价值实现的依赖性与技术商品的无形性存在差别。技术商品的无形性强调的是技术商品本身的存在形式，而技术商品价值实现的依赖性则关注其价值体现过程。

综合现有学者的研究，基于技术商品从产生到价值实现过程，我们对技术商品的特殊性进行了归纳总结。我们认为技术商品的特殊性包括生产的非重复性、所需劳动的特殊性、权属可分离性、无形性以及价值实现的依赖性五个方面。这五个方面的特殊性给技术交易价格形成带来困难，而这些困难也正是技术交易价格形成的特点所在。

5.1.2 技术交易价格形成特点

在技术商品创造、转移以及价值实现的三个阶段，技术商品表现出生产的非重复性、所需劳动的特殊性、无形性、价值实现的依赖性以及权属可分离性五大特殊性。

图5-1进一步分析了技术商品特殊性与技术交易价格形成特点之间的关系。技术交易价格形成特点主要体现在成本难以衡量、价值难以评估以及交易形式多样三个方面。其中，成本难以衡量是指技术商品所需的劳动为复杂的脑力劳动，难以用一般商品的简单劳动进行测算。价值难以评估是指使用该项技术的商品所能带来的潜在价值或收益难以评估。交易形式多

样是指技术商品的权属可分离性所导致的同一技术商品可以以多种技术合同或者技术交易类型进行交易，不同类型的合同决定技术交易双方存在不同的契约关系，这导致技术商品的定价内容变得复杂。这三个方面的困难与技术商品的特殊性存在一定关联。具体来说，技术商品的生产成本难以衡量主要与技术商品生产的非重复性和所需劳动的特殊性相关，技术商品的价值难以评估主要与技术商品的无形性和价值实现的依赖性相关，而技术商品定价内容复杂与技术商品的权属可分离性相关，这一特征主要体现在技术交易标的及支付方式多样上。

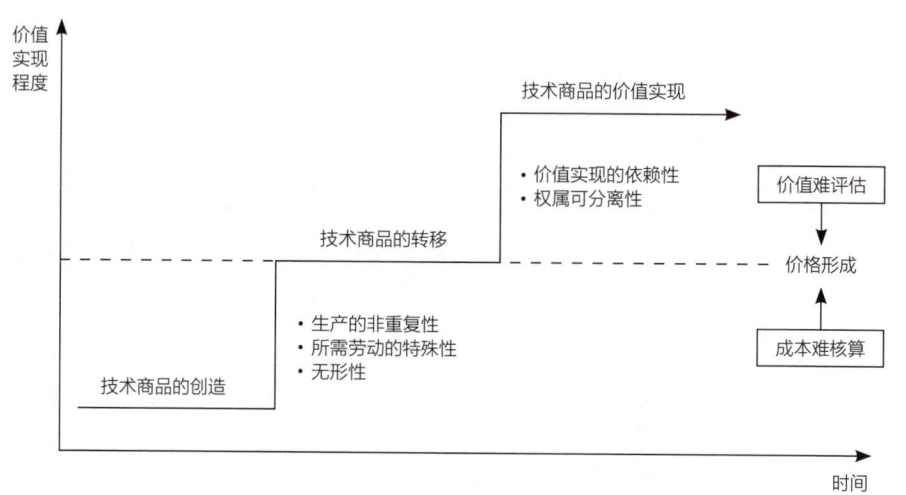

图 5-1 技术商品特殊性及技术交易价格形成特点之间的关系

5.2 技术交易价格形成要素

前面我们讨论了技术商品的特殊性以及这些特殊性给技术商品价格形成带来的困难。而技术交易价格的形成还受多个方面的因素影响，包括技术商品类型、支付方式、投入成本以及潜在价值等。

相关学者对技术交易价格形成影响因素展开了大量研究。吴伟等学者指出技术转让过程中，买卖双方除考虑技术商品投入生产后带来的经济效益外，还要考虑技术商品的研究开发成本、价款的支付方式、转化后的管理或运作，它的成熟度、转化的投资额度和投资回收期、转移权限、技术商品的技术寿命和经济寿命以及技术商品转化为物质商品后的市场启动、市场开拓和市场占有情况。[9]李建华等学者基于非合作博弈讨价还价理论，建立了讨价还价模型，同时指出跨国公司的技术转移战略、技术的许可方式、产品销售范围、技术的生命周期以及技术引进方本身的技术水平和管理水平等均是技术交易价格的影响因素。[10]刘宏哲认为技术价格高低实际取决于交易双方"讨价还价"能力，而技术预期收益才是技术价值的根本所在，确定技术未来预期收益需考虑市场容量、市场潜量、市场竞争情况、销售收入水平、利润水平、技术经济寿命及技术发展趋势等。[11]华冬芳分析了在陌生的技术供需方之间信任机制的障碍因素，包括技术交易的信息非对称性、不确定性、契约不完全性等，同时指出技术交易方的能力、声誉、信任倾向、人格品质和合作经验等是建立信任的重要因素。[12]王方等学者通过实证研究得出技术交易供需双方选择合作方的关键因素，指出技术供给方选择合作方时更看重技术需求方的"软实力"，如诚信度、声誉等，技术需求方选择合作方时更看重技术供给方技术自身的特性，如技术可行性、技术的竞争力、技术实用性及技术成熟度等，同时声誉、诚信度和技术交易价格也是技术供需双方选择合作方时所共同考虑的关键因素。[13]单丽曼指出技术供给方和技术需求方的交易意愿也是影响技术商品价格的重要因素，此外，技术商品的供需状况、技术潜在价值、技术转化周期、技术的经济价值、一国的产业政策、市场监管程度、技术交易成本、企业吸收和承受能力等也影响着技术交易价格的形成。[14]李纲等学者基于TOE框架，从技术、组织和环境三个方面分析了技术交易价格的影响因素，技术层面的影响因素包括现有技术使用状态和将采纳技术的特征，如技术的有用性、易用性、相对优势、复杂性、兼容性和成本等，组织因素包括组织资源、组织规模、组织定位、组织类型、组织结构等，环境因素是指组织市场环境，如政策制度环境、政府支持、市场结构、行业环境、竞争压力和合作伙伴等。[15]

总体来看，学者们对于技术交易价格形成的影响因素分析在早期较为笼统，后期逐渐转向较为具体和系统的分析。综合参考已有文献，本文将技术交易价格影响因素分为基础要素和技术市场两个方面，相关内容与技术交易价格形成的关系将分别在5.2节和5.3节展开讨论。其中，5.2节中分析技术交易价格形成要素，包括支付方式、基础参考因素等，是技术交易过程中必须考虑的因素。5.3节进一步探讨包括技术商品本身的一些特征和技术市场多边主体，即技术买卖双方、技术中介以及技术市场管理等对技术交易价格的影响。

5.2.1　技术交易标的与支付方式

技术交易价格形成需要明确具体交易标的和价款支付方式，不同交易标的对应不同技术交易类型，涉及技术交易双方合作关系、成果形式、权属划分、许可范围等。交易标的和支付方式是技术交易价格形成的基本前提。

5.2.1.1　技术交易类型与交易标的

不同技术交易类型所对应的交易标的有所不同，是交易双方达成交易和价格形成的基础。我们按照技术交易双方合作关系、成果形式、权属划分以及许可范围对常见技术交易类型进行归类，分类结果见表5-1。

表 5-1　技术交易类型

交易节点	合作关系	权属划分	许可范围
研发未完成	委托开发	委托方优先享有相关权利	—
	协助开发（咨询/服务）	委托方优先享有相关权利	—
	合作开发	交易双方共同享有相关权利	—
研发已完成	技术商品	技术转让（所有权）	—
		技术许可（使用权）	独占许可
			排他许可
			普通许可
			从属许可
			专利交叉许可

技术交易双方的合作关系与技术成果是否研发完成直接相关。在技术未研发完成时，技术交易以委托开发、合作开发和协助开发三种方式进行，而技术研发完成时，交易双方则直接就研发完成的技术商品进行交易。[①]委托开发是技术需求方向技术提供方支付开发经费和报酬，技术提供方则需完成研发工作并向需求方交付技术成果。合作开发是合作伙伴以创新为目的，发挥各自优势，共同完成技术创新并实现利益共享的技术开发模式。除了委托开发和合作开发，技术市场中还涉及技术咨询、技术服务这类技术交易形式，本文将二者归类为协助开发。协助开发的主要特点是向技术需求方提供知识性服务，通常不需要交付实际技术成果。

技术成果权属及应用范围确定是技术交易过程中一个非常重要的过程。对于技术研发未完成时就进行的技术交易分两种情况。第一，在委托开发和协助开发中，技术需求方通常扮演委托角色，优先享有相关技术成果权利；第二，

---

① 直接购买技术商品所有权或使用权就是前文介绍过的技术转让与技术许可。

在合作开发中，双方共同享有相关的技术成果权利。对于技术研发完成后进行的技术交易，技术交易时需进一步明确是对技术的所有权还是使用权进行交易。若交易双方确定交易的是技术所有权，则通常称之为技术转让，而对技术使用权进行交易称之为技术许可。按照许可的应用范围可将技术许可分为独占许可、排他许可、普通许可、从属许可以及专利交叉许可，不同许可对应不同的应用范围。技术使用权的交易常常表现为技术许可证交易，所谓技术许可证是技术所有方将技术成果的使用权许可给技术需求方的凭证。

技术交易标的与技术交易类型密切相关。对于研发未完成的技术交易，被委托方的劳动、技术可作为技术交易标的。对于研发已完成的技术交易，则通常以技术提供方的技术商品所有权或使用权作为标的。在实践中，由于技术商品本身的特殊性，研发已完成类技术交易中可能也涉及技术咨询和技术服务等，此时，对于研发已完成类技术交易的标的也会涉及技术提供方的劳动。

技术交易价格的形成应以技术交易标的确定为基础。对于研发未完成的技术交易价格更多由交易双方协商确定，而对于已完成研发的技术交易，技术商品的权属和许可范围不同，技术交易的价格就有所不同。一般来说，技术转让的价格高于技术许可，而技术许可证中，独占许可证价格最高，排他性许可证次之，普遍许可证价格通常较低。[1]在实践中，具体采用技术转让还是许可，是由技术交易双方根据自身情况、技术商品所属行业特征、潜在市场容量等多个因素考虑决定的。

---

[1] 此处仅简单介绍。相较于其他许可方式，从属许可和专利交叉许可在实践中相对使用较少，且更多地取决于技术交易实际情况，此处不作具体比较。

5.2.1.2　价格与支付

技术交易价格[①]表现为技术合约价格，是交易双方进行利益分配的基础。从技术交易价格支付结构来看，通常有一次总付、提成支付、入门费加提成支付三种结构形式。按照支付方式来看，技术交易可以是现金支付，也可以是股权类非现金支付。结合价格支付结构和是否为现金支付，技术交易支付方式可分为固定价格支付、单位价格支付、两部制价格支付以及技术作价入股。[16-17]

（1）固定价格支付是指一次性确定技术商品总价，该价格与技术需求方使用该技术成果所带来的收入无关。固定价格虽然一次性确定了总价，但不要求技术买方一次性付清全款，交易双方可以约定一次或分期付清。对于卖方而言，固定价格可保证确定的收入且避免后续查账等事宜，但卖方无法获得技术产业化后的更多收益；对于买方而言，固定价格需要买方独自承担市场风险，且无法得到卖方的后续技术改进支持。

（2）单位价格支付是指技术交易双方确定一个收益分成比例，技术卖方根据该比例从买方使用该技术进行生产的产量、收入或利润中进行单位提成，并以此作为交易价格的支付方式。单位价格支付可以将技术商品的价格与该项技术所实现的经济效益挂钩，技术卖方可以享有技术买方将技术投入市场后的潜在收益。但这种方式需要进行较为烦琐的查账工作，并且该支付方式受技术买方影响较大，一旦技术披露给技术买方，而技术买方未能发挥技术的潜在价值，技术卖方则可能面临技术成果无效益的情形。对于技术买方而言，单位价格支付可以帮助其转移部分市场风险到卖方，同时促进技术卖方关心技术生产经营情况，积极提供技术协助。[18]

---

① 此处对于技术交易价格的讨论主要针对已经完成研发的技术。未完成研发的技术交易价格由交易双方根据实际情况决定，价格结构和支付方式会更加灵活和复杂，故不作为此处的主要分析内容。

（3）两部制价格支付是固定价格支付和单位价格支付的结合。当技术交易意愿达成一致后，技术商品的买方首先需要支付给卖方一笔与产量、销售收入或利润无关的固定价格，然后再根据技术商品的实际生产销售收益情况按照一定比例向技术卖方支付收益提成。两部制价格可以较好地结合固定价格和单位价格支付的优点，在一定程度上规避这两种方式给技术交易双方带来的弊端。

（4）技术作价入股是技术卖方与买方对技术商品进行作价后，根据作价结果将技术作为资本投入，一起组建企业的技术交易形式。在这种技术交易形式下，技术交易双方在经济利益上成为一体，技术所有方不再扮演纯粹的技术商品卖方，其收益主要来自技术商品作价入股企业的分红。

技术转让、技术许可以及技术作价入股是三种最为常见的技术交易形式，其实质就是技术商品权属划分和支付方式排列组合的结果（图5-2）。在技术转让中，技术交易双方就技术商品的所有权进行交易，此时，技术买方获得技术所有权，而卖方获得买方支付的固定价格。在技术许可中，技术交易双方就技术商品的使用权进行交易。此时，根据技术交易双方协商的价格结构，技术许可还可以分为固定许可、单位许可和两部制许可，技术买方获得技术使用权，技术卖方获得买方支付的现金。在技术作价入股这种交易形式中，首先需要交易双方对技术进行作价，卖方以作价结果获得股权，买方与卖方共享由技术所带来的收益。

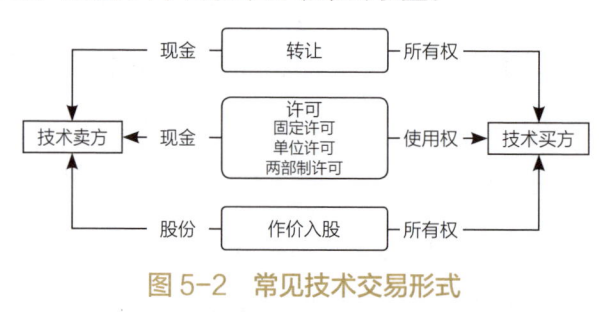

图 5-2 常见技术交易形式

5.2.2 技术交易价格形成基础参考因素

在实际的技术交易中，仅从经济效益来考虑，技术卖方总是希望以最高价格出售其技术商品，技术买方则希望以最低价购进技术。此时，技术商品投入和预期收益便是技术交易价格形成的重要参照。正如刘宏哲、李纲等学者所分析的那样，技术交易的前提是技术交易主体间能形成一个双方都能接受的技术交易价格，而技术交易价格的下限一般参照技术投入成本，上限则参照技术预期收益。[12,16]因此，本文将技术商品投入因素和技术效益因素看作技术交易价格形成的基础参考因素。下文就这两个因素探讨相关概念、组成要素以及与之相关定价方法及不足。

5.2.2.1 技术商品投入因素

技术商品投入因素主要是考虑技术商品开发研究时所投入的劳动和物质因素，包括人工、调研、差旅、资料、实验材料、水电房租等。对于技术卖方而言，技术交易价格至少要能弥补研发时所投入的成本。交易成本理论指出，技术交易成本与技术价格的形成有着直接的联系[19]。因此，本文将技术商品投入因素作为技术交易价格形成所需考虑的基础因素之一。成本估价法就是考虑技术商品投入因素估价方法，也叫重制成本法。该方法需基于现时条件，核算重新研制开发要进行交易的技术所需要的成本，并根据该成本现值确定技术商品价格。[20]成本估价法的主要公式为

$$p = rC$$

公式中，p表示根据技术商品成本所确定的交易价格，r表示成新率（newness rate），C表示重置成本，是前文所提及的技术研发过程中所投入的劳动和物质因素价值以及交易双方为达成交易所投入的交易成本总和。

当前已有不少学者指出，成本定价法具有不合理性，主要在于没有考虑技术产业化后的价值的特征，且技术的研发成本与收益通常相差很大，

不能将成本作为其未来收益的度量标准。此外，正如前文所提及的，技术商品所需劳动具有特殊性，研发人员的脑力劳动在技术商品投入因素中占比远高于一般商品，这使得技术商品投入成本难以按照一般商品所需劳动那样进行核算。但基于技术交易价格是技术交易双方均能接受的考虑，技术商品投入因素仍然是技术交易价格形成的重要基础因素。

5.2.2.2 技术效益因素

技术之所以能成为一种商品进入市场，究其根本是因为其具有一定的使用价值。与一般商品相同，使用价值是技术商品的自然属性。对于技术买方而言，技术商品的使用价值就是该项技术所能带来的效益，尤其是经济效益，包括降低成本、增加收益等。技术商品带来的效益决定了技术需求方愿意为之付出的价格。效益定价法就是基于技术商品的效益，按照技术商品预期获利情况和折现率计算其折现值，并以此现值作为价格确定依据的方法，也叫作收益定价法或收益现值定价法，主要公式为

$$p = a \sum_{i=1}^{n} \frac{R_i}{(1+r)^i}$$

其中，p表示技术商品价格，n表示技术商品寿命（单位通常是年），r为折现率，R_i为技术需求方使用该技术商品第i年预期产生的收益，a为技术商品卖方获取收益的比例，具体表现为提成率、利润分成率等。[21]

效益定价法考虑了技术需求方应用新技术后所带来的收益，但在实际应用过程中仍然需要面临许多问题，包括如何界定技术为买方带来的增值部分，如何确定技术商品寿命等。除此之外，由于技术商品价值实现对买方自身能力存在依赖性，如果仅根据买方应用相关技术实现收益对技术商品进行定价，可能会导致技术商品价格被低估，损害技术研发人员利益，不利于进一步推动技术研发人员继续开展研发工作。

尽管技术交易价格形成受多个因素影响，但部分因素是技术交易价格

形成过程中必然会涉及且与技术商品价格密切相关的。本文将这些因素划分为技术交易价格的基础要素，主要包括技术交易类型、支付方式、投入以及预期收益。其中，技术交易类型、支付方式的确定是技术交易价格形成的基础条件，而技术商品投入因素和技术效益因素则是技术交易价格形成的基础参考因素，这两个因素在一定程度上决定了技术交易价格的上限和下限。

5.3 技术市场对技术交易价格形成的影响

技术市场的基本构成要素包含技术交易主体、技术交易客体、技术交易中介和技术交易管理者等。其中，技术交易主体是指技术供给方和技术需求方，通常为高校科研院所和企业。技术交易客体是指技术商品，即技术交易对象。技术交易中介则是指技术转移机构、技术经理人等，技术交易中介最为核心的作用是发挥信息整合作用，促进技术供需双方进行匹配。技术交易管理者就是指政府部门，技术交易需要政府制定政策引导和宏观调控对技术交易过程进行调节。在技术交易价格形成的过程中，这些要素所呈现的特征或行为对技术交易价格形成具有重要影响。因此，本节内容在5.2节基础上，从技术市场构成要素的角度出发，进一步分析多边主体视角下的技术交易价格形成机制。

5.3.1 技术市场客体与技术交易价格

技术市场客体就是技术交易的对象，即技术商品本身。参考已有研究，仅从技术商品自身来看，技术商品成熟度、技术寿命、先进程度与技术交易价格密切相关。

5.3.1.1 技术商品成熟度

技术就绪水平（Technology Readiness Levels，TRL），也称为技术成熟度是综合反映技术商品从实验室走向产业化过程中不同时期的技术水平、工艺流程、配套资源、技术生命周期等方面所具有的产业化实用程度，在一定程度上体现了技术商品产生预期效益的确定性。技术成熟度最早是由美国航空航天局于20世纪70年代提出，用于反映技术在某个具体系统或项目中所处的发展状态或对于达到或实现该系统或项目预期目标的满足程度。技术商品成熟度对技术商品价格形成具有很大的影响。例如：当一项技术尚处于基础研究阶段，技术需求方无法直接将该项技术用于解决实际问题，则认为该项技术成熟度低，那么这种情况下该技术商品价格则低。通常来说，在技术研发初期，技术成熟度较低，技术需求方购买该阶段的技术商品所能产生的成效不确定性高且投资风险大，技术商品价格就低；而在技术研发后期，技术成熟度较高，技术需求方在此阶段引进技术可以较为确定地获得经济效益，这个时候技术商品价格也相对较高。

技术成熟度与其生命周期密切相关。20世纪90年代，美国高德纳咨询公司提出了技术成熟度曲线，将一项技术从实验室到完全成熟可直接产业化的过程分为了五个阶段，分别是创新启动（Innovation Trigger）、膨胀期望峰值（Peak of Inflated Expectations）、幻想破灭槽谷（Trough of Disillusionment）、启蒙上坡期（Slope of Enlightenment）和高生产稳定期（Plateau of Productivity）。高德纳的技术成熟度曲线将社会对一项技术的期望曲线与技术实际发展曲线叠加在一起（图5-3），反映了社会期望与技术创新这两个因素的相互作用，可以在一定程度上为新兴技术产生提供前瞻性判断。[22]

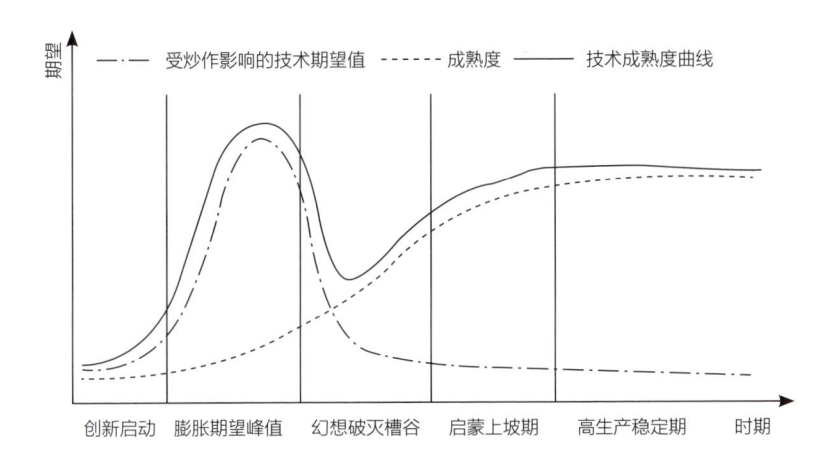

图 5-3 技术成熟度曲线

5.3.1.2 技术寿命

技术寿命可分为技术商品的自然寿命和经济寿命。其中，技术商品的自然寿命是指一件技术商品从诞生到第二代技术商品取代它的这一段时间，而技术商品的经济寿命是指一件技术商品参与经济活动的时间。技术商品的自然寿命通常长于经济寿命，这是因为技术商品经济寿命结束后，技术失去了交换价值，但仍可能具有使用价值，自然寿命还在延续。在自然寿命损耗的过程中，由于技术商品具有无形性，自然寿命长短主要由技术进步引起的无形损耗决定，而一般商品的寿命是由使用过程中的磨损等有形损耗和技术进步引起的无形损耗共同决定。[23]由此来看，技术寿命与整个社会的技术迭代更新频率相关。一般来说，一项技术商品的技术寿命越长，其预期产生的价值就相应越大，那么价格就应该更高；反之，一项技术商品的技术寿命越短，其预期产生的价值就相对越小，那么这项技术商品的价格就应当较低。

哈佛商学院教授克莱顿·M.克里斯坦森（Clayton M. Christensen）在其代表作《创新者的窘境》（*The Innovator's Dilemma*）中论述了技术生命周

期的重要特征——在稳定的竞争环境中，技术创新可以沿着第一曲线持续改善，但是第一曲线不会无限增长，必然遇到极限点，这时就会有变革性的新技术出现，实现技术的新旧更替。用横轴表示时间，纵轴表示产品性能，将这一规律在坐标轴上表示（图5-4），便发现技术创新曲线呈现交替的S形，我们形象地将技术生命周期这一特征称为技术创新S形曲线理论。

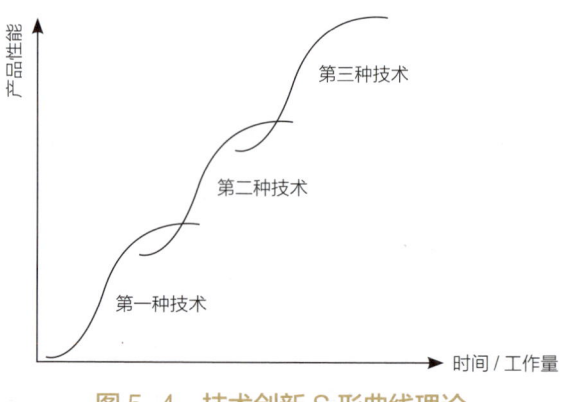

图 5-4　技术创新 S 形曲线理论

5.3.1.3　先进程度

技术商品的先进程度是指技术在实现一定目标方面，相较于已有技术所取得的进步与革命程度。亨德森（Henderson）从企业创新视角，按照技术先进程度将企业的创新分为渐进式创新和颠覆式创新两类。其中，渐进式创新是对现有的产品和技术的提升、改造，主要满足已有消费者或市场的需求。颠覆式创新则是从根本上突破现有的技术，依托全新的技术开发出全新的产品或服务，甚至颠覆整个产业原有的运行准则和竞争环境。不同类型的创新对于企业的生存和发展有不同的影响。相对来说，渐进式创新意味着"低风险低收益"，而颠覆式创新则是"高风险高收益"，企业常常以颠覆式创新的方式突破瓶颈或是获得新发展。因此，技术商品创新的先进程度也反映了该项技术商品的价值，技术商品的进步程度越大，其潜在使用价值就越高，技术商品的价格越高，反之，则越低。

一般情况下，成熟度越高、寿命越长、先进程度越强的技术，其价格越高，反之，其价格则越低。

5.3.2 技术交易主体与技术交易价格形成

技术交易主体就是技术交易双方。由于技术商品具有生产的非重复性，同一技术市场中几乎不可能存在完全相同的技术商品，即使有同质的技术商品也只是被少数技术提供方垄断。与此同时，由于技术商品价值实现的依赖性，导致对同一技术商品有需求且能够实施该技术的技术买方也通常只有少数几家或一家。综上，技术交易主体呈现"双边垄断"的特点。在技术商品无形性的加持下，技术商品的价格形成相较于一般商品更加依赖于技术交易双方对彼此特征和行为信号的判断。

少数学者就技术交易双方特征和行为对交易价格的影响展开了相关研究。杨玉武等学者指出传统的定价方法未能将技术交易中的信息不对称考虑在内，而技术交易价格必然是双方在各自的私有信息和共同的不确定信息的估计基础上形成的预期价格，因此构建了考虑技术交易双方能力的技术交易价格需求模型。[24]董正英、喻昕认为技术提供方拥有的技术信息优势是技术交易的前提，因此，技术交易双方必然存在信息不对称。[25-26]张千慧认为技术供需双方的合理有效匹配能够最大化匹配双方的满意程度，提高技术交易成功率，降低技术交易成本，并提出适用于不同情境下的技术供需双边匹配决策方法。[27]华冬芳分析了在陌生的技术供需方之间信任的障碍因素，包括技术交易的信息非对称性、不确定性、契约不完全性等，同时指出技术交易双方的能力、声誉、信任倾向、人格品质和合作经验等是建立信任的重要因素。[28]谢瑞强等学者指出随着技术市场规模的快速发展，技术交易平台主体违约风险评价体系成为技术交易平台的考核内容，构建违约风险评价体系有助于增强交易双方信任关系，降低信息对技术交易价格扭曲。[29]王君美等学者构建了考虑革新程度认知差异的新产品技术授权策略。[30]

综合上述研究结果，本文认为技术交易价格受技术交易主体影响，主要体现在交易双方需要借助一些"信号"来判断技术商品可实现价值从而确定技术商品价格。下文将从技术卖方和买方两个方面分析技术交易主体对技术交易价格的影响。

5.3.2.1　技术卖方因素

技术卖方的能力上限决定了技术商品本身质量水平上限，其在技术商品交易时所呈现的交易动机、声誉状态、服务能力影响着技术买方对技术商品价值的预期，从而影响技术交易价格。

（1）在技术交易动机方面，不同技术卖方因其交易动机不同，对期望成交价格也有所不同。例如，对于营利性质的技术卖方（如企业），其进行技术交易的主要目标就是追求经济效益，因此会期望更高的技术交易价格，而对于一些非营利性质的技术卖方（如高校），在进行技术交易时，可能会在满足一定经济条件下更加追求社会效益，因此，其所期望的技术交易价格相对营利性质的技术卖方而言更低。

（2）在技术卖方声誉方面，高声誉的技术卖方可以使技术买方足够相信其提供的技术信息，而低声誉的技术卖方难以说服技术买方相信其提供的技术信息，需要技术买方付出更多成本对技术成果质量展开详尽调查。因此，同样的技术商品，技术买方更愿意向高声誉的技术卖方支付更高的技术交易价格，而向低声誉的技术卖方支付更低的技术交易价格以补偿前期详尽调查成本。

（3）在服务能力方面，技术服务能力更强的技术卖方可以获得更高的技术交易价格，而技术服务能力较弱的技术卖方获得相对较低的技术交易价格。由于技术商品具有无形性，技术买方在购买技术商品后，通常需要技术卖方提供服务支持才能更好地实现技术使用价值，否则，技术买方需要付出更多的努力成本去挖掘技术使用价值。因此，对于具有技术服务能力的技术卖方，特别是技术服务能力较强的卖方，技术买方愿意出更高的技术交易价格以换取技术服务，从而降低技术应用成本。

5.3.2.2 技术买方因素

作为技术的吸纳者和引进方，技术买方是技术商品价值的最终实现者，对技术商品的吸收能力和应用技术商品的努力水平直接影响着技术商品实现产业化的渠道、方式及其所能达到的实际效用。由于不同购买人的经营思路、魄力、人员素质的不同，对于同一技术的付出会有明显区别，最后成交价也就会有显著的不同。另外，对于同一技术，根据技术买方已有基础条件的不同，愿意付出的代价也不会相同。总体来说，技术买方的技术吸收能力、市场地位通过影响技术价值实现而影响技术交易价格形成。

（1）在技术吸收能力方面，技术买方的技术吸收能力越高，技术商品的潜在价值得以实现的概率越大，那么技术卖方也会期望从技术买方获得更高的技术交易价格。相反，对于技术吸收能力相对较低的技术买方，其所能实现的技术潜在价值就会较低，产生的效用则会更低，因此技术买方出价也会更低。

（2）在市场地位方面，对于同一件技术商品，技术买方拥有更高的市场地位，则通常意味着其能够通过该技术商品实现更高的价值。因为该技术商品对其更加重要，所以拥有更高的市场地位的买方更愿意出一个较高的技术交易价格。相反，当技术买方市场地位较低时，其能够借助技术商品实现的价值就会相对较少，此时技术买方对技术商品的报价则会较低。

本节对技术交易双方特征对于技术交易价格形成的影响做了简要分析。我们认为技术卖方的能力上限在一定上决定了技术商品质量水平上限，而技术买方则决定了技术商品价值的实现程度。在交易过程中，技术买方会根据技术卖方特征对技术商品潜在价值进行判断，若技术卖方声誉越高，技术服务能力越好，则技术交易价格越高。而技术买方对技术交易价格的影响则建立在其能力水平能够挖掘的技术价值程度的基础上，若技术吸收能力越好，买方市场地位越高，则技术商品使用价值越大，技术交易价格越高。

5.3.3 多边视角下的技术交易价格形成机制

在5.3.2节中，我们已经分析了基于技术交易双方的技术交易价格形成机制以及主要影响因素。然而，伴随着技术市场的不断发展，技术市场的多边性特征越发明显。技术市场中的多边主体对技术交易价格形成发挥着不同作用，产生不同影响。基于此，本节将重点分析技术中介和技术市场管理者这两个主体对技术交易价格形成的影响，探索技术市场中多边主体对技术交易价格形成的作用机制。

5.3.3.1 技术中介与技术交易价格形成

"技术中介"一词，在我国的首次出现是在1987年《中华人民共和国技术合同法》中，是中介组织的一个门类，其概念有狭义和广义之分。狭义的技术中介是指为促成技术交易双方交易，发挥技术交易媒介作用的个人或组织。广义的技术中介则是将技术服务的范围延伸到从技术产生到技术流通的整个过程，并提供更为持续、精细化服务的个人或组织机构。[31]

在有关技术中介的研究中，早期有不少学者对技术中介的作用进行了分析，并对技术中介和技术成果买方或技术成果卖方之间关系进行了探讨。弗里德曼指出在市场上中介消除逆向选择所起的三种作用：①当买方无法识别产品质量时，中介可以通过有成本的审查服务来验证产品的质量；②通过提供一系列的卖方价目表向买方提供产品质量信息来实现市分隔；③将买卖双方汇聚到一起消除搜寻成本。[32]董正英运用交易成本理论，证明了中介的参与降低了技术交易双方实现匹配的不确定性，但对以社会福利衡量的技术交易效率影响是不确定的。[33]霍普（Hoppe）和奥兹德诺伦（Ozdenoren）发现，当发明的商业收益不确定时，技术许可办公室能够利用其专业知识对发明的商业价值进行定位和评价，降低发明潜在实施企业所面临的风险，促进交易市场的形成。[34]张铁男等学者研究了科技中介分别与技术供给方与技术采用方之间的博弈关系。[35]戚湧等学者构造技术成果方和中介方的委托代理模型，发现技术中介因拥有更多行业信息，可以在促进科技成果转化、降低创新成本、提高交易效率和规避创新风险等方面发挥作用，因此成果方委托技术中介是必然结果。[36]谢江林等学者探讨了高校科技成果协同转化中高校与科技中介机构的委托代理问题。[37]

随着技术市场分工的不断细化，技术中介的作用更加趋近于广义的技术中介概念所描述的那样，不少学者开始进一步分析技术中介与技术交易双方三者之间的关系。吴洁等学者提出随着技术中介机构的专业知识不断丰富，中介机构已经不再局限于"代替讨价还价"的角色，而是由"中介机构"向"中介服务"发展，由原有的"协作知识转移博弈"向"主导知识转移博弈"演化。[38]华冬芳等学者认为科技中介的出现可以有效解决科技成果转化、技术交易等技术市场中信息非对称、不确定等因素引起的不利问题，并构建了基于中介甄别作用的三方演化博弈模型。[39]韩国元等学者以科技中介为切入点，运用前景理论，构建了考虑军工企业、民用企业及科技中介三方之间的演化博弈模型，发现各主体决策行为受到其余两个主体的影响。[40]梁玲玲等学者通过分析技术中介的价值创造机制及原理，将技术中介分为纯粹交易型、供方技术孵化型、需方技术转化型、全过程资源整合型四种类型。[41]綦良群等学者以先进制造企业、服务提供商和中介机构三者的收益函数为基础，构建了三方共同作用的服务化演化博弈模型，其研究发现在中介机构参与下，服务化成本减少量对先进制造企业策略选择的影响更强烈，并且支付中介报酬更易动摇服务提供商的合作意愿。[42]

通过梳理现有研究发现，伴随着技术市场的不断发展，技术中介在技术市场中所发挥的作用正在得到广泛认可。目前对于技术中介的功能和影响的研究主要集中在技术交易效率上。事实上，技术中介可以在技术交易价格形成过程中，发挥更加具体的作用。技术中介在技术交易价格形成过程中，通过为交易双方提供有效的中介服务，使技术交易双方实现交易效用的增加，这种效用包括潜在收益的增加、交易成本的减少。[43]当技术交易双方选择技术中介帮助达成交易时，在满足技术中介介入的成本小于其能够新增加的交易效用这一前提条件下，技术中介的能力水平将对技术交易价格形成产生影响。技术中介的能力水平具体体现在两个方面：技术中介的信息整合能力和专业服务水平。

（1）技术中介较高的信息整合能力有助于扩大交易双方选择范围，提升技术商品潜在收益。技术中介作为服务于技术市场交易双方的第三方主体，其工作内容之一是有效整合技术市场中各类信息，包括政策信息、研发信息、需求信息等。在对技术交易价格的影响方面，技术中介对信息的整合能力主要体现在其所掌握的技术研发和需求信息量。通过技术中介，技术卖方接触到更多的潜在技术买方，而技术买方可以了解到同一技术需求的多种技术解决方案。技术中介的信息整合能力可在一定程度上扩大技术交易双方的选择范围，有助于发挥市场配置资源的作用，提高技术商品潜在价值的利用效率，增加技术交易双方的潜在收益，从而影响技术交易价格形成。

（2）技术中介提供的专业服务，包括信息传递、价值评估等，有助于降低技术交易成本，提升技术交易价格谈判空间。由于技术交易存在信息不对称，交易双方在达成交易前需要通过尽职调查了解对方的基本情况，以保证交易达成后自身利益的实现。技术中介作为连接技术交易双方的桥梁，其信息传递作用可提升技术交易双方获取交易信息的效率，降低技术交易双方匹配的不确定性，减少交易双方时间和精力等投入成本，为技术交易价格谈判空间的增加提供了可能。

在技术中介介入成本小于其能够新增加的技术交易效用前提下，技术交易双方在由技术中介协助或者主导的交易过程中，扩大了交易对象的选择范围，降低了交易成本投入，增加了双方可能获得的潜在效用。这些变化最终会通过技术交易价格反映出来。因此，伴随着技术市场中技术中介的快速发展，技术中介可以通过自身信息整合能力、专业服务能力影响技术交易价格最终形成。

5.3.3.2 技术市场管理者与技术交易价格的形成

技术市场管理者主要是指相关政府部门。在创新驱动发展战略的大背景下，政府部门通过补贴、减免税收、投资对接以及监督等手段在技术商品研发、转移、交易过程中发挥着重要作用。由于政府部门通常不参与实际技术交易过程，因此，学界对于政府部门对技术交易价格形成的影响研究不多。梁洁基于共性技术，研究了政府主导型和政府参与型的共性技术定价方法。[44]钟玉峰运用我国30个省份的面板数据应用固定效应模型实证检验表明，政府R&D投入能激励技术交易的规模，具体来说，政府R&D投入企业的经费能激励技术交易的规模，但政府R&D投入高校和研发机构的经费对技术交易无激励作用。[45]王罡研究了在政府和市场两种力量与专利产出的关系，发现政策支持对专利产出具有正向影响。[46]张岭等学者研究了科研人员职务科技成果赋权的困境与对策，发现政策体系顶层设计冲突、转移转化审批程序烦琐、评估定价有风险焦虑、转化收益兑现难和成果转化动力不足是阻碍赋权后科研人员职务科技成果转化的关键因素。[47]综合而言，技术市场管理者主要通过政策手段直接影响技术交易规模，而对技术交易价格的影响主要体现在交易意愿的激励和交易底价的形成两个方面。

（1）政府部门可通过相关政策手段提升技术交易双方交易意愿，从而影响技术交易价格形成。正如钟玉峰、王罡等学者研究所证实的那样，政府部门可以通过研发投入补贴、税收政策等促进技术成果产出和交易。[46-47]

在这个过程中，相关政策最直接影响的是技术交易双方的交易意愿。当技术交易双方交易意愿较为强烈时，交易双方对于实际技术交易价格的考虑因素可能有所放宽，从而影响技术交易价格形成。

（2）政府部门相关管控措施对技术交易底价的限制。政府部门对技术交易底价的影响主要体现在对国有资产保值增值方面的要求。我国高等院校、科研院所、国有企业等创新主体大都依靠国家财政维持运营，这些创新主体与民营企业等非国有资本进行合作，实现技术资源优化配置已成为新常态[48]。涉及这些创新主体的技术交易通常需要考虑技术交易底价问题，若价格过低，则涉嫌国有资产流失。因此，政府部门通过资产管控手段，在一定程度上影响技术交易价格形成底价。

在技术市场对于技术交易价格形成的影响方面，本文以现有文献为参考，围绕技术市场构成要素，梳理总结了技术商品、技术交易主体、技术中介以及技术市场管理者对技术交易价格形成的具体影响。在一次技术交易过程中，这些因素会对技术交易价格造成不同程度的影响，因此在技术交易价格实践过程中可根据实际情况进行考虑。

5.4 技术交易价格形成方法及适用条件

我国相关政策法律规定了技术交易可以通过协议、拍卖以及挂牌等方法确定价格。本节围绕协议定价、拍卖定价和挂牌定价三种技术交易价格形成方法，分析相关方法的一般流程及主要特点，最后对比分析三种价格形成方法的适用条件并给出相关建议。

5.4.1 协议定价

协议定价是指技术交易双方通过谈判的方式，确定技术交易内容、类型、方式、权属以及风险分担等与技术商品价格相关具体事宜的定价方法。协议定价具有较高的灵活性，交易双方可以根据实际情况较为细致地商定交易细节，是技术交易价格形成方法中最传统、最普遍的定价方法。在技术交易双方明确交易意愿后，便可进行协议定价。协议定价一般包含谈判前的准备、"讨价还价"和谈判结束三个阶段。

（1）谈判前的准备阶段。在明确技术交易意愿后，技术买卖双方便可为达成协议进行的一系列筹划组织工作，包括安排技术交易谈判人员、谈判标的和规则初步确认、技术成果资料调查以及确立预期基本谈判目标等相关准备，这一筹划组织过程便是谈判前的准备阶段。相较于一般商品交易，技术交易需要更为专业的人员，协商的内容也更为复杂，需要技术交易双方在谈判前做好充分的准备。

（2）"讨价还价"阶段。在技术交易双方做好谈判准备之后，双方便可开始正式拟定技术交易价格协议，即"讨价还价"。在这个过程中，不论技术交易双方拟采用何种类型技术交易，一般先由技术卖方提供交易标的的基本情况，包括自身的研发情况、技术商品的特点、性能参数等，使技术买方了解交易标的，并判断标的是否满足其技术需要。对于属于专利、商标或技术秘密等已经完成研发的技术商品交易范畴的技术交易类型，技术交易双方还需要委托专业的第三方技术评估机构对技术商品价值进行评估，以将评估结果作为双方报价的参考。在此基础上，谈判者需要就交易双方的合作关系、权属划分、支付方式以及技术交易价格等内容进行反复磋商。"讨价还价"是协议定价的核心，关键在于报价的产生和对对方报价的评估。[49]

（3）谈判结束阶段就是技术交易双方在讨价还价过程中达成了一致以及

后续工作。在"讨价还价"阶段，技术交易双方在反复磋商后可能达成的结果有双方协议形成彼此都能接受的技术交易价格和双方协议定价失败两个结果。如果接受对方的报价，则交易双方需就已达成的技术交易条款、违约责任、解决争议的方式等签订并履行技术合约。如果不接受对方的报价，则谈判破裂，交易双方不能获得任何收益。协议定价的一般流程可见图5-5。

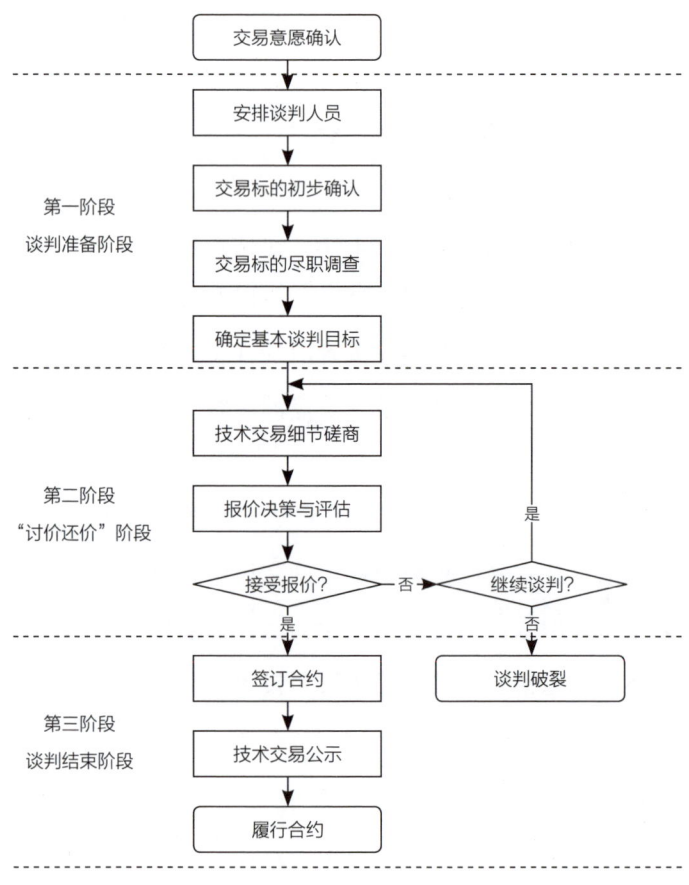

图 5-5　技术交易协议定价一般流程

协议定价虽然是最常见的技术交易价格形成方式，但要保证技术交易价格的形成和最终实施，需要满足两个重要的前提：一是技术交易标的基础信息对称；二是交易双方对于交易标的的价值、功能、属性等有着相同或相近的认知。但事实上技术交易很多时候是信息不对称的，技术卖方拥有技术质量相关的优势信息，包括技术先进程度、成熟度等，而技术买方则拥有预期市场价值、自身技术吸收能力等信息。在信息不对称的基础上，双方难以在第一时间就技术商品的价值、功能、属性等有一个相同或相近的认知。因此，技术卖方通常会高估技术商品价值，而技术买方则会低估技术商品价值，认知差异过大的情况下就会导致技术交易无法完成。因此，协议定价虽然操作简单，但是在信息不对称情况下反而导致了技术交易效率低下。

除此之外，协议定价还存在两个重要的局限。第一，协议定价不能充分发挥技术市场配置作用。协议定价过程中，技术交易双方主要是进行一对一的谈判，而无法顾及同一项技术多个潜在需求方的情况。在这种情况下，协议定价无法充分发挥技术市场配置作用，难以准确揭示技术商品实际价值，可能导致技术交易双方利益损失。例如，技术买方向技术卖方传递虚假的市场情况，技术卖方因不了解实际市场就做出低于技术商品实际价值的判断而以较低的价格与技术买方达成技术交易，此时，技术卖方则损失获得更高的技术交易收益的机会。第二，协议定价存在交易双方为获取政府补贴而故意做高或做低价格的风险。在创新驱动发展的战略背景下，我国相关政府部门和科研单位等为促进技术市场快速发展，向技术交易主体提供了减免税收、发放奖金等激励政策支撑。若技术交易双方只通过协议定价的方式进行技术交易，则有可能发生技术交易双方为获取奖励或少缴纳税款故意做高或做低技术交易价格，有违发展技术市场的初衷。

5.4.2 拍卖定价

拍卖是指以公开竞价或是以封闭投标的形式，按照一定的章程和规则，将特定物品或者财产权转让给最高应价或者次高应价者的一种价格形成方式。

一些学者通过研究发现，拍卖机制可以促使技术成果与技术市场紧密联系，提升技术成果转化效率。卡茨（Katz）和夏皮罗（Shapiro）证明了专利拍卖比其他专利许可合同为专利持有者带来更高的收益。[50]曾建明提出科技成果作为一种生产性商品，可以通过线上特定技术交易平台或者线下拍卖会进行集中展示和推广。李小娟等学者认为与传统的双边谈判模式相比，专利拍卖具有覆盖面广、公平竞价等特点，能有效降低专利交易的时间和成本。[51]此外，伴随着我国技术市场的不断发展，我国技术交易实践中也已形成不少技术成果拍卖案例。如：自2012年以来，浙江省形成以"浙江拍"为代表的多元化科技成果交易模式，截至2020年，"浙江拍"累计竞拍科技成果338项，总成交价超4.0935亿元，增值率超38.83%；长三角科技成果联合竞价（拍卖）会在"浙江拍"基础上进行规则和流程优化，于2020年首次拍卖会中突破1.34亿元交易额。

事实上，拍卖是最古老的价格发现机制之一[52]，可在定价过程中引进竞争机制，较好地反映所拍卖技术商品的市场供求关系。我国相关法律规定，技术拍卖定价首先必须限定拍卖标的。技术拍卖标的应限定在那些具有显著经济效益且容易评估的技术成果。那些经济效益不明显、不易评估的或违反法律规定、违反公共利益的技术成果则不能拍卖。因此，在进行技术拍卖前，技术成果必须首先经过法定评估机构评估。另外，从事技术拍卖工作的拍卖师不仅要具备拍卖师资质以及相关工作经验，还要承诺在完成拍卖后保守技术秘密。技术拍卖定价一般包含拍卖前的准备、拍卖会竞价和拍卖结束三个阶段。拍卖定价的一般流程见图5-6。

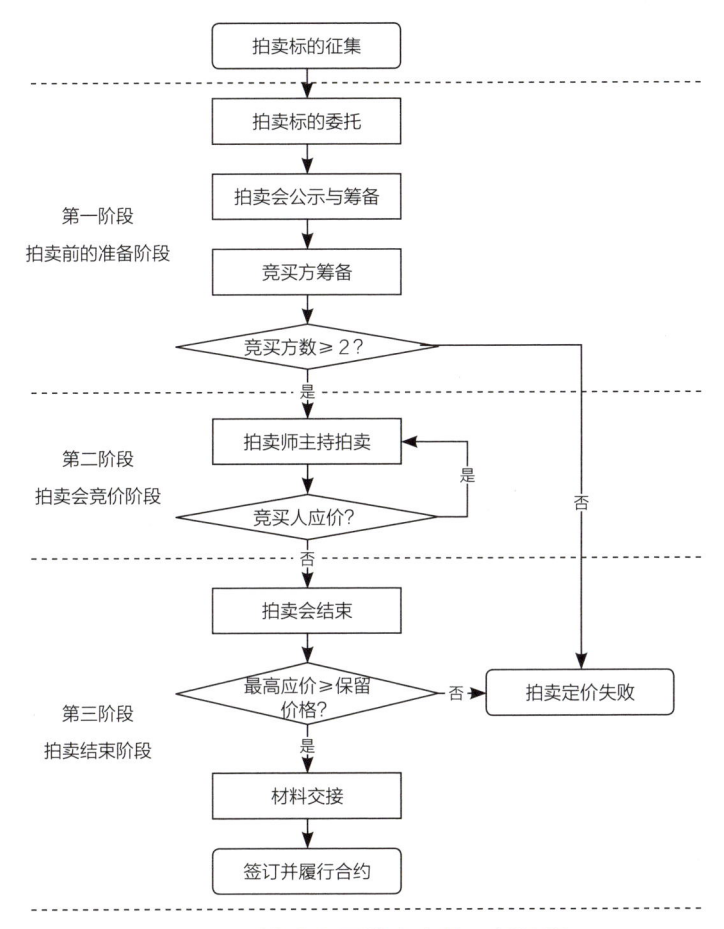

图 5-6　技术交易拍卖定价一般流程

（1）拍卖前的准备阶段。该阶段是技术交易双方以及技术拍卖机构在正式拍卖前为保证拍卖顺利进行所进行的程序性工作，包括拍卖标的征集、拍卖标的委托、拍卖会筹备以及竞买筹备等工作。拍卖标的征集主要是技术拍卖机构通过媒体向社会公开发布技术拍卖标的征集公告。拍卖标的委托则是技术商品所有方向拍卖机构提供拍卖标的相关材料，包括权属声明、技术成果评估结果等，并与拍卖机构签订技术拍卖委托合同。拍卖会筹备则是在技术拍卖机构接受技术提供方拍卖委托后，为保证拍卖会顺利进行，制定拍卖规则、审核竞买人相关文件并办理竞买手续、安排拍卖会场时间以及收集竞买人保证金并向竞买人发放号牌等。竞买筹备则是技术买方在技术拍卖前对技术商品进行尽职调查、按要求向拍卖机构提供相关资质证明材料和竞买保证金、领取号牌等。根据《中华人民共和国拍卖法》中的相关规定，参与竞拍的人员不少于2人，若竞拍人数低于2人，则拍卖终止。

（2）拍卖会竞价阶段。该阶段形成拍卖价格，需要由拍卖师主持拍卖及竞价过程。在这个过程中，首先由主持人点算竞买人、介绍拍卖标的基本信息、宣读叫价、增价以及起报价等规则和注意事项，对于没有起报价的技术商品，需主持人明确提示。随后竞买人举牌应价或者报价，主持人确认该应价后继续竞价。竞买人持续应价，直至主持人连续三次宣布同一应价而没有人继续应价时，竞价过程结束。

（3）拍卖结束阶段。若竞买人的最高应价不低于保留价，主持人宣布最后竞买人应价三次后落槌表示拍卖成交，并宣布最后应价者为竞得人。若某项拍卖标的无竞拍者应价或竞买人的最高应价未达到保留价，则该项拍卖标的流拍。在拍卖会结束后，拍卖机构应向委托人提供完整的拍卖报告及档案资料，包括拍卖会基本情况、拍卖公告、委托协议、成交确认书、拍卖纪录以及竞得人提供的相关材料等。对于在拍卖会实现成交的技术拍卖，技术所有方和竞拍方需签订技术交易合同，并履行合约。

拍卖定价通过技术所有方委托拍卖机构以公开竞价的方式形成技术交易价格，有效地提升了技术交易价格形成效率，有助于建立一个公开透明的技术交易市场。此外，拍卖前对竞买方进行资料审核、保证金缴纳等动作可以提升参与定价的技术需求方综合实力，揭露潜在技术需求方关于成本、市场等的私有信息，更好地反映所拍卖的技术标的市场价值，同时降低技术所有方面临的潜在逆向选择和道德风险。但是，通过拍卖定价的方式进行技术交易定价也存在局限性，能够通过拍卖实现定价的技术标的需要满足两个前提条件。第一，能够参与技术标的拍卖定价的需求方数量较多。《中华人民共和国拍卖法》规定拍卖是指以公开竞价的形式,将特定物品或者财产权利转让给最高应价者的买卖方式。若潜在技术需求方数量为1,那么竞价无从谈起。第二,所拍卖的技术标的应该不需要过于复杂的尽职调查便可使竞拍者判断其实际价值。理性竞拍人的出价前提是根据标的可获得信息判断标的价值,从而确定报价。若拍卖标的过于复杂,竞拍人通过一般尽职调查后仍无法判断拍卖标的价值,则可能影响最终定价结果。

总体而言,拍卖定价可以充分发挥市场定价功能,在一定程度上揭露技术需求方关于成本、市场需求等私有信息,提高技术商品分配效率,提升技术市场的公开透明程度。但是技术拍卖定价需要有完善的技术商品交易市场作为支撑,只有技术的需求市场比较大时,才能形成一个买方竞价市场。同时拍卖定价的方法不适用比较复杂的技术交易,原因是当竞拍方因为公示信息较少而无法获得有效的价值判断时,其难以根据自身需求情况合理判断价格。除此之外,拍卖实行多样化定价方式灵活度相对较低。石岩等学者对技术拍卖的最优机制和基于股份支付的技术拍卖展开了研究,发现与固定费拍卖相比较,两部制拍卖能够带来更高的期望收益,以及更高的拍卖成交率,而与现金拍卖相比较,股份拍卖期望收益与成交率更高。[53-54]但在实践过程中,技术拍卖大多还是以固定价格方式进行。

5.4.3 挂牌定价

挂牌定价是指出让方在指定的交易场所,按照规定在一定期限内将拟交易的标的及交易条件进行挂牌公告,需求方向技术交易市场提交申请后,交易双方确定通过协议定价或拍卖定价的方式对标的定价的方法。

王薇等学者指出,科技成果挂牌交易不仅为国有科技成果转化相关管理制度改革提供了一种重要的市场化定价方式,而且就挂牌交易本身,特别是通过一个具有较高公信力、影响力、专业化的技术交易平台，实施科技成果进场挂牌，有利于最大限度发掘科技成果的市场化价值。对于国有科技成果，能够通过进场交易的"阳光消毒"，规避国有资产流失风险；对于非国有科技成果，能够通过挂牌交易，实现与更多投资人资源、产业资源的对接，发现科技成果真正的市场价值。[55]挂牌定价多用于国有资源出让定价，尤其是国有土地资源出让，目前有关技术挂牌定价的实践总体较少。2022年4月，天津市科技局发布了《技术产权、技术股权挂牌交易操作指引》。[56]江苏省技术产权交易市场搭建了技术挂牌网络平台，并将技术商品挂牌流程大致总结为发布商品、勾选挂牌申请、后台审核、技术市场挂牌、交易流程以及挂牌结束六个步骤。本文依然将技术挂牌交易的一般流程总结为三个阶段，见图5-7。

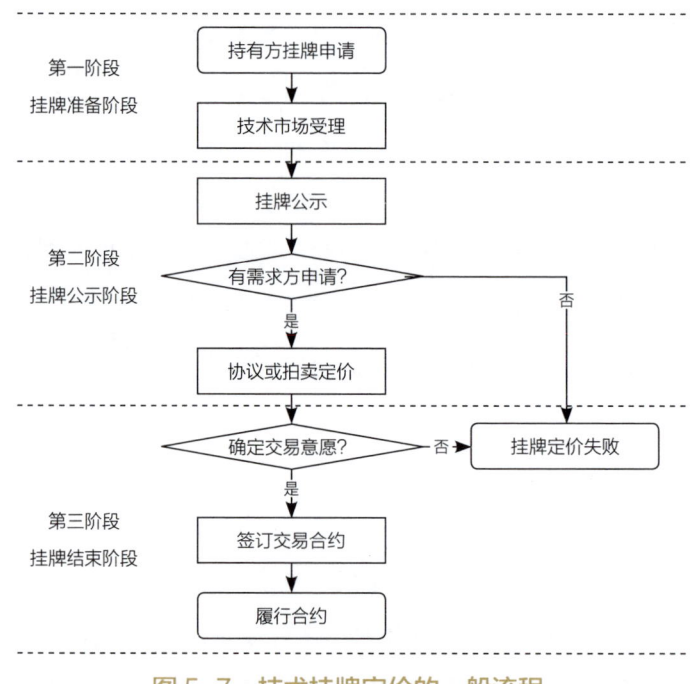

图 5-7 技术挂牌定价的一般流程

（1）挂牌准备阶段是挂牌公示的技术市场对技术卖方提供的交易标的

材料审核阶段。这个过程中需要技术卖方按照规定准备并向拟挂牌的技术市场提交标的基础信息、权属证明等资料。在技术市场审核材料通过后，技术卖方便可发布交易信息，此时进入挂牌定价第二阶段——技术市场挂牌公示阶段。

（2）挂牌公示阶段。在挂牌公示阶段，若有技术需求方提交申请，则需要向技术市场提供资质证明材料，待技术市场确认需求方交易意向和资质后，技术市场撮合技术交易双方进行交易。在挂牌公示期间，如征集到一家技术需求方，可采用协议定价的方式确定交易价格；如征集到两家及两家以上技术需求方，则可采用拍卖竞价的方式确定交易对象和价格。

（3）挂牌结束阶段是指在挂牌公示结束后，技术卖方就公示结果签订交易合同或结束挂牌的阶段。如果挂牌期间内，无技术需求方提交申请，则挂牌定价失败；如果挂牌期间确定了交易对象，则需要技术交易双方签订技术交易合同并履行合约。

总体来看，挂牌定价综合体现了协议定价和拍卖定价的优点，具有公开、公平、公正的特点。但是从价格形成时间来看，挂牌定价的时间较长，过长的交易时间可能给技术商品带来无形损耗。

5.4.4 各种定价方式比较

在前文对协议定价、拍卖定价和挂牌定价三种技术交易价格形成方法的分析的基础上，本小节从交易前的准备、交易过程特征以及交易的信息公开和市场化程度等几个方面，对技术交易协议、拍卖以及挂牌三种定价方法进行比较分析。

在交易价格形成准备阶段，协议定价所需要的准备内容较拍卖和挂牌更为灵活。这是由于技术交易协议定价的过程中，具体交易内容（包括交易类型、合作关系、权属划分等）以及是否需要第三方评估确定交易标的价值都可以在协商的过程中确定。而技术拍卖和技术挂牌则需要在交易定价的准备阶段就确定交易标的。因此，协议定价相较于挂牌定价和拍卖定价更加灵活，拍卖定价和挂牌定价的技术交易内容在交易定价的开始就已"固定"。

在交易价格形成过程中，三种定价方法的价格形成时间、决策主体以及交易费用均有所差异。一般情况下，挂牌定价交易周期最长，其次是协议定价，最后是拍卖定价。而在交易费用方面，挂牌定价和拍卖定价的交易费用高于协议定价。这是由于挂牌定价通常需要委托技术市场挂牌机构，在技术市场中以固定期限进行公开挂牌，当成功征集到技术需求方，还需要开展一对一谈判或多个买方竞拍等具体定价工作。拍卖定价需要委托技术拍卖机构，征集技术需求方时必然产生一定的技术营销成本，但在实际价格形成过程以多个买方竞价形式产生，价格形成所需时间较短，交易周期相应较短。此外，协议定价在实践中多通过已有渠道或者技术中介通过介绍进行，交易费用相对最低。但一般情况下需要谈判人员进行多次磋商，所需时间相对于买方竞价的方式较长，而比固定挂牌期限要短。

在信息公开程度和市场化程度方面，协议定价的信息公开程度和市场化程度低于拍卖和挂牌。虽然我国法律规定，相关科技成果采用协议定价需要公示拟交易技术和价格，但这种事后公示的方式所能获得的关注度远低于事前征集需求方这种方式，因此，挂牌定价和拍卖定价在价格形成前征集技术需求方参与竞价的定价方式所能够实现的信息公开程度和市场化程度高于协议定价。

三种定价方法的基本特征总结如表5-2。

表 5-2 技术交易定价方法对比

定价方法	协议定价	拍卖定价	挂牌定价
交易内容	灵活	固定	固定

续表

定价方法	协议定价	拍卖定价	挂牌定价
第三方评估	根据实际决定	需要	需要
交易周期	较长	短	长
价格决策主体	一对一（可技术中介协助）	多个买方竞价	一对一或多个买方竞价
交易费用	低	较高	高
信息公开程度	低	高	高
市场化程度	低	高	高
适用的标的 复杂程度	复杂	简单	简单
适用的标的 潜在价值	—	高	较高
适用的标的 保密程度	—	较低	较低

当技术交易标的较为复杂，尤其是技术卖方不能确定技术需求和标的类型，或者交易双方希望保持较高的保密程度时，采用协议定价可能更加合适。而当技术交易双方能够通过较为精简的信息介绍（了解）交易标的，可采用拍卖或挂牌的方式进行定价。除此之外，对于潜在价值较高、需求方较多的技术交易标的，采用拍卖或挂牌的方式虽然会花费更多的交易费用，但是有助于实现交易标的市场化定价，发挥市场配置作用，提高技术商品潜在价值的实现概率，采用挂牌或拍卖定价可能更加合适。

5.5 小结

本章围绕技术交易价格形成机制（图5-8），参考现有学者研究，从技术商品的特殊性出发分析了技术交易价格形成特点、技术交易价格形成要素、影响技术交易价格形成的因素以及技术交易价格形成方法等相关内容。

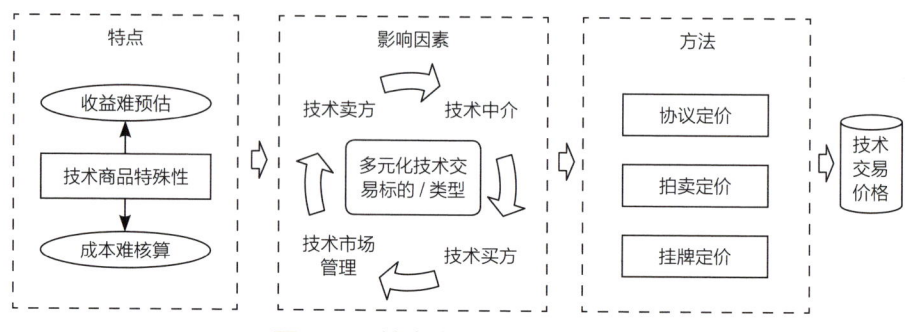

图 5-8 技术交易价格形成机制

首先，在技术交易价格形成特点方面，本文基于技术商品特殊性总结出技术交易价格形成中价值难评估、成本难核算的两大特点。其中，技术商品的特殊性从技术商品价值实现过程进行分析，得到生产的非重复性、所需劳动的特殊性、权属可分离性、无形性以及价值实现的依赖性五大技术商品特殊性。这五大特殊性相互之间存在一定关联，如：生产的非重复性决定了所需劳动的特殊性的一个方面，即所需劳动不存在社会必要劳动时间。与此同时，技术交易价格形成特点与技术商品特殊性之间存在重要关联。第一，技术商品生产的非重复性和所需劳动的特殊性，决定了技术交易过程中交易双方能够参考的成本核算信息较少，因此，将成本难核算看作是技术交易价格形成的特点之一。第二，技术商品的无形性以及价值实现的依赖性在一定程度上导致了技术商品预期价值难以预估，而收益难预估是技术交易价格形成的第二个重要特点。

其次，在技术交易价格形成的影响因素方面，本文将影响技术交易价格形成的因素分为了基础因素和技术市场因素两个大类进行讨论。技术交易标的、交易方式以及投入和预期效益因素等技术交易过程中必须要考虑的因素，就是技术交易价格形成的基础要素。其中，技术交易标的、交易类型、支付方式的确定是技术交易价格形成的基础条件，而投入及预期效益是基础参考要素，在一定程度上决定了技术交易价格的上限和下限。技术商品、技术交易双方、技术中介以及技术市场管理者（政府部门）是影响技术交易价格的技术市场因素。随着技术市场的不断发展，技术市场多边特征愈发明显，技术市场中除了技术商品本身、技术交易双方因素外，技术中介和市场管理者对技术交易价格形成的影响也更加明显。技术中介的信息整合能力、专业服务能力，市场管理者的激励能力、管制能力对技术交易价格形成的影响较为重要。

最后，本章继续分析了协议定价、拍卖定价以及挂牌定价三种技术交易价格形成方法的流程和特征。相较而言，协议定价对于交易标的要求更为灵活，而拍卖及挂牌定价更能发挥技术市场作用。当技术交易内容较为复杂、保密程度要求较高，或者潜在价值不确定性较大时，采用协议定价较为合适；当技术交易内容较为简单、保密程度要求相对较低，而技术潜在价值较高时，宜采用技术拍卖或挂牌的定价方法。

本章参考文献

[1] 陈征. 技术商品价值论[J]. 东南学术, 2004, (5): 68-72.

[2] 张晨宇, 李金林, 李萱, 等. 技术商品定价的实物期权方法研究[J]. 北京理工大学学报, 2007, (11): 1032-1034.

[3] 赵春玲, 王玲俐. 关于我国技术商品交易定价的思考[J]. 价格理论与实践, 2006, (4): 33-34.

[4] 梁洁. 共性技术的价格机制及定价方法研究[D]. 合肥: 合肥工业大学, 2012.

[5] 张千慧. 技术交易中的供需主体双边匹配决策方法[D]. 西安: 西安电子科技大学, 2015.

[6] 程海淼, 张汝飞. 技术市场价格指数编制研究——以北京技术市场价格指数为例[J]. 价格理论与实践, 2017, (2): 108-111.

[7] 韩睿敏, 窦思元. 我国技术市场交易特征及分析[J]. 科技视界, 2021, (21): 181-182.

[8] 李宝山, 苏慧文. 技术市场中技术交易特点及其价格确定[J]. 中国工业经济, 1995, (7): 41-45.

[9] 吴伟, 王浣尘, 陈明义. 技术商品转让方的价格策略[J]. 上海交通大学学报, 2003, 37(4): 582-584.

[10] 李建华, 张国琪. 国际技术转让价格的讨价还价模型研究[J]. 北京工业大学学报(社会科学版), 2008, 8(1): 28-32.

[11] 刘宏哲. 基于LSLP法的技术贸易谈判博弈模型解析[J]. 河北经贸大学学报, 2013, 34(4): 81-84+95.

[12] 华冬芳. 技术交易中的信任机制和作用研究[D]. 南京: 南京师范大学, 2018.

[13] 王方, 李华, 张毅. 技术市场中影响技术供需主体选择合作方的关键因素识别[J]. 科学与管理, 2018, 38(1): 66-72.

[14] 单丽曼. 中国技术转移效率研究 [D]. 北京：北京交通大学，2018.

[15] 李纲，余辉，梁镇涛，等. 技术交易中供需匹配影响因素研究——基于TOE框架的组态分析 [J]. 情报理论与实践，2022，45 (2): 85-93+120.

[16] 陈晓光. 技术商品价格及其独家转让、一次总付模型研究 [D]. 成都：电子科技大学，2001.

[17] 安海萍. 技术商品的定价与价款的支付方式 [J]. 科学学与科学技术管理，1995, (9): 23-25+40.

[18] 叶京生，国际技术转让教程 [M]. 2版. 上海：立信会计出版社，2007: 268.

[19] 张江雪. 我国技术商品价格形成机制的实证研究 [J]. 中国物价，2009, (3): 16-19.

[20] 赵春玲，王玲俐. 关于我国技术商品交易定价的思考 [J]. 价格理论与实践，2006, (4): 33-34.

[21] 孙金华. 技术资产定价的方法和模型问题研究 [J]. 北京大学学报（哲学社会科学版），1997, (4): 54-58.

[22] 杨超，孟显印. 基于炒作周期曲线的新兴技术态势及政策系统供给研究 [J]. 中国科技论坛，2021, (3): 17-27.

[23] 杨继绳. 论技术商品的寿命 [J]. 中国科技论坛，1986, (3): 51-53.

[24] 杨玉武，刘先涛，王露璐. 技术交易中定价问题研究 [J]. 管理科学，2003, 16 (5): 73-75.

[25] 董正英. 技术交易、中介与中国技术市场发展 [D]. 上海：复旦大学，2003.

[26] 喻昕. 技术市场信息不对称问题研究 [J]. 情报科学，2011, 29 (4): 515-519.

[27] 张千慧. 技术交易中的供需主体双边匹配决策方法 [D]. 西安：西安电子科技大学，2015.

[28] 华冬芳. 技术交易中的信任机制和作用研究 [D]. 南京：南京师范大学，2018.

[29] 谢瑞强，朱雪忠. 技术交易平台主体违约风险评价指标体系研究 [J]. 中国科技论坛，2021, (10): 162-169.

[30] 王君美，王巧玲，杨咏东. 考虑革新程度认知差异的新产品技术授权研究 [J]. 科技进步与对策，2021, 38 (7): 134-140.

[31] 罗剑超. 技术中介合同中介方义务研究［D］. 成都：四川师范大学，2021.

[32] FRIEDMAN B M. The future of monetary policy: the central bank as an army with only a singal corps［J］. International finance, 1999, (2)：321-338.

[33] 董正英. 技术交易、中介与中国技术市场发展［D］. 上海：复旦大学，2003.

[34] HOPPE H C, OZDENOREN E. Intermediation in Innovation［J］. International Journal of Industrial Organization, 2005, 23 (5)：483-503.

[35] 张铁男，杜军. 科技中介服务机构三方合作中的博弈分析［J］. 科技管理研究，2009, 29 (10)：347-349.

[36] 戚湧，朱婷婷，郭逸. 科技成果市场转化模式与效率评价研究［J］. 中国软科学，2015, (6)：184-192.

[37] 谢江林，刘曦，喻登科，等. 高校科技成果协同转化中的激励机制［J］. 南昌大学学报（理科版），2017, 41 (1)：97-102.

[38] 吴洁，吴小桔，车晓静，等. 中介机构参与下联盟企业知识转移的三方利益博弈分析［J］. 中国管理科学，2018, 26 (10)：176-186.

[39] 华冬芳，蒋伏心. 科技中介与技术供需方动态关系影响研究——基于三方演化博弈视角［J］. 科技促进发展，2019, 15 (3)：272-280.

[40] 韩国元，武红玉，孔令凯，等. 科技中介参与下军民技术融合行为的演化博弈研究［J］. 运筹与管理，2020, 29 (11)：1-10.

[41] 梁玲玲，石家宇，路玉莹. 技术中介在技术转移链条中的价值创造及能力提升［J］. 中国高校科技，2021, (7)：93-96.

[42] 綦良群，吴佳莹. 中介机构作用下多主体服务化行为决策研究——基于演化博弈［J/OL］. 计算机集成制造系统：1-24（2022-03-29）［2022-08-11］.http//kns.cnki.net/kcms/detail/11.5946.TP.20220328.1736.020.html.

[43] 杨筱. 国防知识产权交易治理研究［D］. 长沙：国防科学技术大学，2015.

[44] 梁洁. 共性技术的价格机制及定价方法研究［D］. 安徽：合肥工业大学，2012.

[45] 钟玉峰. 政府R&D投入对技术交易的激励效应分析［D］. 广州：暨南大学，2017.

[46] 王罡. 市场—政府双元力量对企业专利产出的作用机理［M］. 武汉：武汉大学出

版社，2017.

[47] 张岭，李怡欢，李冬冬. 科研人员职务科技成果赋权的困境与对策研究［J/OL］. 科学学研究：1-15（2022-03-06）[2022-08-11]. https://doi.org/10.16192/j.cnki.1003-2053.20220302.007.

[48] 马吉平，徐琪. 国有装备制造企业科技成果转化交易定价问题分析［J］. 机械制造，2020, 58 (8) : 105-108.

[49] 刘克兴. 动态定价与自动谈判［M］. 北京：经济管理出版社，2011.

[50] KATZ M L, SHAPIRO C.How to license intangible property［J］. Quarterly Journal of Economics, 1986. 101, (3) : 567-589.

[51] 李小娟，隋雪青. 专利拍卖在我国的发展机遇与挑战［J］. 中国科学院院刊，2015, 30 (3) : 354-359.

[52] 克里斯纳. 拍卖理论［M］. 罗德明，奥锡灿，译. 北京：中国人民大学出版社，2010.

[53] 石岩，谢富纪，刘浪. 技术拍卖的最优机制［J］. 管理科学学报，2016a, 19 (5) : 28-40.

[54] 石岩，谢富纪，刘浪. 基于股份支付的技术拍卖［J］. 系统工程理论与实践，2016b, 36 (2) : 326-334.

[55] 王薇，孙芸，郭书贵. 科技成果挂牌交易流程规范研究［J］. 中国科技成果，2019, 20 (10) : 4-6+8.

[56] 新华网. 天津发布技术产权、技术股权挂牌交易操作指引提高交易效率［EB/OL］.（2022-04-29）[2022-05-31]. http://tj.news.cn/jz/2022-04/29/c_1128607453.htm.

6
技术交易平台

技术交易平台是技术交易市场的有形载体。在技术市场中，有相当一部分技术交易是通过技术交易平台实现的。技术交易平台的有效运作能够推动地区之间、行业之间以及企业之间技术资源的供需对接和交易，提升技术交易的效率。

本章围绕技术交易平台展开，首先分析技术交易平台的发展历程，以28家技术交易平台为例研究我国现有技术交易平台的发展现状。而后结合已有文献，对技术交易平台的多边主体进行探索，并基于此视角对现有技术交易平台的业务模块进行整理和分析，归纳总结出平台的业务体系和功能作用。最后针对我国首个网上技术交易市场——浙江网上技术市场，进行商业模式画布分析。

6.1　技术交易平台理论研究与发展历程

20世纪以来，世界各国越来越重视技术创新，而在技术创新中起着重要作用的技术交易平台就成为各国布局中的重要部分。技术交易平台在我国起步较晚，但发展速度很快，在加快技术转移和转化上发挥了重要的对接作用。

6.1.1　理论研究

在信息与经济全球化的大背景下，国内外专家学者从21世纪初开始对平台经济展开研究。凯拉德和朱利安认为发展初期的平台无法盈利，需要大量的资金帮助。[1]徐晋基于其他学者对平台经济的研究分析，首次定义了平台经济[2]，之后提出平台企业会经历初创和成熟两个发展阶段，初创阶段会面临"鸡蛋相生"的问题，成熟阶段则要考虑平台竞争策略。[3]埃文斯（Evans）指出在初创阶段，平台用户需要到达一定的规模才能使得平台运转。[4]

线下线上技术交易平台展出多种功能作用，学者们从不同角度对其展开研究。维冈等学者认为，技术交易平台的设计应面向用户需求，除实现最基本的信息集散功能外，还能供用户发布和查询信息。[5]格雷戈里（Gregory）和大卫（David）认为能对技术产权交易展开线上交流得益于信息技术的进步，他们主张通过整合网上技术交易平台和建设技术成果共享库来防范市场失灵和降低交易成本。[6]理查德（Richard）对全球十个政府资助的线上平台进行调查后详细分析，提出通过丰富互联网媒体更好地发挥服务功能。[7]冈萨维斯（Gonsalves）发现当前网络技术交易市场的商业模式各有差异，提出建立一站式服务市场为供需双方服务。[8]李棽从微观经济学角度指出我国知识产权交易市场是一个二元市场，实现知识产权价值的重要途径是将其市场化。[9]冯晓青提出搭建综合性服务平台，创建一个集合知识产权的有机整体。[10]邓志云等学者认为知识产权交易平台的基本功能是掌握需求信息和洞察发展动态。[11]

综上可知，关于平台经济和技术交易平台功能的研究已具备一定的研究基础，但大部分学者主要从单一视角来分析技术交易平台，尚未关注多边主体对技术转移转化的影响。

6.1.2 发展历程

为促进技术成果转移转化，我国从21世纪初就开始着手对技术交易平台进行全方位的布局。

2006年，在《关于实施全国专利技术交易展示平台计划的通知》的推动下，我国先后在26个省（市、自治区）建立了41家国家专利技术展示交易中心，构建起全国专利技术交易的服务体系。自该计划实施以来，各地的专利技术展示交易中心不断探索实践专利拍卖等技术交易的新模式，扩展专利交易服务的范围和能力。2015年，《中华人民共和国促进科技成果转化法》修订通过，该法大力支持各地区的技术交易平台进行探索和创新。2016年，《促进科技成果转移转化行动方案》发布，其中明确指出要构建国家技术交易网络平台，以"互联网+"科技成果转移转化为核心，以需求为导向，连接技术转移服务机构、投融资机构、高校、科研院所和企业等，集聚成果、资金、人才、服务、政策等各类创新要素，打造线上与线下相结合的国家技术交易网络平台。

经过不断地发展与探索，我国技术交易平台已经具备一定的规模。除了线下实体技术交易平台的飞速发展，一批基于互联网的线上技术交易平台和信息平台开始在全国各地涌现。例如，2002年成立的全国首个网上技术交易市场——浙江网上技术市场，它以省级市场为统领，覆盖省内11个市级市场和省外7个市级市场。一些技术交易实体平台基于实体市场推出了线上交易平台，实现了线上线下的有机结合。例如2017年成立的江苏省技术产权交易市场，采取线上线下协同互动、服务机构加盟共建的方式，推动建成13个地方分中心和11个行业分中心。

线下实体技术交易平台与网上技术交易平台有着相似的地方，即都需要通过一定模式向目标客户提供服务。同时这两种交易平台也各有其特点，即依赖不同的方式和手段寻求资源整合和服务集成。在国家的大力推动和互联网技术的快速发展下，网上技术交易平台成为信息化时代发展的一大趋势。

根据科技部火炬中心网站发布的《关于公布2021年度全国技术合同交易数据的通知》，截至2021年12月31日，全国共登记技术合同670506项，成交金额37294.3亿元，分别比上年增长22.1%和32%。[12]总体而言，全国范围内的实体交易平台发展趋于成熟和完善，各类网上交易平台呈现出火热的发展态势，在科技创新链条中发挥着重要的作用。

6.1.3 发展现状

全国各省市都陆续建立起了各种类型的技术交易平台，本章共选出28家网上技术交易平台进行分析，以帮助了解现有技术交易平台的发展情况（具体平台见表6-1）。

筛选技术交易平台时，一方面考虑技术商品的特殊性，如价值难以确定、所有权垄断、交易的严重信息不对称性以及使用价值风险性等[13]。另一方面考虑技术交易的复杂性，交易双方首先要进行接触交流，有意向之后再通过协议定价等方式确定交易价格，这中间可能还会涉及技术评估、质押融资等环节。

基于这两方面的考虑，技术交易双方更倾向于在公信力相对较高的平台进行交易。所以本章在平台筛选时就首先考虑由政府科技管理部门主导建立的技术交易平台。由于八戒知识产权和科易网两家民营企业的业务能力较强、影响力较大，所以筛选其作为重庆市和福建省的技术交易平台代表。

最终选取的这28家技术交易平台分布于除新疆、西藏、黑龙江和港澳台地区以外的28个省（自治区、直辖市）。按我国七大区域划分来看，华东地区有7家，华北地区有5家，西南和西北地区各有4家，华中和华南地区各有3家，其余2家位于东北地区。

表 6-1 技术交易平台信息

地区		平台名称	平台网址
华北地区	北京	技E网	https://fwdt.ctex.cn/
	天津	天津技术交易平台	https://js.tpre.cn/
	河北	河北省科技成果转化网	https://hbkjcg.cn/portal/wcm/hebkjcg/hebkjcg/index.html
	山西	山西省技术产权交易中心	http://www.techaee.com/
	内蒙古	内蒙古（包头）科技大市场	https://www.btkjdsc.cn/index.php

续表

地区		平台名称	平台网址
东北地区	吉林	吉林省科技大市场	http://www.jlpstm.com/portal/wcm/jlpstm/html/index.html
	辽宁	东北科技大市场	http://www.scitrm.com/#/Home
华东地区	上海	上海技术交易所	http://www.stte.com/
	江苏	江苏省技术产权交易市场	https://www.jstec.com.cn/
	浙江	中国浙江网上技术市场	http://51jishu.com/home
	安徽	安徽省网上技术市场	http://www.ahsjssc.com:9001/
	江西	江西省网上常设技术市场	http://cgjy.jxstc.gov.cn/onlineweb/
	山东	山东省技术成果交易中心	http://www.sdcqjy.com/kj/
	福建	科易网	https://www.1633.com/
华中地区	河南	河南省技术产权交易所	https://www.hnjscq.com/
	湖北	武汉科技成果转化平台	https://www.whstr.org.cn/
	湖南	长沙技术产权交易所	http://cstpe.com/
华南地区	广东	广州国际技术交易服务平台	https://www.gittsc.com/
	广西	广西科技成果转移转化综合服务平台	http://www.gxjssc.cn/
	海南	海南国际知识产权交易所	https://www.ipeh.com.cn/learn/
西南地区	重庆	八戒知识产权	https://market.ipr.zbj.com/
	四川	成都知识产权交易中心	http://cdipx.cn/
	贵州	中国贵州技术市场	http://www.gzjssc.com.cn/
	云南	云南省技术市场	https://www.ynttm.cn/zh-CN/JYSC/index
西北地区	陕西	陕西省技术转移中心	http://www.sttsp.org/?/news/news/
	甘肃	甘肃省科协技术服务与交易平台	http://jsjy.gsast.org.cn/main
	青海	青海省网上技术交易市场平台	http://www.qh1633.com/
	宁夏	宁夏技术市场	https://www.nxtt.org.cn/

编者通过对28家技术交易平台的成立时间（图6-1）分析发现，上海技术交易所和陕西省技术转移中心是最早成立的技术交易平台，均成立于1993年。上海技术交易所是由国家科技部和上海市人民政府共同组建的我国首家国家级常设技术市场；陕西省技术转移中心是科技部批准的首批国家技术转移示范机构；海南国际知识产权交易所是成立最晚的技术交易平台，设立于2022年，是海南自由贸易港建设中的重大创新。

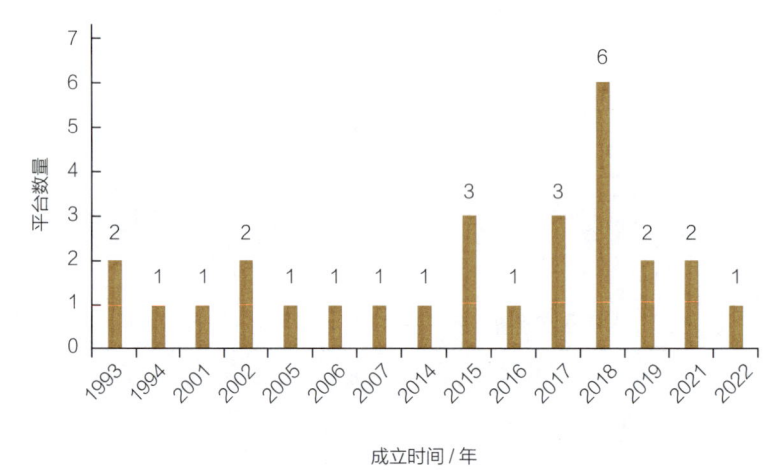

图6-1 技术交易平台成立时间

自2015年《中华人民共和国促进科技成果转化法》修订通过以来，共有18家技术交易平台相继成立。其中在2018年，有多达6家技术交易平台成立。

6.2 技术交易平台的类型与多边主体

国内学者从不同角度对我国技术交易平台进行了研究。张卫东等学者从平台的功能角度出发，将技术交易平台定义为能够提供市场、技术、信息、人才、政策法规等一系列服务功能的多边平台。[14]耿逸冰从平台的多边主体层面上对技术交易平台进行了定义，认为知识产权交易平台是涵盖平台运营方、专利技术交易供给双方以及其他协助参与者的系统。[15]罗琴从技术交易活动参与方的角度分析，认为技术交易平台是连接技术交易双方的媒介，也是为技术交易提供各种服务的中介机构。[16]

综上所述，技术交易平台主要为技术供需双方提供信息发布、信息交流、技术交易（挂牌交易、协议定价和拍卖）、科技咨询等专业化服务，为高校、科研院所、国有企业等的科技成果的转化交易提供服务。

6.2.1 基于股权结构的类型分析

从股权结构角度来看，我国的技术交易平台可以分成四类，分别是国有全资型平台、国有控股型平台、国有参股型平台和民营型平台。在28家技术交易平台中，国有全资型平台有14家，国有控股型平台有9家，国有参股型平台有3家，民营型平台有2家，详见表6-2。

表6-2 我国技术交易平台的类型

平台类型	平台名称
国有全资型平台	宁夏技术市场
	天津技术交易平台
	广西科技成果转移转化综合服务平台
	内蒙古（包头）科技大市场
	青海省网上技术交易市场平台
	山西省技术产权交易中心
	甘肃省科协技术服务与交易平台
	东北科技大市场

续表

平台类型	平台名称
国有全资型平台	江苏省技术产权交易市场
	陕西省技术转移中心
	安徽省网上技术市场
	中国贵州技术市场
	江西省网上常设技术市场
	武汉科技成果转化平台
国有控股型平台	技E网
	云南省技术市场
	上海技术交易所
	成都知识产权交易中心
	河北省科技成果转化网
	长沙技术产权交易所
	吉林省科技大市场
	山东省技术成果交易中心
	中国浙江网上技术市场
国有参股型平台	广州国际技术交易服务平台
	河南省技术产权交易所
	海南国际知识产权交易所
民营型平台	科易网
	八戒知识产权

　　国有全资型、国有控股型以及国有参股型技术交易平台旨在发挥示范和引导作用，促进科技成果转移转化，盈利不是其首要目标。它们业务模块有供需信息发布、技术交易、技术评估、政策咨询服务等，有些模块可能会与专业机构合作开发。这三类技术交易平台的代表平台分别是江苏省

技术产权交易市场、浙江网上技术市场和广州国际技术交易服务平台。

民营型技术交易平台通常是在技术交易需求的导向下自发设立的。[17]在市场经济下，自发建设平台中的主体比较活跃，用户基数大。但是该类平台两极分化严重，有些在市场竞争中发展较好，如科易网和八戒知识产权，而有些由于科技资源短缺、客户依赖性不够等问题，发展较为困难。民营型技术交易平台以营利为目标，其运营方式更加灵活，其功能与其他三类平台相近。

6.2.2 多边主体

技术交易平台是一个典型的多边平台，其多边主体涉及技术供给方、技术需求方以及技术交易管理与服务方（图6-2）。技术供给方主要包括高校、科研院所和存在技术冗余的企业；技术需求方主要是企业；技术交易管理与服务方主要包括政府科技管理部门、技术经理人、金融资本、技术服务机构、技术评估机构等。

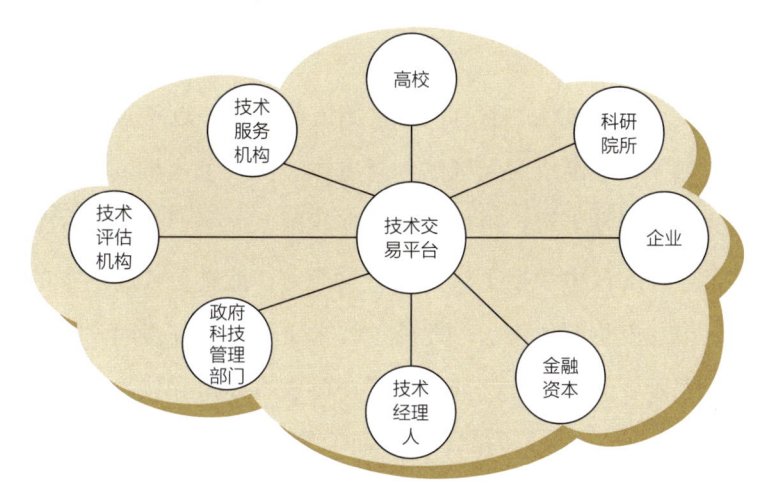

图 6-2　技术交易平台的多边主体

6.2.2.1 交易主体

技术交易平台的交易主体包括技术供给方和技术需求方，交易主体的目标是通过技术交易平台完成技术的转移与转化。

（1）技术供给方

技术供给方包括高校、科研院所和存在技术冗余的企业等，他们在技术交易活动中出售专利、技术产品和服务，并获得收益。技术供给方借助技术交易平台，了解技术市场行情、企业需求以及企业的技术应用能力，从而选择交易对象，将技术售卖给令其满意的需求方。技术供给方可以在技术交易平台上发布技术信息，也可以对已发布的技术信息进行管理。

高校和科研院所是技术交易平台中的主要技术供给方。高校和科研院所拥有科研团队，研发出了许多社会发展所需要的技术成果。通过技术交易这一重要途径，高校和科研院所的技术成果更有可能实现其社会价值和经济价值。同时，通过技术交易，高校和科研院所还可以获得一定的资金回报，能进行更深入的投入研发。目前，全球范围内的高校和科研院所都比较重视技术交易，很多高校通过成立专门机构、配备专门人员等途径促进技术交易。

企业在技术交易过程中兼有技术供给方的角色。近年来，我国企业研发投入不断加大，逐渐成为我国的创新主体。由于企业与市场紧密接触，所以它们的技术研发更符合市场需求。在我国，大中型企业和一部分科研机构转制企业在发展中积累了较强的研发能力，能进行较高水平的研发，在产业发展中起着重要作用。[18]此外，技术交易中的许多因素对企业是否买入技术有着重要的影响。例如，由于交易成本高昂和技术研发的不确定性，很多企业更倾向于进行内部研发，而不是从外部采购。

（2）技术需求方

对于技术需求方来说，他们可以在技术交易平台上发布和管理需求信息，还可以通过咨询技术领域的专家，了解技术市场需求、市场潜力以及目标技术的未来动向等相关交易信息。然后，技术需求方根据需求和技术市场信息，去选择合适的技术商品。最终，通过挂牌交易、协议定价或者竞拍的方式购买目标技术。

企业是技术的主要需求者，也是技术经济社会效益的最终实现者。在激烈的市场竞争环境下，技术创新成为企业获得竞争优势的重要来源，技术获利是保证企业持续发展的重要支撑。企业获取技术的来源主要包括两种方式，其中一种就是通过技术交易引进外部技术，包括通过购买、许可等方式引进和使用已有技术。在技术引进过程中，企业自身的消化吸收能力是利用技术创造收益的重要因素。

6.2.2.2 技术交易管理与服务方

技术交易管理方主要指的是政府科技管理部门；技术交易服务方主要包括技术经理人、技术服务机构、技术评估机构和金融资本。

（1）技术交易管理方

在市场经济下的技术交易平台中，政府科技管理部门不宜直接参与技术交易活动。但无论是在发达国家还是发展中国家，政府在"引资"和"引技"方面都能担任重要角色。政府在技术交易中能积极发挥中介作用，增强交易双方之间的信任。同时，政府通过组织多种形式的技术交流会、洽谈会、交易会，可以有效地提高技术交易的成交率。此外，政府还可以制定相关法律政策，为活跃的现代技术交易打好法治基础。

政府积极发挥自身功能的优势，能够解决技术交易平台不成熟的问题。与此同时，政府也需要减少不必要的干预。这样不仅可以尽可能避免政府直接参与生产活动和技术开发，减少政府对技术开发项目的指令性干预，也能加快国有企业和科研机构改革。

同时，在技术交易平台中，政府要让科研机构成为真正自主经营、自负盈亏的技术市场主体。因为科技创新资源主要通过市场获得，科研机构根据市场需求进行开发活动，将资源配置在需求确切的项目上，使得开发项目能满足市场需求，加快推动科研机构走向市场的步伐。

（2）技术交易服务方

技术交易服务方是为技术交易双方提供服务的主体，所提供的服务包括信息服务、技术咨询、技术评估以及交易撮合等。技术交易服务方的本质是在技术交易过程中发挥桥梁作用，促进技术供给方和技术需求方进行有效沟通。技术交易服务方不但了解目标技术，掌握技术供需双方的基本情况，同时也熟悉技术市场，能帮助推进技术交易进程和成果转化过程。

技术交易服务方可以为供需双方中的任何一方服务，因而可以具有技术供给方或技术需求方的行为；技术交易服务方也能通过技术交易平台，为交易主体提供专业的信息咨询或技术交易服务。技术交易服务方熟悉供需双方和技术市场的基本情况，通过搜集市场信息，进行对比分析，联系相关技术的供需双方，撮合相匹配的供需信息完成交易对接。这一系列服务促进了技术的交易进程，实现了技术的转移。技术交易服务方的出现是完善技术交易平台机制的重要内容。

技术交易活动需要大量的资金。在垂直的技术交易过程中，为实现技术的商业化，需要人工、设备、厂房、原料、营销等方面的投入，但技术交易的主导者可能财力有限，因此需要外部资金的支持。另外，从技术交易过程来看，企业在考虑引入先进技术或者技术设备时，可能会面临资金紧张的局面，需要依靠外部资金来实现。以技术创业为例，很多创业项目在初期有好的技术、好的团队和好的商业模式，但是缺乏启动资金。在这时，风险投资为创业项目投入资金，并在一定程度上参与初创企业的管理，以市场化方式帮助技术实现商业化，最终获得收益回报。[18]

6.3 技术交易平台的业务与功能

技术交易平台的用户围绕技术交易与技术转移转化过程展开合作与交流。多边平台将两个或更多独立但相互依存的客户群体连接在一起，其核心职能在于满足多方的需求。平台通过促进不同群体的互动而创造价值。当平台拥有数量较多的供需方时，就能从双方的各类需求中获取一定的利益，这种现象被称为网络效应。因此，在对多边技术交易平台的业务体系与功能作用的研究分析中，需要着眼于供需双方在技术交易与产业化应用过程中的需求。技术交易管理与服务方更多地作为平台的组成部分为供需双方提供服务而存在。

6.3.1 业务模块分析

技术交易是一项持续时间较长的复杂活动，为了保障成功交易，整个过程需要多边主体的共同努力。本节将技术交易过程中由交易平台为用户提供的使用模块称为该平台的业务模块。对于28家线上技术交易平台，将从多边主体视角、特色与增值服务以及平台类型等方面对它们的业务模块进行整理与分析。

6.3.1.1 多边主体视角下的业务模块分析

表6-3按照平台服务对象，即八大技术交易主体——高校、科研院所、企业、金融资本、技术经理人、政府科技管理部门、技术评估机构和技术服务机构，对28家线上技术交易平台的业务模块功能进行统计。

表 6-3　多边主体视角下的平台业务模块

编号	平台名称	高校	科研院所	企业	金融资本	技术经理人	政府科技管理部门	技术评估机构	技术服务机构
1	技E网	√	√	√	√		√	√	√
2	天津技术交易平台	√	√	√	√		√		√
3	河北省科技成果转化网	√	√	√			√	√	√
4	山西省技术产权交易中心	√	√	√			√		
5	内蒙古（包头）科技大市场	√	√	√			√		√
6	吉林省科技大市场	√	√	√		√	√		√
7	东北科技大市场	√	√	√			√		√
8	上海技术交易所	√	√	√			√	√	
9	江苏省技术产权交易市场	√	√	√		√	√		√
10	中国浙江网上技术市场	√	√	√		√	√		√
11	安徽省网上技术市场	√	√	√	√	√	√	√	
12	江西省网上常设技术市场	√	√	√		√	√		√
13	山东省技术成果交易中心	√	√	√	√	√	√		

续表

编号	平台名称	高校	科研院所	企业	金融资本	技术经理人	政府科技管理部门	技术评估机构	技术服务机构
14	科易网	√	√	√		√	√	√	√
15	河南省技术产权交易所	√	√	√	√		√		
16	武汉科技成果转化平台	√	√	√		√	√		√
17	长沙技术产权交易所	√	√	√	√		√		√
18	广州国际技术交易服务平台	√	√	√	√	√	√	√	√
19	广西科技成果转移转化综合服务平台	√	√	√	√	√	√	√	√
20	海南国际知识产权交易所	√	√	√	√	√	√	√	√
21	八戒知识产权	√	√	√		√	√		
22	成都知识产权交易中心	√	√	√			√		√
23	贵州省技术市场	√	√	√	√	√	√		√
24	云南省技术市场	√	√	√	√	√	√		√
25	陕西省技术转移中心	√	√	√		√		√	
26	甘肃省科协技术服务与交易平台	√	√	√	√		√		√

续表

编号	平台名称	平台服务对象							
		高校	科研院所	企业	金融资本	技术经理人	政府科技管理部门	技术评估机构	技术服务机构
27	青海省网上技术交易市场平台	√	√	√	√	√	√	√	√
28	宁夏技术市场	√	√	√	√	√	√	√	√

注：√表示平台有供该主体使用的业务模块。

  分析整理后的平台业务模块发现，对于高校、科研院所和存在冗余技术的企业等技术供给方而言，28家平台都在网站首页直接展示出了技术发布、成果发布或技术供给的相关模块，使得技术供给方在进入网站时就能迅速找到窗口发布技术信息。其中，武汉科技成果转化平台、江苏省技术产权交易市场和山西省技术产权交易中心有专门供技术供给方入驻并发布技术的模块。

  基于企业即技术需求方的视角，这28家平台都在网站首页设计了查找技术的模块，例如提交需求、技术需求、需求发布等。此外，在江苏省技术产权交易市场和武汉科技成果转化平台的高校院所模块中，技术需求方还能直接购买入驻高校发布的技术。海南国际知识产权交易所还设立了推荐专区，将技术成果按类型进行推荐和展示。

  从技术经理人、技术服务机构、技术评估机构和金融资本等技术交易服务方的角度出发，这些技术交易平台提供的服务可谓是多种多样、各有特色。28家平台都设立了活动模块，主要包括路演和讲座等活动。其中，有17家平台提供技术经理人培训课程或服务业务，有25家平台设立了技术服务机构模块。共有13家技术交易平台提供技术评估服务，这些平台分布在除东北和华中以外的地区，其中，华东地区有4家，华南和西北地区各有

3家，华北地区有2家，剩余1家位于西南地区。共有20家技术交易平台在网站首页开设了科技金融或者投融资服务模块，该类平台在七大区域均有分布，其中华北和华东地区各有4家，数量最多，这与这两个地区的经济发展水平有关；其他地区各有2~3家。

6.3.1.2 特色与增值服务分析

许多技术交易平台从地方实际出发，建立了符合本省经济发展的业务模块。例如，吉林省科技大市场建立了农业平台；东北科技大市场设立了军民融合平台；青海省网上技术交易市场平台成立了高原特色产品服务专区。有些技术交易平台还积极响应国家开拓海外技术市场的政策。例如，中国浙江网上技术市场和内蒙古（包头）科技大市场特别设立了境外大厅和国际频道，海南国际知识产权交易所成立了国际业务部。

在28家技术交易平台中，共有12家技术交易平台建立了网络在线交易系统，分布在除东北地区以外的其他6个地区。华东地区的平台数量最多有3家；华南、西南和西北地区各有2家；华北和华中地区分别只有1家。例如，在江苏省技术产权交易市场中，用户能够关注店铺、收藏商品和购买商品，在交易后，还可以对所购买商品进行确认和评价，对所出售商品进行查看和管理。此外，用户还能通过积分兑换礼品。科易网则自主研发了全国首创的线上技术交易服务保障体系——科易宝，创造性实现了技术交易的电子商务化，重点解决了网上技术交易过程中的合同签约与订单管理、技术资料交付、电子数据存证与取证、款项资金支付等关键环节问题。[12]

从技术交易平台的类型来看，相比于其他三种类型的平台，民营型的八戒知识产权和科易网能提供更个性化的咨询服务和交易服务。在八戒知识产权的委托服务模块中，展示并推荐了许多优质顾问，列出其擅长业务和能及时联系沟通的渠道。科易网将技术转移服务模块更加细化，分为技术难题帮、专家顾问帮、技术情报库、校企合作帮和技术直通车五个部分，使得用户能够对号入座，选择自己需要的服务，提高效率。科易网设立了"科易说"模块，通过具体案例来传播科技知识，为用户答疑解惑，让技术创新更简单。

6.3.2 业务体系

这些技术交易平台在最基本的服务——信息服务上，能很好地满足参与主体发布信息和获取信息的需要，能清楚地提供技术供给方的技术成果信息和背景信息、技术需求方的技术需求信息和背景信息。在评估服务方面，这些技术交易平台在网站底部展示出与其建立合作关系的权威机构，有些平台还建立了一套自己的评估服务系统。在咨询服务方面，这些平台在网站首页设立了相关的咨询服务模块，为用户提供覆盖技术交易与产业化应用过程中各个环节的咨询服务。在交易服务方面，这些技术交易平台通过设立科技商城和交易大厅等模块，建立起一整套的交易服务体系，创新交易的执行与保障方式。

罗琴认为现阶段我国技术交易平台的发展仍然存在一些不尽如人意之处，从而提出了六位一体的一站式全程平台服务体系。[16]黄骏指出，我国现有的技术交易平台大多是提供简单的信息服务与供需对接服务，不能有力地支撑技术产业化应用，于是设计了平台五大服务体系。[19]本节基于对文献和现有技术交易平台业务模块的分析，归纳总结出贯穿整个技术交易过程的服务体系，包括信息服务、评估服务、咨询服务、交易服务、增值服务等。

（1）信息服务

信息服务是平台提供的最基本服务，也是整个平台服务体系的起点和基础。信息服务的目的是满足平台上各参与主体发布信息和获取信息的需要。多边服务平台首先要通过各种途径来收集信息，然后再对信息进行处理、分析和发布。[25]技术交易平台提供的信息服务主要包含几个方面：①技术供需双方的供需信息和背景信息；②通过关键字搜索、分类整合、供需匹配度等功能建立起供需信息的匹配机制；③结合大数据，有针对性地推送技术成果和技术需求信息。

（2）评估服务

在技术交易过程中，对技术的价值进行评估是最困难的，它很大程度上决定了技术交易的成本，关系到整个技术交易的成败。因此，能否为用户提供专业、准确和先进的技术评估服务是各家平台竞争力的重要体现。一般来说，平台可以采用众包模式与具备相关资质的专业人才或权威的评估机构建立合作关系，同时依托数据模型建立一套科学的评估服务系统。此外，平台还可以将咨询服务与评估服务结合起来，通过商业计划书的形式对知识产品的市场价值进行阐释。[19]

（3）咨询服务

专业的咨询服务也是平台服务体系的重要环节。通过专业化的人才队伍、广泛的外部合作网络、创新性的问题解决模式，平台可以为其使用者提供覆盖技术交易与产业化应用过程中各个环节的咨询服务。咨询服务主要包括平台功能咨询服务、技术信息咨询服务、交易咨询服务、评估咨询服务、政策咨询服务、金融咨询服务等。

（4）交易服务

保证技术供需双方顺利完成交易是交易服务的核心职能。交易服务的环节主要包括建立交易双方线上线下的沟通渠道，拟定和签署交易的合同，转移与交付交易标的，支付与结算交易资金，登记与监督交易合同，调解、仲裁交易纠纷，等等。[19]因此，平台需要利用自身的专业性与中立性建立健全这一整套的交易服务体系，并积极引进第三方公证机构，不断创新交易的执行与保障方式，同时完善资金支付模式，提升交易各方的信用安全，降低交易风险。

（5）增值服务

增值服务是平台在满足了交易主体需要的基本服务后，针对其特点和可能产生的需求提供专属的定制服务，是面向平台使用者特定需求的业务模块。目前，平台能为用户提供的主要增值服务有定制服务、信息推送服务和交易跟踪服务。定制服务是指平台根据用户的需求提供个性化的服务。信息推送服务是指平台会根据用户的浏览、搜索痕迹和交易记录，分析挖掘出用户的隐性需求，推送其可能感兴趣的技术和资讯，实现精准服务。交易跟踪服务是一种全过程服务，平台方全程关注供需双方之间的交易进展，不仅能迅速响应双方在交易过程中的服务需求，还可以积极跟踪交易完成的后续进展。增值服务跳出了技术交易这个单一环节，关注科技成果转化链条的起点与终点，是将交易全过程有效整合的重要服务体系。

6.3.3 功能作用

技术交易平台的业务模块能直接满足用户的基本需求，但当前对技术交易平台功能作用的研究较少。罗琴从知识产权交易平台的内涵出发，列出了知识产权交易平台的四大功能。[12]黄骏认为支持开放型商业模式的多边服务平台的核心模块包括六个方面。[19]通过对文献和现有技术交易平台的分析，本文归纳出技术交易平台的四个功能作用，分别是信息集散功能、价格发现功能、降低交易风险功能和降低交易成本功能。

（1）信息集散功能

技术的本质是一种信息资源，以技术为主的技术交易市场具有典型的信息不对称性，这使得该市场的逆向选择①与道德风险频发。为了消除信息

---

① 逆向选择是指由于交易双方信息不对称和市场价格下降产生的劣质品驱逐优质品，进而出现市场交易产品平均质量下降的现象。

不对称问题带来的严重影响,引入技术交易平台,利用中间平台对市场中的信息进行整理与筛查,可以在一定程度上促使市场交易达到新的均衡。因此,平台需要在广泛收集信息的基础上发布标准化的技术信息,收集信息时需要通过智能化的方法和搜集广泛的资源,发布信息前则需要对信息进行精炼提取。这样做的目的是为信息匮乏的供需双方搭建起固定的联络渠道,为交易双方提供交易的相关信息、沟通买卖双方的真实需求,增大供需匹配的成功率,促进交易活动的开展。

(2)价格发现功能

技术交易平台拥有广泛的信息渠道,汇集了技术市场上的技术供需信息和有效资源。通过向市场公开技术项目信息和供需情况,在大量买方、卖方竞争博弈下的交易主体可以更合理地判断技术的价格。技术交易平台的存在能帮助供需双方消除信息的不对称性,营造一个信息公开、交易平等的环境。在公开、透明的技术交易平台中,交易双方的供需需求能迅速被反映出来,从而有助于实现技术主体的平等,准确反映交易标的的真实价格,还能有效降低价格发现和议价的成本。

(3)降低交易风险功能

技术交易作为一种市场行为必然会面临市场运行可能引发的种种风险,如逆向选择风险和道德风险。在技术交易的过程中,平台通过信息集散可以先帮助企业等技术需求方了解技术的专业性和发展前景,再客观判断技术的价格,同时也帮助技术需求方审核技术的有效性和法律效力,避免购入过期甚至是侵权的技术。技术交易平台可以向技术供给方提供市场的真实需求,避免他们开发同类技术,帮助其降低侵权的风险。另一方面,技术供给方还能了解技术的认可度和现有技术的研究进展,客观合理地确定技术的价格,降低技术交易过程中可能引发的逆向选择的风险。

（4）降低交易成本功能

技术交易的过程是一个不完全合约①过程，其交易特性决定了其交易成本之高昂。[1]技术交易双方可能会缺乏相关的市场信息，若只依靠自身资源去搜集零散的市场信息，再进行私下沟通交易往往需要花费较高的成本。技术交易平台通过系统整合资源信息，提供交流渠道和网络平台，不仅大大减少各方搜寻信息的成本，同时还为买卖双方提供成果推荐、技术交易、成果评估、法律咨询等相关服务，促成双方交易达成，节省交易相关费用。

6.4　技术交易平台的商业模式分析

商业模式描述了企业如何创造价值、传递价值和获取价值的基本原理。对商业模式要素进行分析和研究的角度不同，其侧重点和要素内涵就有不同。

6.4.1　多边平台商业模式

国内外许多学者对平台商业模式展开研究。徐晋认为，平台实质上是一种交易空间或场所，可以存在于现实世界，也可以存在于虚拟网络空间，该空间引导或促成两个或多个客户之间的交易，通常会收取恰当的费用，努力吸引交易各方使用该空间或场所，最终追求利益最大化。[20]最早研究商业模式的学者之一蒂默尔斯（Timmers）认为商业模式包含三个方面：一是关于产品、服务和信息流的体系结构，包括对各种商业活动参与者和

---

① 不完全合约是指合约不可能做到完备的程度。

他们所扮演角色的描述；二是各种商业活动参与者潜在利益的描述；三是收入来源的描述。[21]奥斯特沃德（Osterwalder）和皮尼厄（Pigneur）提出商业模式画布的分析方法，认为商业模式画布由九个模块构成：价值主张、客户细分、渠道通路、客户关系、收入来源、核心资源、关键业务、重要合作和成本结构。商业模式的创新灵感可以来源于任何地方，商业模式九模块中任意一个均可作为创新的起点。[22]北京大学教授魏炜和清华大学教授朱武祥所著的《发现商业模式》一书提出"商业模式本质上就是利益相关者的交易结构"。[23]周攀指出国外早在20世纪50年代就已经提出商业模式的概念，对商业模式进行系统性的研究则从20世纪90年代开始，而国内对商业模式的具体研究则是从近十年才开始。[24]梅姝娥和吴玉怡借鉴现有商业模式要素的分析，结合技术交易平台的特殊性，将技术交易平台的商业模式定义为，在网络环境下围绕客户需求进行业务整合并形成价值创造系统。[25]

综上可知，一个清晰的商业模式不仅可以描述平台的组织架构、服务模式及经济模式，而且能够对平台如何更好地创造顾客价值和实现平台价值进行本质描述，是对平台组织架构、服务模式和经济模式的整合与提升。外在网络环境也要求技术交易平台探寻符合网络经济环境下的价值创造新模式。因此，对技术交易平台进行商业模式研究具有重要意义。

商业模式画布作为分析商业模式的重要工具，共由九个模块组成，分别为客户细分、价值主张、渠道通路、客户关系、收入来源、核心资源、关键业务、重要合作以及成本结构，各模块具体描述如图6-3所示。根据客户群体划分的不同方式，可以将客户市场分为大众市场、小众市场、多边平台（多边市场）等。

重要合作	关键业务	价值主张	客户关系	客户细分
有些业务需要外包，而另外一些资源需要从企业外部获得	通过执行一些关键性的业务活动，运转商业模式	通过价值主张来解决客户难题和满足客户需求	在每一个客户细分市场建立和维系客户关系	企业或机构服务的一个或多个客户分类群体
	核心资源		渠道通路	
	是提供和交付先前描述要素所必备的重要资产		通过沟通、分销和销售渠道向客户传递价值主张	

成本结构	收入来源
在商业模式中上述要素所引发的成本构成	收入来源于成功提供给客户的价值主张

图 6-3　商业模式画布图

6.4.2　浙江网上技术市场的商业模式分析

6.4.2.1　浙江网上技术市场的发展历程

浙江网上技术市场建立于2002年，由浙江省人民政府、国家科技部和国家知识产权局共同主办打造，旨在成立一个产学研相结合的新平台。2014年，以浙江省科技信息研究院和浙江省科技开发中心两家厅属单位作为国有出资控股，吸收阿里巴巴、华数、浙大网新、杭州科畅、杭州中新力合五家企业，共同组建了浙江伍一技术股份有限公司，并由其作为市场主体运营浙江科技大市场。[26]

浙江网上技术市场采用政府主导兼主办的非营利模式，由政府出资，除中介机构服务费外不收取其他任何费用，实行免费网上交易。省、市、县各级政府部门为网上技术市场平台建设、运行维护、补贴奖励等提供经费和政策支持。

为了扶持浙江网上技术市场的发展，浙江省政府从多个方面促进各类创新资源的集聚与整合。其中，网上技术市场最具特色的是以企业的技术需求和难题招标来带动科技创新和科技成果交易，它从根本上改变了以往高校、科研院所单纯依靠政府获取科研经费的局面，把科研经费来源的主渠道引向企业，使企业真正成为技术创新、成果转化和科技投入的主体，这一举措在全国范围产生了巨大的影响，这种产学研结合的新尝试也被称作"定单技术"。在市场经济条件下，浙江网上技术市场成为一个公开、透明、高效的科技环境，一定程度上加速了技术与资本、人才与服务的流动和聚集，使浙江区域经济发展向高科技领域迈出坚实的步伐。

经过20年的探索与实践，浙江网上技术市场逐步形成了以"浙江拍"为标志的公开市场定价机制。浙江网上技术市场的运行方式、操作模式和管理体制逐渐走向成熟规范，信息收集、上网发布、项目对接、合同登记等各个环节形成了一套较为完整的体系，并通过线上线下的紧密结合，使线上的技术市场工作取得了显著成效。

以"浙江拍"为特色的科技成果交易机制享誉全国，"十三五"规划以来累计拍卖成交金额19.2亿元、技术交易总额3445.5亿元。[27]2021年，"浙江拍"实现1657项技术交易，交易金额7.02亿元。[28]2021年11月，全国首单数据知识产权质押落地杭州，浙江一家科技公司通过数据知识产权质押，获得了100万元贷款金额，解决了企业发展急需资金的难题。

依托浙江省政府的背景优势和号召力，截至目前，浙江网上技术市场已经建成由11个地方分市场和9个行业分市场构成的运营服务体系，共有433名技术经济人和342家企业入驻。

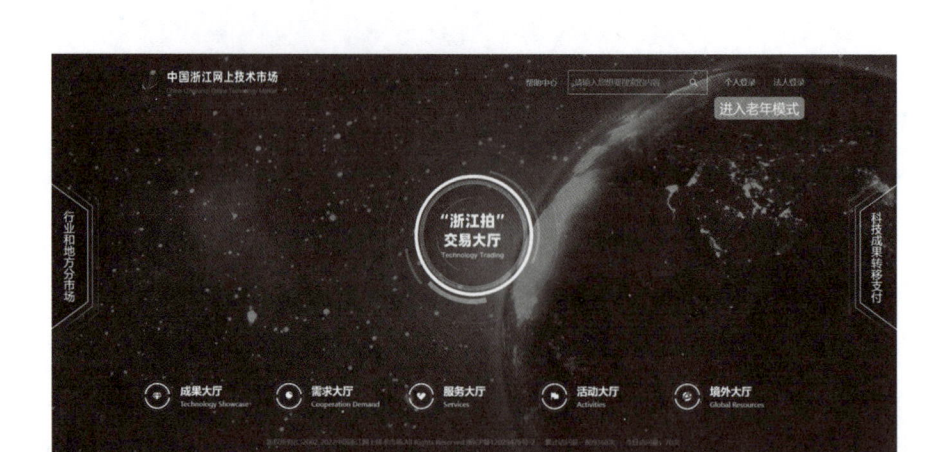

图 6-4　浙江网上技术市场网站首页

6.4.2.2　浙江网上技术市场的商业模式画布分析

下面将从商业模式画布的九个基本构造模块来分析浙江网上技术市场。

（1）客户细分

浙江网上技术市场的客户是技术供需双方，技术供给方主要是浙江省内的高校和科研院所，技术需求方主要是国内企业用户，大部分企业来自省内的优势行业。

（2）价值主张

价值主张需要明确浙江网上技术市场提供的是什么技术服务以及如何围绕技术开展服务。目前浙江网上技术市场可以提供四种服务模式，分别是技术交易模式、技术成果模式、技术需求模式和中介服务模式。

技术交易模式的价值主张是通过组织一批标准化程度高、产权清晰的技术，引入权威的第三方评估机构，对相关产品进行评估，并出示、发布相应的证明文件，增强产品透明性及技术需求方对产品的认知度，实现在线交易。技术成果模式的价值主张是帮助技术供给方实现其技术成果的经济价值和社会价值，同时，浙江网上技术市场通过技术交易获得一定的资金回报。技术需求模式的价值主张是帮助技术需求方尤其是浙江省中小企业解决技术难题，提供解决方案。中介服务模式的价值主张一方面在于以浙江省内的高校和科研院所为核心，提供创新服务；另一方面在于引进专业科技中介机构与专业技术经纪人，提供全流程技术交易服务。

（3）渠道通路

技术交易模式的渠道通路以线上分销为主，通过在浙江网上技术市场网站和其他知名网站投放动态广告、竞价广告的形式，吸引有需求的用户。线下分销为辅，通过传统的科技系统渠道，结合专业性报纸、杂志等媒体，进行重点拍卖品或事件策划。

技术成果模式的渠道通路是深入了解高校和科研院所的研究领域，同时结合行业领域和特点，吸引它们入驻。

技术需求模式的渠道通路需要从两个方面来看。对技术需求发布方而言，主要的渠道通路有两个，第一个是借助原有的官方或半官方的成熟渠道，鼓励企业发布难题；第二个是开辟新渠道，应用行业协会、企业联盟等组织力量，支持企业发布现存的难题。对技术供给方而言，渠道通路是进行广泛的宣传，借助各种创新资源渠道，引导专家或技术人员参与解决难题。

中介服务模式的渠道通路的服务对象分为对省内和省外的主体。省内主体主要是指大型核心企业和一般企业，要重点服务大型核心企业，形成专门的对接机制；对一般企业可以利用已有行业联盟的渠道进行拓展。对省外主体，渠道通路服务要结合线上线下两种方式，通过行业网站、地方行业协会、地方技术市场等形式加以辅助。

（4）客户关系

目前，浙江网上技术市场的客户关系表现为两方面。一方面是平台与技术交易双方的申请、审核、发布关系，平台可以主动发掘或者吸引技术供需双方进入市场，进行交易。另一方面是市场与技术交易服务方之间的开发、吸引、规范服务关系，同样平台能吸引技术交易服务方进入市场，但也需要规范和监督其所提供的服务。

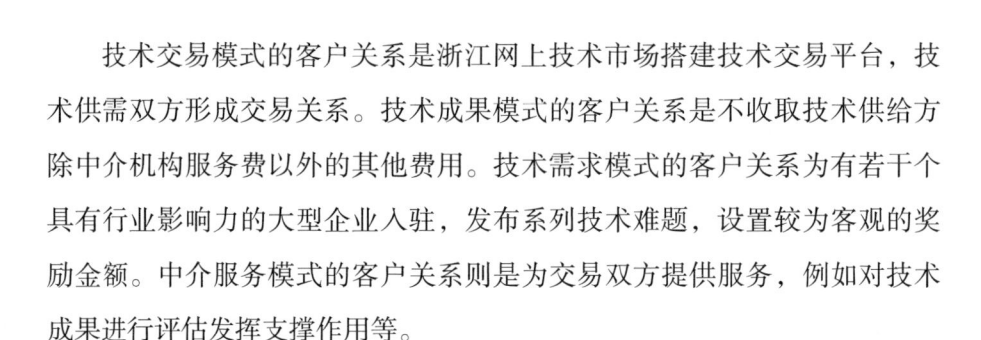

技术交易模式的客户关系是浙江网上技术市场搭建技术交易平台，技术供需双方形成交易关系。技术成果模式的客户关系是不收取技术供给方除中介机构服务费以外的其他费用。技术需求模式的客户关系为有若干个具有行业影响力的大型企业入驻，发布系列技术难题，设置较为客观的奖励金额。中介服务模式的客户关系则是为交易双方提供服务，例如对技术成果进行评估发挥支撑作用等。

（5）收入来源

浙江网上技术市场是一个非营利平台，主要的收入来源为政府补助。技术交易双方不需要为发布信息或发布需求缴纳费用，也不需要在技术达成交易时缴纳佣金。相对而言，浙江网上技术市场的收入来源较为单一。

（6）核心资源

浙江网上技术市场的核心资源涉及两方面，一方面是带有官方色彩的品牌优势，它是由政府科技管理部门推动建设的，在官方的大力支持下，已拥有较全面的科技资源。另一方面是信息集成优势，作为我国最早建立的网上技术交易市场，浙江网上技术市场已经形成较为成熟的业务体系，在技术成果展示与技术需求解决等方面已经有了大量的积累。

在技术交易模式中，核心资源包括优质的技术成果信息库、专业的技术交易服务支撑和为交易提供合法保证的政府规范。技术成果模式的核心资源是科研能力优秀的高校、科研院所和合理可行的收费机制。技术需求模式的核心资源是一些行业领军企业、有吸引力的奖金和问题解决方的参加与整合。中介服务模式的核心资源是政府相关部门对重点行业的政策措施支撑，使浙江网上技术市场成为承载相关政策落实的平台。

（7）关键业务

浙江网上技术市场最重要的关键业务是信息服务，满足用户发布信息和获取信息的需要，清楚地提供技术供给方的技术成果信息和背景信息、技术需求方的技术需求信息和背景信息。

技术交易模式的关键业务是平台运营，通过平台运营形成一个多边主体共赢的平台。技术成果模式的关键业务是吸引技术供给方尤其是高校和科研院所的入驻。技术需求模式的关键业务有两方面：首先是难题的组织与发布，即采集和筛选有价值的难题；其次是解答方的数量与质量，吸引领域内的有价值、有实力的解答方加入。中介服务模式的关键业务有中介机构的入驻、服务机制的设计和服务的提供，通过提供专业化的服务，保证交易成交和使技术交易双方满意。

（8）重要合作

浙江网上技术市场的重要合作包括技术交易服务方、传统技术市场以及政府科技管理部门。技术交易服务方主要指技术服务机构和技术评估机构，在技术交易过程中，它们提供高质量的技术咨询和评估服务，形成完整的中介服务产业链。传统技术市场能够积极对接现有专利、商标的产权交易所，形成资源共享，优势互补的关系。政府科技管理部门则是出台相

重要合作	关键业务	价值主张	客户关系	客户细分
技术交易服务方 传统技术市场 政府科技管理部门	信息服务 平台运营 吸引技术供需双方和技术交易服务方入驻	技术交易模式 技术成果模式 技术需求模式 中介服务模式	与技术交易双方的申请、审核、发布关系；与技术交易服务方的开发、吸引、规范服务关系	浙江省内的高校、科研院所以及来自优势行业的企业
	核心资源		渠道通路	
	品牌优势 信息集成优势 专业的技术交易服务 合理可行的交易机制		线上分销为主 线下分销为辅 吸引技术供应方入驻 鼓励企业发布难题	
成本结构				收入来源
日常运营维护费用 少量的营销推广费用				政府补助

图 6-5　浙江网上技术市场的商业模式画布

关的鼓励措施、完善与推广信用体系的建设。

（9）成本结构

目前浙江网上技术市场的成本主要为日常运营维护费用，以及少量的营销推广费用。日常运营维护费用包括信息采集加工费、网站的运营费用，合作伙伴的信息共享费用等。

6.5 小结

本章围绕技术交易平台展开，基于技术商品的特殊性和技术交易的复杂性筛选出了国内28家技术交易平台，分析了我国现有技术交易平台的发展现状。其中，1993年成立的上海技术交易所和陕西省技术转移中心是我国最早成立的技术交易平台。自2015年《中华人民共和国促进科技成果转化法》修订通过以来，共有18家技术交易平台相继成立。

根据股权结构将28家技术交易平台分成了国有全资型、国有控股型、国有参股型和民营型四类，其中国有全资型平台数量最多（14家），民营型平台数量最少（2家）。结合已有文献，探索了高校、科研院所、企业、政府科技管理部门、技术经理人、金融资本、技术评估机构和技术服务机构等多边主体在技术交易平台中的角色与作用。

对28家线上技术交易平台的业务模块展开了调查，基于多边主体视角对平台展开了比较分析。吉林省科技大市场和东北科技大市场开设了本省特色服务模块；12家技术交易平台建立了网络在线交易系统。基于现有的技术交易平台业务模块和文献，归纳总结出了技术交易平台以信息服务为起点的五个业务和以信息集散为基础的四个功能。最后，分析了浙江网上技术市场的发展历程和商业模式画布。

基于对现有技术交易平台的分析发现，我国技术转移工作还处在较为初级的阶段。总体来看，我国技术交易市场体系在技术交易服务平台、技术转移孵化模式、技术转移中介服务机构培育等方面还有许多可以完善的地方。因此，可以借鉴其他国家或地区技术交易平台的经验，朝着建设高水平技术交易平台的方向努力。

首先，要重视技术服务机构和专业服务人才。技术服务机构有政府主导的事业单位和企业，也有市场自发建立的民营企业。对于政府主导的技术服务机构，一方面是要成立专门的技术服务部门或分公司，专门对接社会上的技术转移服务，与政府委托业务相分离；另一方面是走市场化道路，与民营企业公平竞争。政府应该鼓励服务机构对从业人员展开技术经理人培训，可以适当给予政策倾斜和财政补助。政府还应进一步规范健全技术服务机构的法律法规，营造良好的技术转移环境。此外，现有从业人员由于知识结构单一、业务素质同质化，导致服务水平和服务层次较低，且多数人员只具备相关领域的技能，不能胜任创新主体日益增加的技术服务需求。应重视技术服务机构的组建与发展，培养高素质的专业服务人才，建立统一的技术交易服务与评价标准。

其次，深化平台与金融资本融合。在技术成果交易与转移转化中，金融资本发挥了重要的作用。在调查的28家技术交易平台中，有超过七成的平台开设了金融资本的业务模块，表明它们基本都认识到金融资本在技术交易过程的推动作用。尤其是政府科技部门主导建立的技术交易平台，非常重视金融资本与平台融合。然而，国内技术交易平台与金融融合的模式较单一，主要是吸引聚集风险资本，由风险资本投资推动技术成果的商业化运作。可以学习国外技术交易平台的经验，尝试成立平台自己的风投基金，或者与银行、投资机构、保险公司等各类机构建立无缝对接机制，共同推出技术成果质押贷款。这样不仅能及时跟进投资质量较高的技术成果，还可以促进技术成果的即时转化。

最后，努力深入挖掘增值服务。我国技术交易平台的主要盈利来源为会员费、广告费和交易佣金。也有一些技术交易平台尝试将增值服务发展为一种盈利方式，但由于它们所提供的服务不能瞄准用户的切实需求，所以发展起来较为困难。技术交易信息是非常珍贵的即时市场数据，能帮助企业、高校和科研院所等供需方了解技术交易的最新情况与技术产业化应用的趋势，也可以为政府制定技术成果转移转化政策或为各类产业扶持政策提供决策参考。因此，技术交易平台应基于技术交易系统中的交易大数据，开展技术商业化开发、决策咨询、前沿技术预测、市场预测等增值服务。

本章参考文献

[1] CAILLAUD B，JULLIEN B. Chicken and egg: competition among intermediation service providers［J］. Social Science Electronic Publishing，2003 (2).

[2] 徐晋，张祥建. 平台经济学初探［J］. 中国工业经济，2006, 5: 40-47.

[3] 徐晋. 平台竞争战略［M］. 上海：上海交通大学出版社，2013.

[4] EVANS, DAVID S. and Schmalensee, Richard and Noel, Michael D. and Chang, Howard H. and Garcia-Swartz, D., Platform Economics: Essays on Multi-Sided Businesses［M］. Social Science Electronic Publishing, 2011: 109-110.

[5] WIGAND R T, MARCINKOWSKI S J，MARTENS B V，et al. Electronic commerce and user-based design of a web site: Targeting the technology transfer audience［J］. 1997, 22 (1)：19-28.

[6] GREGORY G，DAVID Z. An intellectual property clearinghouse for agricultural biotechnology［J］. Nature Biotechnology, 2001, 19 (12)：1179-1180.

[7] RICHARD G M. The web-enabled transfer of manufacturing technology from the public sector to the private sector［J］. Computer Integrated Manufacturing, 2001, 14 (1)：116-124.

[8] GONSALVES C. Patent Marketing and the Value of Licensing To DOD Laboratories［R］. Arlington: Office of the Director Defense Research& Engineering, 2001.

[9] 李琴. 知识产权交易机制创新探析［J］. 经济与社会发展，2008, 6 (1)：123-126. DOI: 10.16523/j.45-1319.2008.01.044.

[10] 冯晓青. 我国企业知识产权产业化转化平台和交易平台建设研究［J］. 河北法学，2013, 31 (6)：20-28.DOI: 10.16494/j.cnki.1002-3933.2013.06.003.

[11] 邓志云，管怀明，吴达，等. 知识产权交易平台建设［J］. 天津科技，2015, 42 (9)：95-97.DOI: 10.14099/j.cnki.tjkj.2015.09.034.

[12] 科学技术部火炬中心网站. 关于公布2021年度全国技术合同交易数据的通知［EB/OL］.（2022-02-23）［2022-06-16］. http://www.chinatorch.gov.cn/kjb/

tzgg/202202/a4d545c0462c4f53b9f430599c152eed.shtml

[13] 赵春玲，王玲俐. 关于我国技术商品交易定价的思考［J］. 价格理论与实践，2006, (4)：33-34.DOI: 10.19851/j.cnki.cn11-1010/f.2006.04.016.

[14] 张卫东，王萍. 科技中介服务网络平台建设研究［J］. 情报科学，2011, 29 (7)：1071-1074+1083.

[15] 耿逸冰. 知识产权交易平台的融资模式设计［D］. 南京：东南大学，2015.

[16] 罗琴. 知识产权交易一站式全程服务模式研究［D］. 合肥：中国科学技术大学，2017.

[17] 尹俊玲. "互联网+"背景下知识产权交易平台建设研究［D］. 合肥：中国科学技术大学，2018.

[18] 刘海波，王永杰，法炜. 优化技术交易服务体系，促进技术交易高质量发展［J］. 科技导报，2020, 38 (24)：9-17.

[19] 黄骏. 支持开放型商业模式的多边服务平台构建与运维策略研究［D］. 南京：东南大学，2018.

[20] 徐晋. 平台经济学［M］. 上海：上海交通大学出版社，2007: 1-3.

[21] Timmers, Paul. "Business models for electronic markets"［J］. Electronic Markets Journal, 1998, 8 (2)：3-81.

[22] Osterwalder, A., Pigneur, Y., Tucci, C. Clarifying business models: origins, present, and future of the concept.［J］. Communications of Ais, 2005.

[23] 魏炜，朱武祥. 发现商业模式［M］. 北京：机械工业出版社，2009.

[24] 周攀. 从财务角度透视文旅行业商业模式发展——以华侨城为例［J］. 财会月刊，2020 (S1)：132-135.

[25] 梅姝娥，吴玉怡. 价值网络视角下技术交易平台商业模式研究［J］. 科技进步与对策，2014, 31 (6)：1-5.

[26] 省科技厅. 浙江省科技创新"十三五"规划实施情况报告［EB/OL］.（2021-01-27）［2022-06-16］. http://kjt.zj.gov.cn/art/2021/1/27/art_1229225183_4441062.html.

[27] 沈春蕾. "浙"里的科技成果转化企业出题—新闻—科学网［EB/OL］.（2022-

06-10）［2022-06-16］. https://news.sciencenet.cn/htmlnews/2022/6/480676.shtm.

[28] 汪浩. 全国首单数据知识产权质押落地杭州［EB/OL］.（2021-12-01）［2022-06-16］. https://hznews.hangzhou.com.cn/jingji/content/2021-12-01/content_8107998.htm.

7 技术转移和技术交易中的知识产权

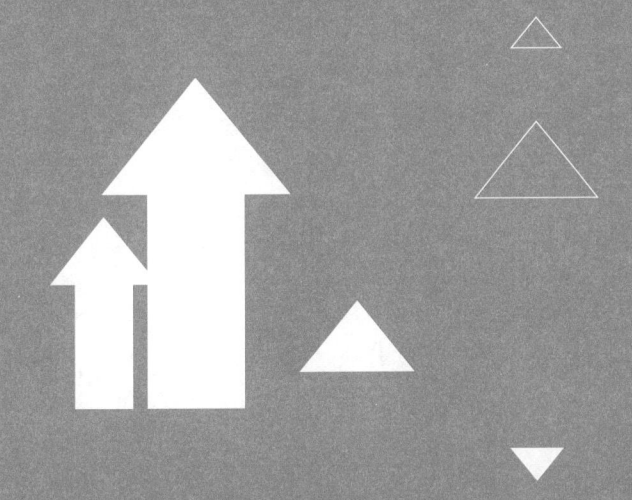

7 技术转移和技术交易中的知识产权

知识产权是技术转移和技术交易中的重要的内容,涉及政府、企业、高校、科研院所、第三方服务机构以及个人等多边主体的参与。了解各个多边主体之间关系以及知识产权的具体形式和特点,探究知识产权与技术转移的关系,弄清技术转移不同阶段存在的知识产权问题,提前做好知识产权布局,将有利于促进技术转移和技术交易。

本章辨析有关知识产权的基本概念,基于技术转移与交易过程中的发明专利相关数据,分析专利类技术转移与技术交易的特点,并讨论技术转移和技术交易中有关专利问题的趋势和注意事项。

7.1 知识产权基本概念

知识产权是指基于创造成果和工商标记依法产生权利的统称。主要包括专利权、著作权和商标权,其中专利权与商标权也被统称为工业产权。

7.1.1 专利

专利本身是一种权利,即专利权,具体指获得专利以后,当事人许可他人实施、禁止他人未经许可实施、转让、放弃等的权利(《专利法》中的相关规定)。《专利法》第二条规定了三种类型的专利,即发明专利、实用新型专利和外观设计专利,三者之间特点和区别如表7-1所示。

表 7-1 三种不同专利区别对比

专利类型	保护期限	保护客体	审查要求
发明专利	20年	产品、方法	具有突出的实质性特点和显著的进步
实用新型专利	10年	产品的形状、构造或者其结合	具有实质性特点和进步
外观设计专利	15年	产品的形状、色彩、图案或者其结合	要求与现有设计或设计特征组合具有明显区别

（1）发明专利

发明专利指对产品、方法或者其改进所提出的新的技术方案。发明专利保护的客体分为产品发明和方法发明两大类型。产品发明包括所有由人创造出来的物品，例如对机器、设备、部件、仪器、装置、用具、材料、组合物、化合物等做出的发明创造。方法发明包括所有利用自然规律的方法，例如对加工方法、制造工艺、测试方法、产品用途等所做出的发明。

《专利法》保护的发明可以是新的产品或方法，也可以是对现有产品或方法的改进。绝大多数发明都是对现有技术的改进。例如，对某些技术特征进行新的组合，对某些技术特征进行新的选择等，只要这种组合或选择产生了新的技术效果，就是可以获得专利保护的发明。

（2）实用新型专利

实用新型专利指对产品的形状、构造或者其结合所提出的实用的新的技术方案。实用新型专利的保护客体只限于具有一定形状的结构或产品，可以是宏观的也可以是微观的，但不能是方法，也不能是没有固定形状的产品（如化学物质）。

（3）外观设计专利

外观设计专利指对产品的形状、图案或者其结合以及色彩与形状或图案的结合所做出的富有美感并适于工业应用的新设计。外观设计是关于产品外表的装饰性或艺术性的设计。外观设计专利与实用新型专利都可以涉及产品的形状，但二者相比不同之处在于，实用新型专利是一种技术方案，它所涉及的形状是从产品的技术效果和功能的角度出发的；而外观设计专利是一种设计方案，它所涉及的形状是从产品美感的角度出发的。

7.1.2 著作权

《中华人民共和国著作权法》（以下简称《著作权法》）所称作品，是指文学、艺术和科学领域内具有独创性并能以某种有形形式复制的智力成果。如表7-2所示，《著作权法》所称的作品，包括软件界面代码、文学、艺术和自然科学、社会科学和工程技术等作品。

表 7-2 著作权保护年限和保护内容

著作权类型	保护年限 法人单位	保护年限 自然人	保护内容
软件著作权			软件界面代码
作品版权	创作完成后50年	作者终生及死亡后50年	文字作品
			口述作品
			音乐、戏剧、曲艺、舞蹈、杂技艺术作品
			美术作品、建筑作品
			摄影作品
			视听作品
			工程设计图、产品设计图、地图、示意图等图形作品或模型作品
			符合作品特征的其他智力成果

（1）文字作品

文字作品是指小说、诗词、散文、论文等以文字形式表现的作品。文字作品的具体形式包括文学作品、科学作品与艺术作品等。构成文字作品必须满足独创性的要求，过短的文字片段因不具有独创性，因而不受我国《著作权法》的保护。

（2）口述作品

口述作品是指即兴的演说、授课、法庭辩论等以口头语言形式表现的作品。口述作品内涵有三个方面要求：①口述作品需要满足独创性要求；②口述作品须为即兴作品，任何事先准备的诸如演讲稿、答辩状等都排除在口述作品的保护之外，应当作为文字作品予以保护；③口述作品应当以口头的形式表现，与文字作品不同的是口述作品并不要求其固定在纸质或其他介质上，口述作品一经作者从口中说出，即形成了作品，受到《著作权法》的保护。

（3）音乐、戏剧、曲艺、舞蹈、杂技艺术作品

音乐作品是指歌曲、交响乐等能够演唱或者演奏的带词或者不带词的作品。歌唱者和演奏者的表演不是音乐作品，而是对音乐作品的表达和再现。戏剧作品是指话剧、歌剧、地方戏等供舞台演出的作品。曲艺作品是指相声、快书、大鼓、评书等以说唱为主要表演形式的作品。

（4）美术作品

美术作品是指绘画、书法、雕塑等以线条、色彩或者其他方式构成的有审美意义的平面或者立体的造型艺术作品，包括纯美术作品和实用美术作品。纯美术作品指仅供人们观赏的独立的艺术作品，比如油画、国画、版画、水彩画等。实用美术作品指美术作品内容与具有使用价值的物体相结合，物体借助于美术作品而兼具观赏价值和实用价值，比如陶瓷艺术等。

（5）建筑作品

建筑作品是以建筑物形式表现的有审美意义的作品。在外观、装饰、设计等方面具备独创性的建筑物受到我国《著作权法》的保护，但对于建筑物的构成材料、建筑方法不予以保护，并且建筑物外观、装饰和设计中的通用元素，属于公有领域的范围，也不受我国《著作权法》的保护。

(6)摄影作品

摄影作品指借助器械在感光材料或者其他介质上记录客观物体形象的艺术作品，是对自然、人物等客观事物的描绘。摄影作品的常见形式包括婚纱照作品、艺术照作品、儿童照作品、广告作品、孕妇照作品、全家福作品以及风景照作品等。

(7)电影作品和以类似摄制电影的方法创作的作品

电影作品和以类似摄制电影的方法创作的作品，是指摄制在一定介质上，由一系列有伴音或者无伴音的画面组成，并且借助适当装置放映或者以其他方式传播的作品。常见形式有电影作品（有声、无声）、电视作品、录像作品以及短视频等。

(8)工程设计图、产品设计图、地图、示意图等图形作品

图形作品指为施工、生产绘制的工程设计图、产品设计图，以及反映地理现象、说明事物原理或者结构的地图、示意图等作品。常见形式有工程施工图、产品设计图、地图、针灸穴位图、植物构成图、动物解剖图等。

(9)模型作品

模型作品指为了展示、试验或者观测等，根据物体的形状和结构，按照一定比例制成的立体作品。模型作品须根据有形状和结构的物体制成，此物体具有长、宽、高的属性，是占据一定物理空间的实物。根据物体的形状和结构，按照一定比例制成的模型作品也应是三维的。制作模型作品实际上是将实物按比例进行放大、缩小或按原尺寸制作的过程。

(10)计算机软件

计算机软件指使计算机运行达到某种或某些功能而设计的编程等软件作品及其说明文档汇总的。根据软件性能，计算机软件分为系统软件和应用软件。系统软件是管理、监控和维护电脑资源，使电脑能够正常高效地工作的程序，包括操作系统、语言处理程序、数据库管理系统等。应用软件是专门为某一应用目的而编制的软件，较常见的有文字处理软件，其主

要用于输入、存储、修改、编辑、打印文字材料等，例如Word、WPS等。

7.1.3 商标

商标是用来区别一个经营者的商品或服务和其他经营者的商品或服务的标记。经商标局核准注册的商标为注册商标，包括商品商标、服务商标和集体商标、证明商标。一般地，按商标性质可分为商品商标和服务商标（图7-1）；按商标类别可分为文字商标、图形商标、组合商标以及颜色与声音等其他商标（图7-2）。

图 7-1　按商标性质划分商标类型

图 7-2　按商标的性质和类别划分商标类型

（1）商品商标

商品商标是指在成为商品的各种产品上使用的区别于其他商品生产经营者的标志。商品商标和服务商标主要区别有三个方面：①商品是有形的，商品商标使用在具体商品上，而服务是无形的，服务商标使用在具体服务中；②商品商标出现得比服务商标早；③在实行自愿注册原则的前提下，特殊商品实行强制注册，如卷烟和人用药品；而服务商标则全部为自愿注册，不存在强制注册。

（2）服务商标

服务商标是指在经营的服务项目上区别于其他服务提供者的标志。与商品商标一样，服务商标可以由文字、图形、字母、数字、三维标志、声音和颜色组成，或上述要素的组合而成，例如中国民航和中国移动公司使用的标志。

（3）集体商标

集体商标，是指以团体、协会或者其他组织的名义注册，供该组织成员在商事活动中使用，以表明使用者在该组织中的成员资格的标志。集体商标的注册和使用受到法律保护，有利于创造该集体的信誉、扩大影响，集体商标的使用本身具有广告效益，有利于取得规模经济效益，扩大国内和国际市场的影响力。

（4）证明商标

证明商标，是指由对某种商品或者服务具有监督能力的组织所控制，而由该组织以外的单位或者个人使用于其商品或者服务，用以证明该商品或者服务的原产地、原料、制造方法、质量或者其他特定品质的标志。比如星级酒店标志证明商标等。

7.1.4 商业秘密

商业秘密是指不为公众所知悉，具有商业价值，并经权利人采取相应保密措施的技术信息、经营信息等商业信息。商业秘密具有以下特点：

（1）非公开性，商业秘密的前提是不为公众所知悉，而其他知识产权都是公开的，对专利权甚至有公开到相当程度的要求。

（2）非排他性，商业秘密是一项相对的权利。商业秘密的专有性不是绝对的，不具有排他性。如果其他人以合法方式取得了同一内容的商业秘密，他们就商业秘密的前持有者有着同样的地位。商业秘密的拥有者既不能阻止在他之前已经开发掌握该信息的人使用、转让该信息，也不能阻止在他之后开发掌握该信息的人使用、转让该信息。

（3）利益相关，能使经营者获得利益，获得竞争优势，或具有潜在的商业利益。

（4）期限保护，商业秘密的保护期不是法定的，取决于权利人的保密措施和其他人对此项秘密的公开。一项技术秘密的保护期可能由于权利人保密措施得力和技术本身的应用价值而延续很长时间，远远超过专利技术受法律保护的期限。

7.2　专利类技术转移与交易中的多边主体

技术转移与交易多以专利的许可、转让与作价入股等形式出现。本节研究专利类技术转移与交易中的多边参与主体。如图7-3所示，专利类技术转移与交易是一个需要多部门、多机构、多单位和个人等多边主体参与、密切配合的一项工作，涉及专利技术研发、专利申请、专利审查、专利保护、专利中介服务、专利侵权及最终专利技术转移与交易全过程。

技术研发阶段主要参与主体为技术发明人，一般也是技术的研发人员。专利申请和审查阶段主要涉及专利申请人、审查中心和专利代理机构，申请人通过申请专利对新技术实施知识产权保护，专利审查协作中心依据《专利审查指南》中规定的内容对专利技术做出是否授权的判定，专利代理机构则需根据申请人的委托做好专利的撰写、答复补正等相关工作。专利权人享有专利申请授权的独占权利，也可自由行使专利权。若出现专利侵权情况时，可能还会有知识产权法院和律师事务所的参与。要达成专利类技术的转移和交易，还离不开需求方（受让方、被许可方）以及

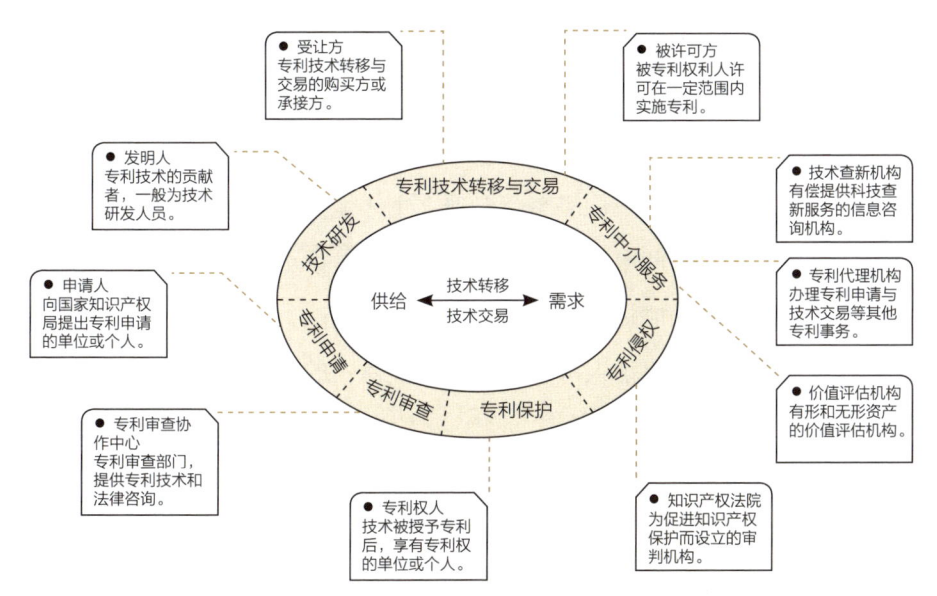

图 7-3　专利类技术与交易过程中主要参与的多边主体关系

其他中介服务机构（专利代理机构、价值评估机构、技术查新机构）等主体的参与。

7.2.1　发明人

发明人是对发明创造的实质性特点做出创造性贡献的人，发明人为自然人。在完成发明创造过程中，只负责组织工作的人、对物质条件的利用提供方便的人或者从事其他辅助工作的人，不能被认为是发明人。一般而言，专利的申请权和专利权都属于发明人；当发明人将其专利申请权和专利权转让给他人，或者因职务发明与委托发明，其专利申请权和专利权为单位、委托人、权利受让人享有时，无论谁享有专利权，发明人的署名权都不应被剥夺和转让，发明人有权在专利证上注明自己的名字。

7.2.2 申请人

申请人指向国家知识产权局提出专利申请的人，可以是单位或者个人。申请人是单位的，单位应当具有独立主体地位，不能是科研处或课题组等。申请人可将专利申请权转让（《专利法》第十条）；申请人可以在被授予专利权之前随时撤回其专利申请（《专利法》第三十二条）。当发明专利申请公布后，申请人可以要求实施其发明的单位或者个人支付适当的费用（《专利法》第十三条）。

申请人的构成类型反映了我国技术创新的不同攻坚力量。如图7-4所示，从2008年到2021年，全国职务发明专利授权量逐年增加，平均增长率达到24.78%，以企业、大专院校、科研单位和机关团队为申请人的发明专利授权量整体上也都呈现增长趋势，平均增长率分别达到25.79%、23.47%、21.24%和34.42%，企业增速要大于大专院校和科研单位，且企业和机关团体的平均增长率高于全国平均增长率。

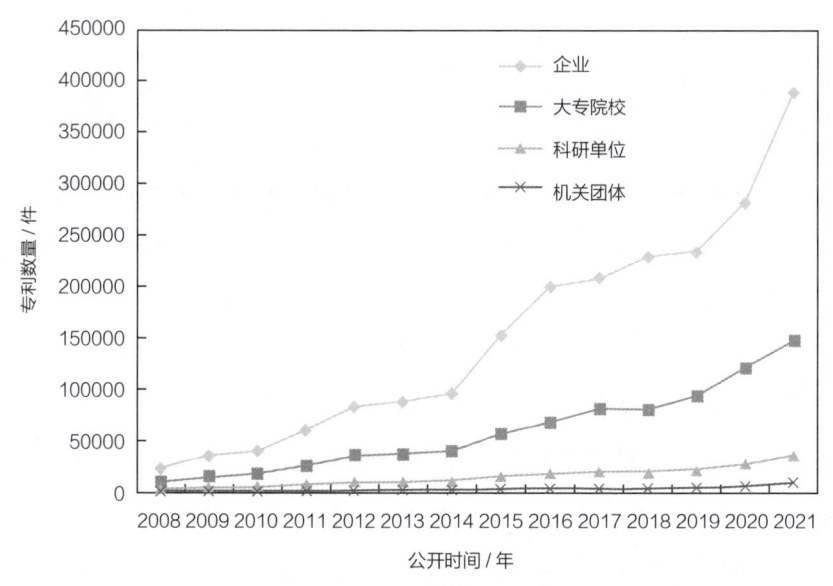

图 7-4　2008—2021 年国内职务发明专利授权量

如表7-3所示，自2008年到2021年，企业、大专院校、科研单位和机关团体累计发明专利授权量为319.8万件；其中，企业累计授权量达到211.4万件，平均每年授权量为15.1万件；大专院校和科研单位累计授权量达到104.4万件，平均每年授权量为7.5万件；企业累计授权量约是大专院校和科研单位累计授权量的2.02倍。2021年，国内企业发明专利授权量为38.8万件，比上年增长37.77%；大专院校和科研单位发明专利授权量为18.4万件，比上年增长24.2%；机关团队发明专利授权量为0.94万件，比上年增长58.13%。数据研究表明，企业发明专利授权量约占国内职务发明专利总量的66.1%，且逐年保持稳定增长，其发明专利授权量和平均增速高于大专院校和科研单位，是技术创新和研发的主力军，也是技术应用的主阵地；而对于大专院校和科研单位，发明专利授权量占国内职务发明总量的32.6%，也是技术创新和研发的高产地，需要相关政府部门、中介服务机构、专利权人等多边主体密切配合，促进专利技术的转移与交易，从而帮助大专院校和科研单位实现专利技术的应用价值。

表7-3　2008—2021年国内职务发明专利授权量统计

单位：件

年份	企业	大专院校	科研单位	机关团体
2008	22832	10380	3250	297
2009	34936	14836	4448	416
2010	40234	18305	5023	539
2011	59869	26309	7381	883
2012	82892	35956	10151	1402
2013	87828	37485	11069	1671
2014	95251	40802	11626	2138
2015	151992	57143	15504	3117
2016	199192	67946	18159	3592

续表

年份	企业	大专院校	科研单位	机关团体
2017	207585	81487	19908	3195
2018	228198	80440	18734	3569
2019	233672	94053	22075	3802
2020	281574	120767	27241	5920
2021	387933	147765	36053	9361

7.2.3 专利权人

专利权人是发明创造被授予专利后，享有专利权的人。专利权人可以是具有独立法人主体的单位或者个人。专利权人也可以转让专利权（《专利法》第十条），专利权人可以书面声明放弃其专利权（《专利法》第四十四条）。任何单位或者个人实施他人专利的，应当与专利权人订立实施许可合同，向专利权人支付专利使用费（《专利法》第十二条）。专利权人有权在其专利产品或者该产品的包装上标明专利标识（《专利法》第十六条），可以以其专利权对本人及他人的债务进行担保（《专利权质押登记办法》）。

专利权人行使专利权的前提是专利处于有效维持的法律状态，对于已授权而后失效的专利不能实施专利权。如表7-4所示为2008—2021年国内职务发明专利授权后专利权正常维持数据；联合表7-3和表7-4，得到不同时间国内职务授权发明专利的专利权维持率变化关系（图7-5）。

表7-4 2008—2021年国内职务发明专利授权有效数据统计

单位：件

年份	企业	大专院校	科研单位	机关团体
2008	9707	1022	730	37
2009	16393	1754	1214	84

续表

年份	企业	大专院校	科研单位	机关团体
2010	20921	2691	1678	120
2011	34328	5149	2936	240
2012	52923	9651	4868	504
2013	62837	13815	6395	730
2014	74164	18623	7770	1028
2015	125069	30181	11642	1715
2016	170512	41204	14304	2053
2017	188821	57334	16743	2050
2018	214872	63679	16664	2530
2019	226170	83340	20772	3072
2020	279024	116162	26677	5333
2021	387834	147702	36047	9345

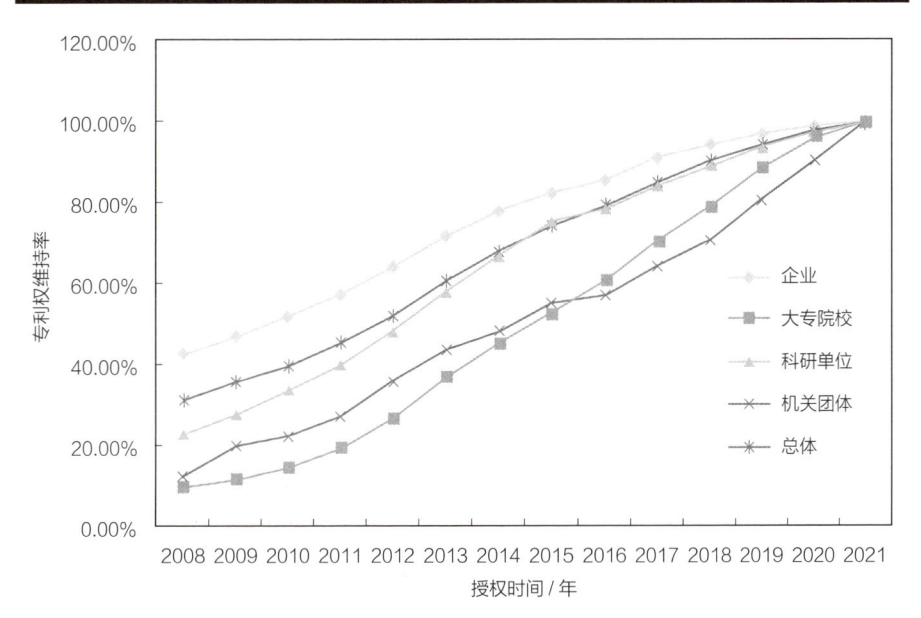

图 7-5　2008—2021 年国内职务授权发明专利的专利权维持率

由图7-5可知，专利权维持率随着专利授权年限的延长而降低。授权在5年内的发明专利平均专利权维持率为94.58%，授权在5~10年内的发明专利平均专利权维持率为69.52%，授权在10年以上（11~14年）的发明专利平均专利权维持率为39.61%。一般来看，价值越高的专利，其专利维持年限越长，这也一定程度反映出专利技术的创新程度和应用价值。在发明专利授权后的1~6年，企业发明专利的维持率最高，大于科研单位发明专利的维持率，大专院校发明专利的维持率次之，机关团体发明专利的维持率最低。在发明专利授权后的7~14年，企业发明专利的维持率最高，而大专院校发明专利的维持率最低。结果表明，企业对于专利技术的转化和应用程度最大，应该加强其他专利权人特别是大专院校专利技术的转移与交易，提高专利技术的使用价值。

7.2.4 受让方与被许可人

专利转让和许可是专利权实施的重要方式，是技术转移和交易的具体表现形式。转让专利权应由转让方（专利权人）与受让方订立书面合同，并向国家专利行政主管部门进行登记。发明和实用新型专利向外国人、外国企业或者其他组织转让的，需要办理"技术出口许可证"或"自由出口技术合同登记证书"，外观设计转让只需进行登记，不需要办理许可证或者登记证。专利权的转让自登记之日起生效（登记之日即发出变更手续合格通知书之日），受让方将成为新的专利权人。

根据incopat数据库发明专利转让和许可备案数据，得到发明专利转让和许可数量分别随时间变化的关系曲线，见图7-6和图7-7。数据表明，从2008年到2021年，发明专利转让数量逐年增加，2008年到2014年增长速率比较稳定，2015年到2020年增长速率最快，2021年相对上年增长速度略微减慢；自2008年以来，发明专利许可数量在震荡中呈上升趋势，2016年至2020年期间发明专利许可数量低于2011年至2015年，在2021年发明专利许可数量达到最大值。发明专利转让和许可数据可以折射出分析对象在不同时期内的技术合作、转化、应用和推广的趋势，反映技术的运营和实施热度；可进一步了解分析对象在不同时段内技术转移与转化的方向和热度，预测技术的发展方向和未来的市场应用前景。

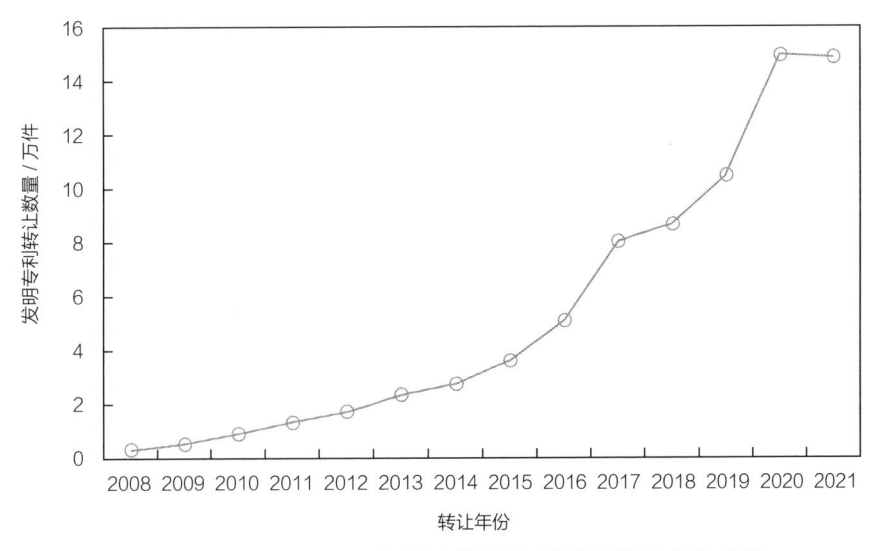

图 7-6　2008—2021 年国内发明专利转让数量变化趋势

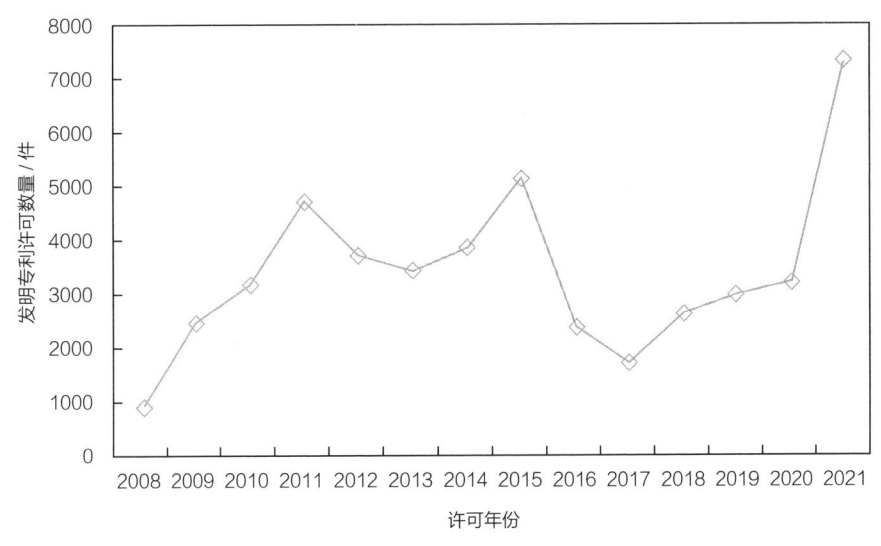

图 7-7　2008—2021 年国内发明专利许可数量变化趋势

2021年3月，财政部办公厅、国家知识产权局办公室发布《关于实施专利转化专项计划助力中小企业创新发展的通知》，决定实施专利转化专项计划，要求利用三年时间，实现专利转化运用的激励机制更加有效、供需对接更加顺畅、转化实施更加充分、工作体系更加完善，专利技术转移转化服务的便利性和可及性显著提高，高校院所创新资源惠及中小企业的渠道更加畅通，中小企业创新能力得到大幅度提升，有力支撑知识产权密集型产业创新发展。

7.2.5 第三方服务机构

专利技术的申请、转移与交易等过程一直伴随着第三方服务机构的参与。第三方服务机构主要为其他相关专利主体提供有偿服务，比如，专利申请委托服务、专利技术查新服务、专利信息交易服务和专利价值评估服务，等等。第三方服务机构既是专利技术转移与交易过程中的受益者，也是专利技术转移与交易的推动者，在专利技术转移与交易过程中扮演重要角色。一般地，主要参与专利技术转移与交易的第三方服务机构包括专利代理机构、技术查新机构、专利价值评估机构。

2021年年底，国家知识产权局发布了《2021年全国知识产权服务业统计调查报告》，报告显示近年来我国知识产权服务业稳步健康发展，知识产权服务机构和从业人员实现"双增长"，为提升知识产权创造、运用和保护能力提供了服务保障。调查显示，截至2020年底，我国知识产权服务机构达7.3万家，同比增长9.3%。其中，专利代理机构3253家，商标代理机构55572家，从事知识产权法律服务的律师事务所超过1万家，知识产权信息服务机构超过6200家，知识产权运营服务机构超过3200家。

（1）专利代理机构

专利代理机构是国家知识产权局批准设立，可以接受委托人的委托，在委托权限范围内以委托人的名义办理专利申请或其他专利事务的服务机构。专利代理机构主要业务是代理专利申请，同时也担任专利技术交易工作，实际上它是专利技术交易"门市部"；专利代理机构了解、熟悉所代理的专利技术，也了解专利申请人，可通过多种形式，发布专利信息，促进专利技术交易。所以，很多专利代理机构同时扮演了专利运营机构和专利信息服务机构的角色。

如图7-8所示为2008—2021年间的专利代理机构代理国内发明专利授权量，数据显示，以中国专利代理（香港）有限公司为代表的前10家专利代理机构发明专利授权量都超过4.5万件，其中前3名专利代理机构发明专利授权量甚至超过10万件；前10名专利代理机构也主要分布在北京、上海、香港等发达地区。专利代理机构的专利授权量排名体现了专利代理机构的业务承接能力和代理人的专业水平，对申请人甄选优秀专利代理机构提供重要参考。

代理机构名称	授权专利数量/件
北京康信知识产权代理有限责任公司	46457
中原信达知识产权代理有限责任公司	53477
北京三友知识产权代理有限公司	63381
上海专利商标事务所有限公司	65111
永新专利商标代理有限公司	65760
中科专利商标代理有限责任公司	79149
北京市柳沈律师事务所	92959
中国国际贸易促进委员会专利商标事务所	101767
北京集佳知识产权代理有限公司	106177
中国专利代理（香港）有限公司	141141

图7-8 2008—2021年专利代理机构代理国内发明专利授权量排名

（2）技术查新机构

技术查新机构指具有科技查新业务资质，根据委托人提供需要查证其新颖性的科学技术内容，按照科技查新规范操作，有偿提供科技查新服务的信息咨询机构。一般情况下，在项目立项前的风险评估中需要查新，技术的研究、开发、转化和技术转移过程中也需要查新。

（3）价值评估机构

技术转移与交易过程中往往会对专利进行评估定价，专利技术作为一种无形资产比较难以评估，虽然大部分的评估机构都能够进行无形资产价值评估，但是由于专利的专业性和复杂性，要求评估机构除了具备资产评估的基本专业能力，还需要具备专利相关的知识和经验。

7.2.6 专利审查协作中心

专利审查协作中心是国家知识产权局二级局专利局的直属事业单位，受国家知识产权局的委托，承担部分发明专利申请的实质审查、部分PCT国际申请的国际检索和国际初步审查等多项业务工作，并为企业提供专利申请和保护相关的技术和法律咨询服务。除了承担专利审查的主要任务，专利审查协作中心还在技术转移与交易过程中承担两项工作，一是为实用新型出具专利检索报告，二是为国内企事业单位提供涉及专利申请和保护的相关法律和技术咨询。目前国家知识产权局专利局专利审查协作中心在北京、天津、江苏、河南、广东、四川、湖北设有七个分中心。

7.2.7 知识产权法院

知识产权法院是在党的第十八届中央委员会第三次全体会议2013年11月12日通过的《中共中央关于全面深化改革若干重大问题的决定》中所提出的探索建立的审判机构，其原文内容为"加强知识产权运用和保护，健全技术创新激励机制，探索建立知识产权法院。"2014年8月31日，十二届全国人大常委会第十次会议表决通过了全国人大常委会关于在北京、上海、广州设立知识产权法院的决定。知识产权法院的建立为进一步深入实施国家知识产权战略，优化知识产权保护体系，妥善协调司法保护和行政执法的关系，发挥司法保护知识产权主导作用。

7.3 专利与技术转移的关系

科技是第一生产力，科技竞争主要体现在对知识产权的掌控方面。专利作为一种无形财产，不仅仅是发明人申请获得的一纸证书，也促进了技术的转移与交易，鼓励技术发明人科技创新，并将专利技术应用到生产实践，促进社会经济发展。

7.3.1 专利视角下的技术转移与交易阶段

一项专利技术的产生过程中主要包括三个阶段：发明专利申请前、发明专利申请中和发明专利申请后。如图7-9所示为发明专利在不同阶段发生转移与交易的主要特征，因每个阶段都有可能发生技术转移与交易，因此适用的法律保护手段和注意事项也各不相同[1]。

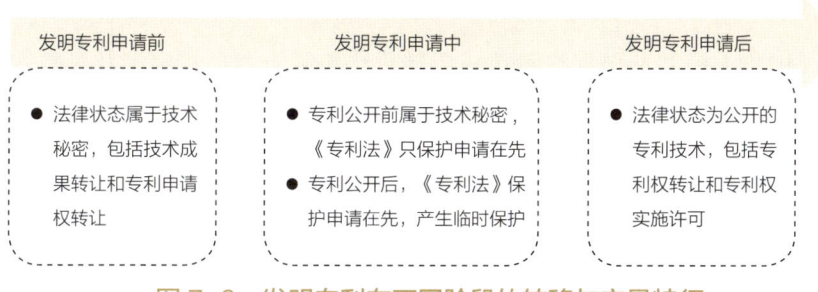

发明专利申请前	发明专利申请中	发明专利申请后
● 法律状态属于技术秘密，包括技术成果转让和专利申请权转让	● 专利公开前属于技术秘密，《专利法》只保护申请在先 ● 专利公开后，《专利法》保护申请在先，产生临时保护	● 法律状态为公开的专利技术，包括专利权转让和专利权实施许可

图7-9 发明专利在不同阶段的转移与交易特征

在技术成果研发完、专利申请前，技术成果的法律状态属于技术秘密，此阶段要进行技术转移有两种方式：第一是技术成果的转让，转让双方都负有保密义务，但转让方依旧可以就技术成果申请专利；第二是申请专利的权利的转让，双方签订技术秘密转让合同。

在技术成果的专利申请过程中发生技术转移与交易，发明专利区别于实用新型专利和外观设计专利。发明专利申请后公开前，此阶段的技术成果的法律状态属于技术秘密，《专利法》只保护申请人的"申请在先"权益，但对专利申请内容不做实质性保护。发明专利在公开后到专利授权前，《专利法》继续保护申请人的"申请在先"权益。同时，《专利法》规定专利申请人有权要求实施其发明技术的单位或者个人支付相应的费用，技术成果享有法律所赋予的"临时保护"的过渡性权益。而实用新型专利和外观设计专利没有公开阶段，其法律状态等同于技术秘密。

在专利授权后，专利权人的技术成果获得法律的全面保护，此阶段的技术转移与交易方式主要分为专利权的转让和专利权的实施许可。

因此，由于在不同专利申请阶段的技术成果的法律状态不一样，有必要在技术转移与交易过程中，采取分阶段或横跨多阶段订立技术转移与交易合同，以保证合同内容适用于多阶段专利技术的法律状态。

7.3.2　专利视角下的技术转移与交易模式

《中华人民共和国促进科技成果转化法》第十六条规定了几种技术转移的方式：科技成果持有者可以下列方式进行科技成果转化：①自行投资实施转化；②向他人转让该科技成果；③许可他人使用该科技成果；④以该科技成果作为合作条件，与他人共同实施转化；⑤以该科技成果作价投资，折算股份或者出资比例；⑥其他协商确定的方式。《国家知识产权战略纲要》第十二条还提到了其他的科技成果转化方式，其中包括知识产权的转让、许可、质押等。从专利技术实际应用角度出发，技术转移方式主要包括四类：自行实施、共同实施、转让他人实施和许可他人实施，其内涵和特点如表7-5所示。《2020年中国专利调查报告》[3]显示（表7-6），我国国内有效专利实施率达到57.8%。从专利权人类型看，企业的有效专利实施率相对较高，为62.7%；高校相对较低，为11.7%。从专利类型来看，有效外观设计专利实施率最高，达到65.0%；有效发明专利实施率相对较低，为50.7%。

表 7-5 四种专利技术转移方式的内涵和特点

方式	内涵	优点	缺点	举例
自行实施	专利权人直接将技术成果自我转化	独享技术成果，能获得更大利润	研发人员缺乏市场资源或能力，转化难度大	科研院所的研发成果通过科技园转化；企业的研发技术实现自我产业化
共同实施	专利权人以技术成果为条件，与他人合作转化	分担风险，节约成本，整合双方优势	容易技术泄密，出现侵权	公司与其他机构签订技术转移合同共同实施
转让实施	专利权人将技术所有权转让给他方	一次性买断，一次性获得商业收益	一般需要伴随技术人员转移，否则难以彻底实现技术产业化	高校老师将技术成果一次性卖给企业
许可实施	专利权人允许他人在约定范围内使用其专利	可以持续性获利	技术门槛高，短时间见效慢	华为允许其他通信公司有偿使用自身5G专利技术

表 7-6 不同专利权人有效专利实施率

单位：%

专利类型	企业	高校	科研单位	总体
有效发明专利	62.1	14.7	28.9	50.7

续表

专利类型	企业	高校	科研单位	总体
有效实用新型专利	61.9	8.2	32.0	58.7
有效外观设计专利	66.9	6.0	52.4	65.0
合计	62.7	11.7	30.0	57.8

7.3.3　专利在技术转移与交易中的作用

专利明确了技术成果的所有权以及利益如何分配机制，促进了技术研发人员的积极性，对技术转移与交易有着巨大的激励作用。专利在技术转移与交易中的作用具体表现在两个方面[1]。

一方面是调节技术转移与交易对边关系，平衡各方利益。技术成果的所有人和使用人出发点和动机各不相同，都希望技术权利和利润实现最大化。技术成果的所有人希望将技术成果充分利用，使技术成果无限转让、无限许可，从而创造更多的利益；而技术成果的使用人希望独占此技术，尽可能不让技术被模仿和复制，防止利益受损。技术成果的所有人和使用人存在明显的利益冲突关系，而专利制度以法律形态来规定和约束双方行为，调节技术转移过程中各方的关系，平衡各方的利益。

另一方面是促进技术转移，实现专利技术资本化。技术研发者通过申请专利来确立技术成果的归属，使其受法律保护，最终将技术成果产业化和资本化，实现其经济效益。只有将专利技术产业化和资本化，才能为技术转移与交易提供变为生产力的融资，才能更大可能实现专利技术成果的社会价值。

7.4 技术转移与交易中的专利有关问题及趋势

《2020年中国专利调查报告》[3]显示（图7-10），2015年至2017年，有效发明专利产业化率整体稳定，2018年下降至32.3%；2019年至2020年有效专利产业化率持续回升，2020年有效专利产业化率为34.7%，较上年增长1.8个百分点，但远低于同期日本发明专利47.6%的产业化率。

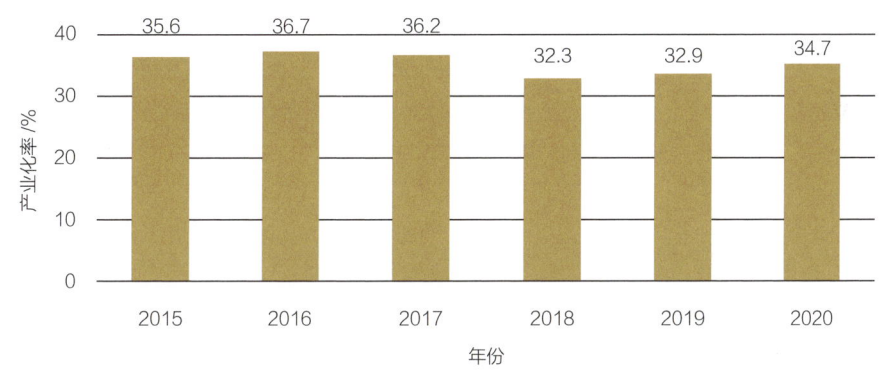

图 7-10　2015—2020 年有效发明专利产业化率

如图7-11所示，从专利权人角度看，2015—2020年企业产业化率保持在43.8%~50.4%，科研单位产业化率保持在9.1%~14.1%，高校产业化率保持在2.2%~5.1%，企业相对较高，科研单位次之，高校最低。

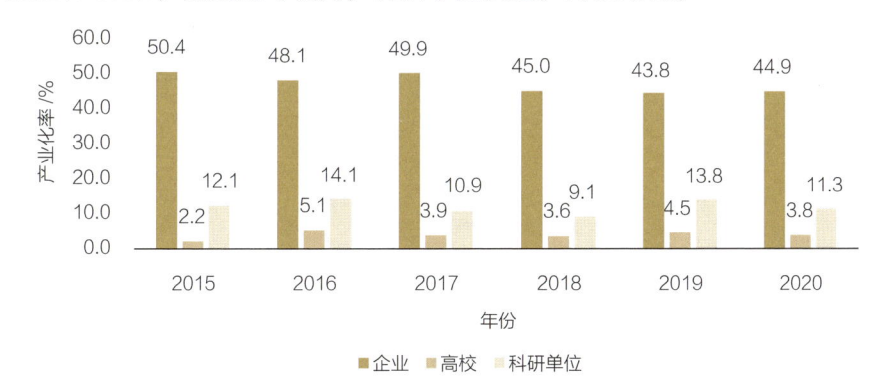

图 7-11　2015—2020 年有效发明专利产业化率

如图7-12和图7-13所示，2015年至2017年，有效发明专利转让率持续上升至5.7%，2018年降至近五年内最低，为3.8%，2019年至2020年持续回升，2020年为6.2%，较上年回升1.8个百分点。从专利权人角度看，2015—2020年企业转让率保持在4.5%~6.7%，科研单位转让率保持在1.9%~6.6%，高校转让率保持在1.8%~4.6%，三者的转让率整体偏低。

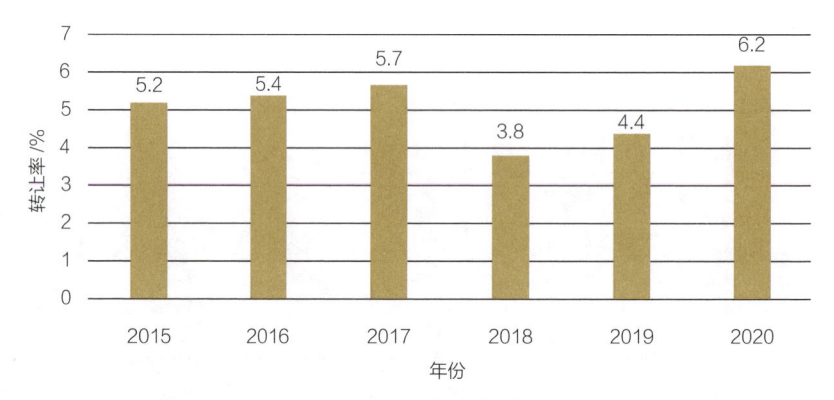

图 7-12 2015—2020 年有效发明专利转让率

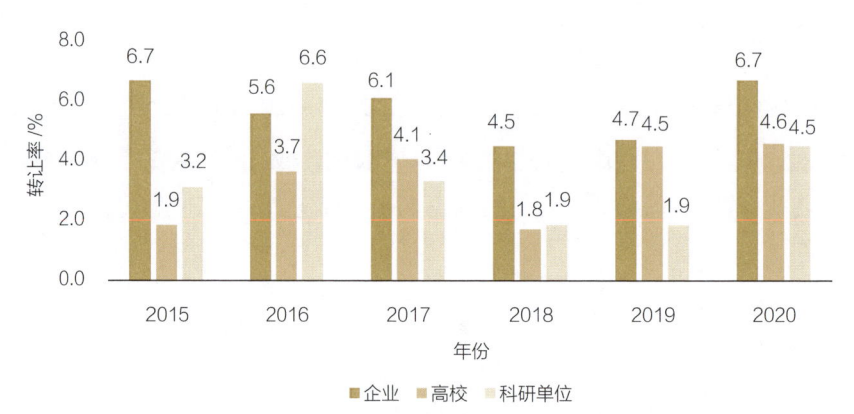

图 7-13 2015—2020 年不同专利权人有效发明专利转让率

综上，我国专利技术产业化率和转让率整体偏低，尤其是在创新力较强、技术成果聚集的高校和科研院所体现得更为明显，因此提高专利技术转移与交易数量、扩大专利技术产业化、实现专利应用价值变得十分迫切。而专利技术转移与交易本身是一个较复杂的动态变化过程，涉及多个多边主体，从技术研发到成为技术成果，再到生产成产品，最终实现商业化，每个环节对专利技术的应用都有重要影响。因此，本节对专利技术转化与交易中的质量、融资、信息和侵权四个方面内容进行探讨，剖析其中存在的问题并指出其发展趋势。

7.4.1 专利技术质量方面

7.4.1.1 专利技术质量分析

近年来，我国专利申请量与授权量持续上升，但专利技术质量整体上落后于美日等发达国家。2021年，世界五大知识产权局（欧洲专利局、日本特许厅、韩国特许厅、中国国家知识产权局、美国专利商标局）在五局合作网站上联合公布了《2020年五局统计报告》[2]。如图7-14所示，2020年向五局提交的专利申请共计2789815件，相比2019年2730590件申请增长2%；中国国家知识产权局和韩国特许厅的专利申请分别增长了0.7%和4%，但欧洲专利局、日本特许厅以及美国专利商标局的专利申请量分别减少了0.1%、6%、4%。从平均每件专利申请包含的权利要求项数量看，在2020年，在欧洲专利局提交的一件申请包含15.1项权利要求（2019年为15项），在日本特许厅提交的一件申请包含11.4项权利要求（2019年为11.0项），在韩国特许厅提交的一件申请包含 11.2项权利要求（2019年为11.1项），在中国国家知识产权局提交的一件申请包含9.7项权利要求（2019 年为9.5项），而在美国专利商标局提交的一件申请包含17.8项权利要求（2019年为17.8项）。

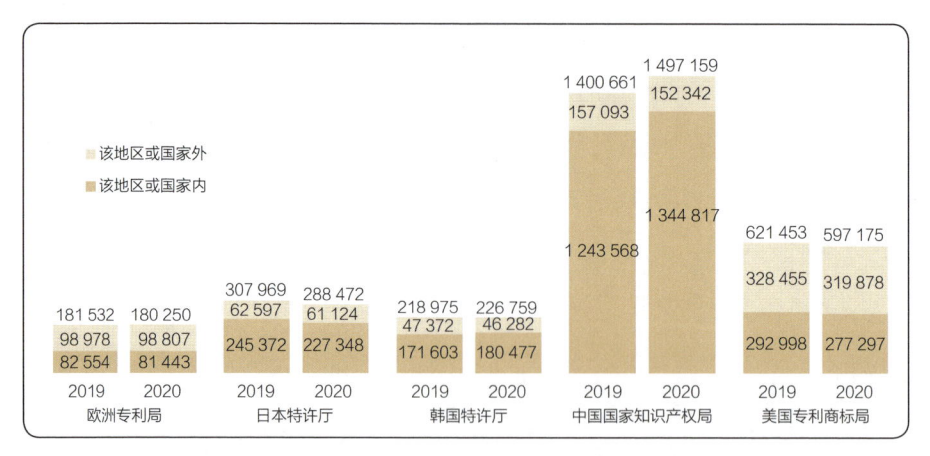

图 7-14　2019 年和 2020 年五局申请专利数量

如图7-15所示，2020年五局授权专利共1329984件，比 2019 年增加79935件，同比增长6%；其中，韩国特许厅增长7%，中国国家知识产权局增长17%，欧洲专利局、日本特许厅和美国专利商标局授权专利的数量略微减少。

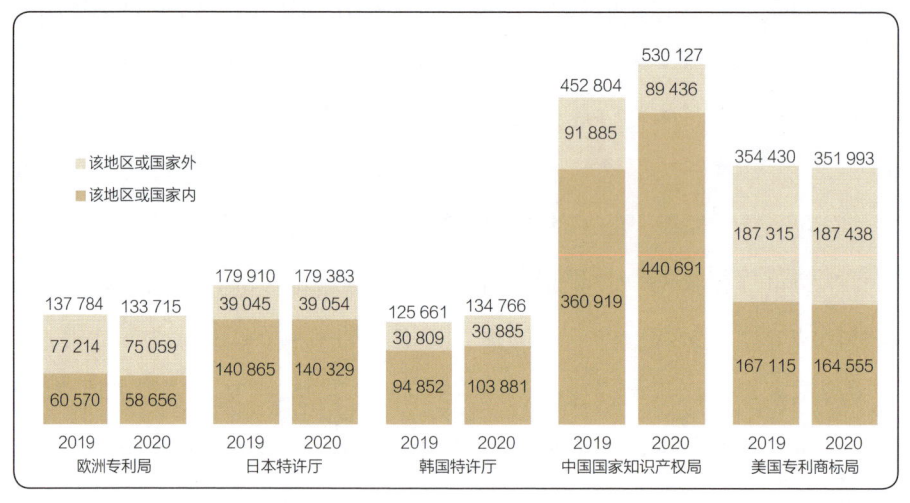

图 7-15　2019 年和 2020 年五局授权专利数量

如图7-16所示，在美国专利商标局，44%的授权专利维持年限达到 20 年。相比之下，日本特许厅的这一比例为32%，中国国家知识产权局为 27%，欧洲专利局为 18%，而韩国特许厅为 15%。日本特许厅和美国专利商标局的授权专利中有50%以上维持年限为16年,相比之下,中国国家知识产权局为14年,欧洲专利局为11年,韩国特许厅为13年。

图 7-16 五局授权专利自申请日的维持情况

数据表明,我国专利技术申请量与授权量持续上升,授权数量同比有较明显提升,但每件专利包含的权利要求数量远低于其他局;专利维持年限也落后于美国和日本,整体专利质量有待进一步提升。

7.4.1.2 影响专利技术质量的因素

影响专利技术质量的因素是多方面的。除专利申请者的自身因素之外,有三个因素对专利质量的影响较大。

第一是专利激励制度。多年来,我国很多专利申请与课题结题、个人职称、项目申报与评奖、高新技术企业认定等挂钩,导致专利申请出现"重数量轻质量"现象。例如,很多纵向和横向课题或基金在立项时要考虑专利因素,结题时甚至明确要求项目组完成若干项专利申请。而且,在很多科技奖励评定中,专利技术也是一项比较重要的参考指标。对企业而言,想获得各类荣誉资质、政府优惠政策以及资金扶持等,也离不开专利支持。比如,高新技术企业项目认定,明确要求知识产权数量,诸多企业为了获得高新技术企业资质，在自身缺乏研发创新能力条件下，依然委托专业机构编写了不少非正常专利。

第二是专利审查人员队伍。伴随我国知识产权战略逐步推进，专利申请数量的提升，专利审查人员出现短缺的情况；并且，审查人员整体年轻化，很多审查人员从高校毕业直接进入工作，缺乏实操经验。而科技发展日新月异，前沿技术迭代不断，熟悉科技前沿的高水平审查人员数量不足，一定程度上也影响审查质量和效率。

第三是知识产权服务问题。截至2020年底，我国知识产权服务机构达7.3万家，各机构服务质量和专业度参差不齐，导致不少专利因知识产权机构服务质量问题被驳回、权利要求范围被缩小甚至授权后失效。《2020年中国专利调查报告》显示[3]，专利权人对知识产权服务质量评价中，知识产权代理服务评价为"高"或"非常高"的比例分别为51.6%和15.5%，合计只有67.1%，知识产权代理服务还有进一步提高的必要性。

7.4.1.3 专利技术质量的发展趋势

我国专利技术质量发展呈现四个方面趋势：

（1）高质量专利越来越显得重要

习近平总书记指出："创新是引领发展的第一动力，保护知识产权就是保护创新。"放眼世界，拥有知识产权的数量和质量，是衡量一个国家或地区科技创新能力和经济竞争力的重要指标。世界知识产权组织发布的《2021年全球创新指数报告》显示，中国从2013年的第35位升至2021年的第12位，已成为名副其实的知识产权大国。2021年，中共中央国务院印发《知识产权强国建设纲要（2021—2035年）》，国务院印发《"十四五"国家知识产权保护和运用规划》，对中国知识产权事业未来发展做出重大顶层设计,统筹推进知识产权强国建设。

（2）专利申请奖励制度不断得到优化

2022年1月，国家知识产权局印发《关于持续严格规范专利申请行为的通知》，提出逐步减少对专利授权的各类财政性资助，每年至少减少25个百分点，直至在2025年以前全部取消。措施将进一步消除评价指标和专利资助政策带来的不利影响，更加强调高质量发展，纠正片面追求数量的倾向。在企业申请荣誉资质时，也更关注其专利技术的转化与转移，重点考量专利技术实现的经济效益和价值，不再单看专利数量。在高校和科研院所中，也逐渐取消单纯专利数量考核指标，看重专利技术转移与成果转化率。

（3）专利审查人员队伍不断发展壮大

为提高专利审查质量和效率，专利审查协作中心开始加强对专利审查人员的入职培训，加大对审查人员特别是新审查员处理的专利案子的质量抽检，不断提高审查人员业务能力和法律素养。同时，根据每年专利申请数量和专业类别的增加，开始重点招录具有相关专业背景和有一定工作经验的专利审查人员。专利审查员队伍质量不断提升，不断发展壮大。

（4）知识产权机构准入和管理更趋严格

2019年，国家知识产权局启动了为期两年的专利代理行业"蓝天"专项整治行动，对专利代理行业违法违规行为开展集中整治。2022年，国家知识产权局为持续保持严厉打击知识产权违法违规代理行为的高压势态，确保专项整治劲头不松、措施不软、势头不减，有效维护行业秩序，有力促进知识产权服务业健康发展，印发了《关于持续深化知识产权代理行业"蓝天"专项整治行动的通知》，将代理非正常专利申请、恶意商标申请、无资质专利代理、伪造变造公文、以不正当手段招揽业务等五类违法代理行为作为重点整治内容。将来，知识产权机构准入门槛将不断提高，新注册机构不仅要求具备一定数量的执业专利代理师，同时对知识产权机构代理的专利案子授权率和质量等方面进行考核，甚至划定知识产权行业的"三道红线"。一系列严厉政策和措施将促进知识产权机构加强对专利代理师的培训和抽检,有利于打造一支专业素质过硬,职业操守优良的专利代理师队伍。

7.4.2 专利技术融资方面

7.4.2.1 专利技术融资分析

2021年知识产权相关工作统计数据表明,全国专利商标质押融资金额达到3098亿元,融资项目达1.7万项,惠及企业1.5万家,同比增长均为42%左右。其中1000万元以下的普惠性贷款惠及企业1.1万家,占惠企总数的71.8%,专利权质押融资环境得到进一步改善。

专利权质押融资是提高专利转化实施率的重要路径之一。我国各省市地区政府大都出台了专利权质押融资政策,其中北京、上海、佛山等地的专利权质押融资模式具有代表性,可为其他地区提供一定参考。北京专利权质押融资模式由市场主导,由政府引导、贴息支持专利权质押融资。金融机构直接接受中小企业专利权为担保标的,发放款项,风险由金融机构、担保公司、评估公司、律师事务所分担。政府以政策的方式促成专利权质押融资,承担风险较小。但中小科技型企业在参与专利权质押融资时需要负担支付利息、评估费用、律师费用等多种款项。上海专利权质押融资模式由政府主导,构建生产力促进中心,承担了担保、评估、登记的职能。简化了专利权质押融资的流程,企业仅需与生产力促进中心、银行沟通,政府的介入降低了融资过程中的各类风险。如果企业无法清偿债务,政府作为担保人需向金融机构清偿债务,增加了政府财政压力。佛山南海区专利权质押融资模式中,政府主要承担贷前调查、政策优惠、信息交换的职能。企业申请贷款需通过贷前调查和融资贴息预审;企业获得融资贷款后,需在官方数据库中录入企业经营信息和融资项目信息。这一模式能够通过贷前调查和建立数据库的方式避免信息不对称问题，便于风险防控，但同时增加了程序上的复杂程度，增加了企业的负担和政府行政资源上的压力。上述三种专利权质押融资模式体现了政府不同程度介入专利权质押融资的特点，各具优势及劣势。因此，我国其他地区政府在制定专利权质押融资政策时，政府的介入程度应适应本地专利权质押融资市场的成熟程度。[4]

专利技术的融资不仅表现为专利授权后的专利权质押，而从技术研发阶段开始，到技术成果的产业化各阶段，都需要资金的投入和支持，特别是小微企业在技术研发阶段难以融资。因此，如何进一步激发技术转移主体的积极性，如何提供快捷、方便、安全的专利融资渠道和环境，是迫切需要解决的问题。

7.4.2.2 影响专利技术融资因素

影响专利技术融资的因素主要有两个方面：

（1）专利融资制度

于2021年起施行的《中华人民共和国民法典》中有关于专利权质押的条文仅停留在肯定专利权上可以设立质权，对于专利权质押融资的标的及如何操作并未作具体的规定。国家知识产权局出台的《专利权质押登记办法》主要规定了专利权质押登记的相关事项，也未对科技型中小企业如何通过质押专利权获得融资作规定。因此，专利权质押融资制度在具体运作上缺少相关法律法规的支撑，导致专利融资实施一定程度上受到阻碍。

（2）专利估值方法

如何给专利技术定价估值，如何平衡专利发明创造人和投资人、企业之间的利益非常重要。对于专利技术权利人来讲，当然是专利技术价值越高越好，想通过专利技术转移与交易获得最大利益回报；对于投资人、企业来讲，要优先考虑专利技术实施和产业化过程中的各种问题和困难，两种不同的期待会产生价格预期的不统一，难以精准确定技术交易中专利技术的价值。我国缺少有效的专利价值评估机制，导致了技术交易双方难以在专利技术价格上达成一致，阻碍了技术交易的发展，不利于专利技术的转移和转化。

7.4.2.3 专利技术融资的发展趋势

加强知识产权金融服务是贯彻落实党中央国务院关于加强知识产权运用和保护战略部署的积极举措，是知识产权工作服务经济社会创新发展、支撑创新型国家建设的重要手段。而我国专利技术融资呈现三个方面趋势：

（1）政府多方式促进专利融资

除了前面提到的诸如北京、上海、佛山等地方政府引导或参与的专利权质押融资，在其他各地大都出台了相关政策。如聊城中小微企业以专利权出质、固定资产抵押等组合担保方式，获得金融机构贷款并办理知识产权质押登记手续，按期还清本息的贷款，可以享受省市两级财政贴息补助政策。省级层面，省财政按照贷款合同签订日上月一年期贷款市场报价利率的60%，给予最高50万元的贴息，同时对企业因获得质押贷款而产生的专利评估、价值分析等相关费用，按照确认发生额的50%，给予最高5万元的补助。

（2）专利评估法律制度逐渐优化

国务院办公厅关于《完善科技成果评价机制的指导意见》（国办发〔2021〕26号）中提出要"坚持科学分类、多维度评价"的基本原则，加快构建政府、社会组织、企业、投融资机构等共同参与的多元评价体系，调动各主体的积极性。

目前关于专利价值进行评估的方法包括成本法、收益法、市场法以及基于实物期权的资产价值评估方法。专利价值评估涵盖专利的所有权状态、保护范围、有效期限、稳定程度、同族专利、专利侵权成本等更多维度，将有利于完善专利价值评估机制，促进专利技术的转移与转化。

（3）知识产权网络交易市场逐渐完善

由国家发展改革委、国家知识产权局、中国银保监会指导的，国家公共信用信息中心牵头的全国知识产权质押信息公共服务平台已上线，提供了金融产品、政策法规和典型案例以及知识产权质押等信息查询。另外，知识产权服务机构作为专利技术转移关系中的重要主体，连接了专利技术的需求方和供给方，相信也会有更多知识产权机构牵头搭建知识产权质押融资和预警平台，提供知识产权质押融资的法律咨询，公布专利技术信息，针对不同的质押标的提供不同的服务，促进专利质押融资活动，为企业、科研院所、政府等多边主体提供交流与互动机会，结合线下交易和线上交易，共同加速技术转移和交易的步伐。

7.4.3 专利技术交易信息方面

7.4.3.1 影响专利技术交易信息因素

我国专利技术转移与交易整体比率低于美日等发达国家，重要原因之一在于专利技术交易信息出现问题，主要表现为技术信息资源分享不及时、不透明，知识产权中介服务机构不健全。影响专利技术交易信息主要有两个因素：

一是技术主体关系。技术转移多边主体中，企业是最活跃的市场之源，高校与科研院所是技术成果的科研之源，政府是技术成果的激励之源。而高校和科研院所与市场接轨较少，融资与转移渠道狭窄，更多是迎合政府课题研究需要；小微企业技术创造能力较弱，难以取得较大创新性成果。因此出现了技术主体脱节现象，政府重投资，轻收益；高校和科研院所侧重研发，弱化技术成果的产业化；而企业只在意技术成果的产业化，对技术成果的投资和研发缺少参与，容易造成技术成果转化率偏低。

二是知识产权服务机构。知识产权中介服务机构对技术转移有重要促进作用，但我国知识产权中介服务机构起步晚、发展慢、质量良莠不齐，职务分工不明确、体系不完善，缺乏从事技术评价、代理、融资及市场调查等方面专业机构。目前我国只有在《中华人民共和国促进科技成果转化法》和《促进科技成果转化条例》里对知识产权服务机构作出笼统的规定，并没有专门为知识产权服务机构制定的法律法规，对于知识产权服务机构的法律地位、权利和义务等没有作出详细的规定，导致技术转移过程中缺乏法律依据，容易造成纠纷。

7.4.3.2　专利技术交易信息的发展趋势

我国专利技术交易信息发展呈现三大趋势：

（1）专利技术交易对传统知识产权机构要求越来越高

专利技术交易涉及专业技术评估、法律咨询、金融财会等多方面知识体系，要求相关服务机构规范化和专业化，目前对于知识产权中介服务机构缺乏具体的法律规范。未来也许会有相关《知识产权中介服务机构管理规定》出台，对其各个方面进行全面的引导和规制，立法可以参照其他行业法规，如《城市房地产中介服务管理规定》。相关规定可包括知识产权中介服务机构的宗旨与总则；中介服务人员的资格认定、考试办法、等级评定；知识产权中介服务机构的设立和登记、审批程序及权利义务；若知识产权中介服务机构违反规定，监管部门对其的处罚，等等。

（2）专利技术交易对知识产权服务人员要求越来越高

知识产权中介服务人员在促进技术转移的过程中担任重要角色，知识产权中介服务人员的准入门槛也逐步提高，部分岗位要求执证上岗。中介服务人员不仅要对专利技术有一定了解，还要对专利技术交易过程中涉及的相关法律和金融风险有一定认知和防范意识。同时，在高校、研究院等科研成果集中地，也需要配置相应知识储备的知识产权中介服务人员。

（3）线上技术交易平台越来越成熟和普遍

传统知识产权服务机构因处于专利技术供给方和专利技术需求方中间，

了解双方需求，会匹配双方和尽力促成专利技术的交易，但这种方式区域性特点较强，范围限制较大，难以规模化复制和运营。经过不断地发展与探索，除了线下实体技术交易平台稳步发展，一批基于互联网的线上技术交易平台和信息平台也开始在全国各地涌现。而且很多线上技术交易平台由地方政府主导或牵头搭建，有非常强的公信力和资源整合能力，将会进一步大大提高专利技术交易信息的公开化和透明化，促进专利技术成果的转化。

7.4.4 专利技术侵权方面

7.4.4.1 专利技术侵权分析

《2020年中国专利调查报告》显示，10.8%的专利权人表示遭遇过专利侵权，该比例较2019年下降2.5%。2020年企业、高校及科研单位专利权人表示遭遇过专利侵权的比例分别为11.0%、1.6%和5.4%，比例较2019均有所下降，分别下降1.8、1.0和1.1个百分点。如图7-17所示，专利权人在遭遇侵权后采取的维权措施中，选择"自行与侵权方协商解决""发出要求停止侵权的律师函"和"向法院提起诉讼"的比例较高，分别为34.4%、33.2%和26.4%。

维权措施	比例(%)
自行与侵权方协商解决	34.4
发出要求停止侵权的律师函	33.2
向法院提起诉讼	26.4
请求行政处理	18.7
通过仲裁、调解方式解决	16.4
向法院提请诉前责令停止侵权行为	13.1
其他	3.6
没有采取任何措施	26.0

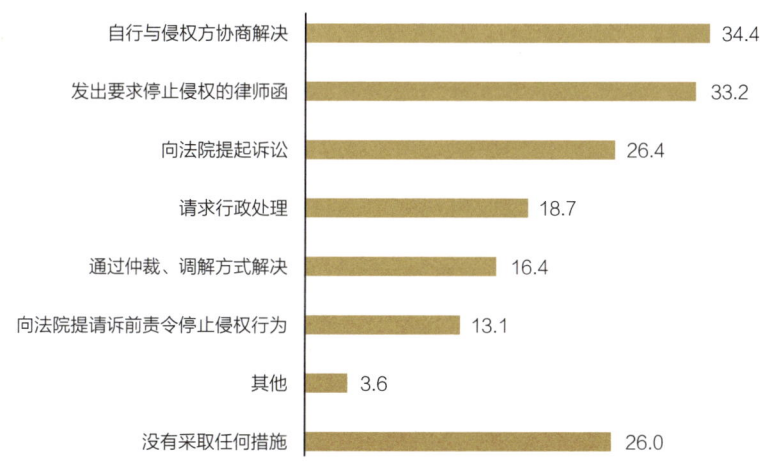

图7-17 专利权人采取的维权措施情况（单位：%）

如表7-7所示，从专利权人类型看，企业选择"向法院提起诉讼""发出要求停止侵权的律师函"和"向法院提请诉前责令停止侵权行为"的比例明显高于高校及科研单位，分别为26.6%、33.5%和13.2%。高校及科研单位选择"自行与侵权方协商解决"的比例明显高于企业，分别为75.5%和75.4%。

表 7-7 不同专利权人采取的维权措施

单位：%

维权措施	企业	高校	科研单位	总体
请求行政处理	18.7	14.5	21.5	18.7
向法院提起诉讼	26.6	15.4	5.0	26.4
发出要求停止侵权的律师函	33.5	15.4	4.5	33.2
自行与侵权方协商解决	34.0	75.5	75.4	34.4
通过仲裁、调解方式解决	16.4	13.6	17.1	16.4
向法院提请诉前责令停止侵权行为	13.2	2.7	1.6	13.1
没有采取任何措施	26.1	5.4	20.2	26.0
其他	3.6	0.0	0.0	3.6
合计	172.1	142.6	145.2	171.8

注：此表来源于国家知识产权局《2020年中国专利调查报告》表100。本表为多选题，百分比相加之和超过100%。本表因小数取舍而产生的误差均未作配平处理。

如图7-18所示为专利侵权诉讼案件法院判定赔偿、诉讼调解或者庭审和解金额分布情况，2020年涉及专利侵权诉讼案件的专利权人中，选择案件法院判定赔偿、诉讼调解或庭审和解金额在10万元以下的专利权人占比为25.7%，较上年下降2.1个百分点；选择案件法院判定赔偿、诉讼调解或庭审和解金额在100万元及以上的专利权人占比合计为7.3%，较上年上升1.3个百分点。

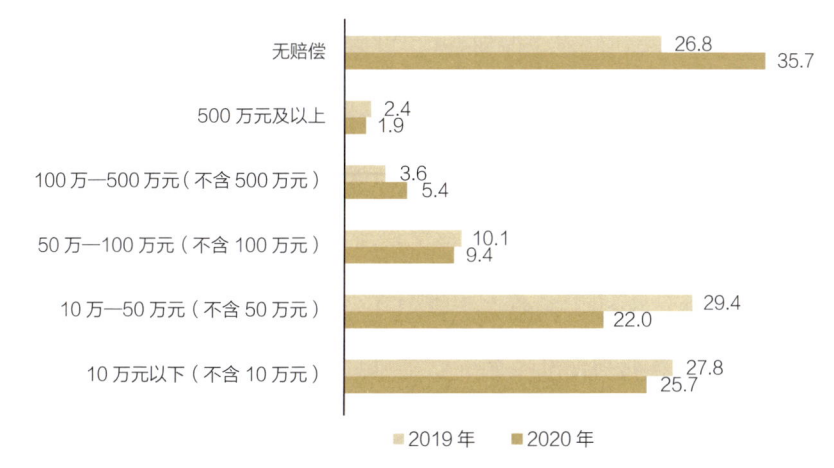

区间	2019年	2020年
无赔偿	26.8	35.7
500万元及以上	2.4	1.9
100万—500万元（不含500万元）	3.6	5.4
50万—100万元（不含100万元）	10.1	9.4
10万—50万元（不含50万元）	29.4	22.0
10万元以下（不含10万元）	27.8	25.7

图 7-18 专利侵权诉讼案件法院判定赔偿、诉讼调解或者庭审和解金额分布（单位：%）

综上所述，2020年超过10%专利权人遭遇过专利侵权，占比较大；在侵权后，未采取任何维权措施的比例达到26%，高校及科研单位少有通过诉讼或行政处理方式解决侵权纠纷；而且规模越小的企业，在遭遇侵权后不采取任何措施的比例越高，根据国家知识产权局发布的《2020年中国专利调查报告》34.3%的微型企业在遭遇专利侵权后没有采取任何维权措施；侵权金额在100万元以上的案件仅有7.3%。

7.4.4.2 影响专利技术侵权的因素

出现上述侵权现象的核心原因在于侵权成本小，诉讼成本高，维权周期长，主要有两个方面影响因素存在。

（1）专利侵权赔偿机制不完善

根据《中华人民共和国专利法释义》第65条，权利人的损失、侵权人获得的利益和专利许可使用费均难以确定的，人民法院可以根据专利权的类型、侵权行为的性质和情节等因素，确定给予一万元以上一百万元以下的赔偿。本条确立无法明确计算损失数额的专利侵权案件的赔偿上限为一百万元。实际上，许多专利经济价值越来越高，甚至超千万上亿，一百万元的数额远低于受害人因被侵权带来的损失，不能很好地阻止专利侵权行为。

（2）知识产权司法审判机制不完善

我国缺乏独立的知识产权法院，知识产权案件的数量逐年增多，出现案多人少的矛盾。知识产权相关案件的审判水平与区域性关联大，发达地区的审判水平远远高于欠发达地区。而且，知识产权案件不同于一般民事案件，具有较强技术性，需要有丰富司法经验且懂技术的法官进行审理，否则容易造成各地裁判标准不统一。另外，知识产权案件往往涉及行政程序的审批、审查，使得当事人既走民事程序，又要走行政程序，容易造成民事程序、行政程序混淆不清。

7.4.4.3　专利技术侵权的治理趋势

如何进一步强化知识产权保护措施，预防和解决专利技术侵权存在的问题，《2020年中国专利调查报告》给出了解决方向和趋势，专利权人认为强化知识产权保护措施的优先级别排序较高的为"加大侵权假冒行为惩戒力度""着力解决权利人举证难问题""推动简易案件和纠纷快速处理"和"规范司法、行政执法、仲裁、调解等不同渠道的证据标准"，认为优先级别"高"或"非常高"的合计比例依次为83.9%、79.4%、79.1%和78.4%，如表7-8所示。

表 7-8　专利权人认为强化知识产权保护措施的优先级别

单位：%

保护措施	非常高	高	一般	低	非常低	合计（约数）
加大侵权假冒行为惩戒力度	48.6	35.3	15.2	0.6	0.3	100.0
着力解决权利人举证难问题	39.2	40.2	19.7	0.7	0.3	100.0

续表

保护措施	非常高	高	一般	低	非常低	合计（约数）
规范司法、行政执法、仲裁、调解不同渠道的证据标准	36.8	41.6	20.8	0.5	0.3	100.0
完善新业态新领域保护制度	35.6	42.2	21.3	0.7	0.1	100.0
优化授权确权维权衔接程序	34.4	42.1	22.5	0.8	0.2	100.0
加强跨部门跨区域办案协作	35.1	41.5	22.2	1.0	0.2	100.0
加强知识产权纠纷多元化解平台建设	35.6	41.1	22.0	1.0	0.3	100.0
推动简易案件和纠纷快速处理	38.5	40.6	20.0	0.7	0.2	100.0

从不同专利权人来看，企业专利权人认为强化知识产权保护措施优先级别排序最高的三项为"加大侵权假冒行为惩戒力度""着力解决权利人举证难问题"和"推动简易案件和纠纷快速处理"，认为优先级别"高"或"非常高"的合计比例依次为83.8%、79.4%和79.1%。高校专利权人认为强化知识产权保护措施优先级别排序最高的三项为"完善新业态新领域保护制度""加大侵权假冒行为惩戒力度"和"优化授权确权维权衔接程序"，认为优先级别"高"或"非常高"的合计比例依次为86.2%、84.8%和84.0%。科研单位专利权人认为强化知识产权保护措施优先级别排序最高的三项也为"加大侵权假冒行为惩戒力度""着力解决权利人举证难问题"和"推动简易案件和纠纷快速处理"，认为优先级别"高"或"非常高"的合计比例依次为85.2%、80.7%和80.2%。同时，专利权人建议设立国家层面的知识产权法院，有利于实现司法统一，弥补各地方知识产权司法审判中的差异，从而提高审判效率。

7.5 小结

本章辨析了有关知识产权的基本概念，从专利类技术视角出发，梳理了专利类技术转移与交易中的多边主体之间关系与作用，分析了专利视角下的技术转移与交易阶段、交易模式和专利在技术转移与交易中的作用。最后，从专利技术质量、专利技术融资、专利技术交易信息和专利技术侵权四个方面，讨论了在专利技术转移与交易中存在的问题、影响因素和发展趋势。

通过对知识产权基本概念解析，对比分析了发明专利、实用新型专利和外观专利的基本概念、保护客体和保护年限等特点；对文字作品，口述作品，音乐、戏剧、曲艺、舞蹈、杂技艺术作品，美术作品，建筑作品，摄影作品，电影作品和以类似摄制电影的方法创作的作品，工程设计图、产品设计图、地图、示意图等图形作品，模型作品，计算机软件等版权作品的保护类型、保护年限和保护内容进行了总结；对文字商标、图形商标、组合商标以及颜色与声音等其他商标特点进行了解释和举例说明；并对商业秘密的非公开性、非排他性、利益相关和期限保护特点进行了解释说明。

本章梳理了专利类技术转移与交易中的多边参与主体及关系，对专利发明人、申请人、专利权人、受让方与被许可人、第三方服务机构、专利审查写作中心和知识产权法院等主体特点，以及在技术转移与交易中扮演的角色进行了说明，并通过发明专利数据对部分主体关系和作用进行了剖析。结果表明，企业发明专利授权量占国内职务发明专利总量的66.1%，且逐年保持稳定增长，其发明专利授权量和平均增速高于大专院校和科研单位，是技术创新和研发的主力军，也是技术应用的主阵地。企业对于专利技术的转化和应用程度最大，应该加强其他专利权人特别是大专院校专利技术的转移与交易，提高专利技术的使用价值。专利转让和许可数据可以折射出分析对象在不同时期内的技术合作、转化、应用和推广的趋势，反映技术的运营和实施热度；可进一步了解分析对象在不同时段内技术转移与转化的方向和热度，预测技术的发展方向和未来的市场应用前景。

专利明确了技术成果的所有权以及利益如何分配机制，促进了技术研发人员的积极性，对技术转移与交易有着巨大的激励作用。分析专利与技术转移关系发现，专利技术转移与交易可能发生在专利申请前、专利申请中和专利授权后的三个不同阶段。由于在不同专利申请阶段的技术成果法律状态不一样，有必要在技术转移与交易过程中，采取分阶段或横跨多阶段订立技术转移与交易合同，以保证合同内容适用于多阶段专利技术的法律状态。

我国有效发明专利产业化率和转化率相对美、日等发达国家还有一定差距，尤其是在创新力较强、技术成果聚集的高校和科研院所差距更为明显，因此如何提高专利技术转移与交易数量、扩大专利技术产业化、实现专利应用价值变得十分迫切。在专利技术质量方面，通过对2021年世界五大知识产权局（欧洲专利局、日本特许厅、韩国特许厅、中国国家知识产权局、美国专利商标局）的专利申请量、授权量和专利维持年限分析发现，我国专利技术申请量与授权量持续上升，授权数量同比有较明显改善，但每件专利包含的权利要求数量远低于其他局；专利维持年限也落后于美国和日本，整体专利质量有待进一步提升。在专利技术融资方面，发现专利融资制度和专利估值方法是专利技术融资实施的关键因素，我国各省市地区政府大都出台了专利权质押融资政策，其中北京、上海、佛山等地的专利权质押融资模式具有代表性，专利技术融资环境得到进一步改善。在专利技术侵权方面，《2020年中国专利调查报告》给出了专利技术侵权解决方向，认为强化知识产权保护措施的优先级别排序较高的分别为"加大侵权假冒行为惩戒力度""着力解决权利人举证难问题""推动简易案件和纠纷快速处理"和"规范司法、行政执法、仲裁、调解等不同渠道的证据标准"。

本章参考文献

[1] 纪雪. 技术转移中的知识产权法律问题研究 [D]. 青岛：中国海洋大学，2015.

[2] The IP5 Offices. IP5 Statistics Report 2020 Edition [EB/OL]. （2021-12-01）[2022-04-28]. https://www.fiveipoffices.org.

[3] 国家知识产权局. 2020年中国专利调查报告 [EB/OL]. （2021-04-28）[2022-04-28]. https://www.cnipa.gov.cn/.

[4] 王屹炜. 我国专利权质押融资模式的困境及出路 [J]. 经济研究导刊，2021, (28)：76-78.

8
技术转移与技术交易相关法律法规及政策分析

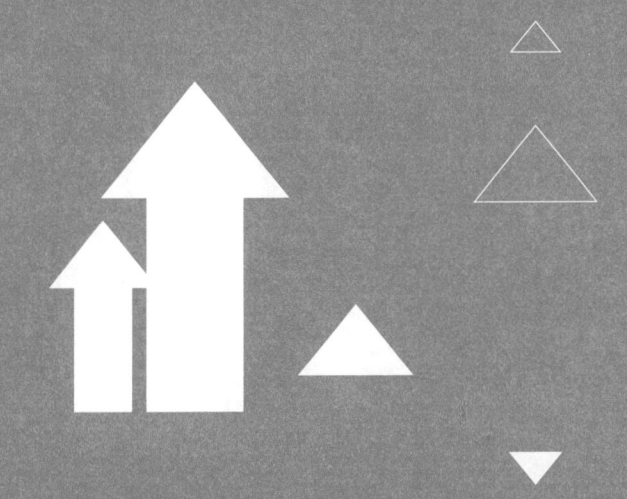

技术转移和技术交易是一个涉及领域广泛、环节较多、关系复杂的系列化活动，既要遵循科技发展规律，又要符合社会主义市场体制的要求。自改革开放以来，我国技术转移与技术交易相关法律法规和政策不断完善，有力推动了我国科技与经济的紧密结合。

本章从多边平台的视角出发，分别对我国近年来国家和地方层面部分有关技术转移与科技成果转化的法律法规及政策进行梳理，分析当前法律法规及政策的主要内容及侧重点，并按照高校类别对我国部分高校科技成果转化政策有关收益分配、技术转移队伍建设以及资金保障三方面的内容进行梳理归纳。

8.1 国家层面的相关法律法规及政策分析

改革开放以来，特别是党的十八大以来，我国修订、出台了一系列促进技术转移与技术交易的法律法规、政策措施和行动方案，初步形成了具有中国特色的技术转移与技术交易政策法规体系。

1980年国务院发布的《关于开展与保护社会主义竞争的暂行规定》，第一次以法律的形式确认了技术转移的合法性[1]。1987年，我国颁布并实施了《中华人民共和国技术合同法》，正式将保障技术合同当事人的合法权益作为一部独立法律。1996年颁布的《中华人民共和国促进科技成果转化法》确立了科技成果转化的管理制度、实施方式、激励机制，形成了基本完整的促进科技成果转化制度框架。2006年1月，我国首次明确提出建设创新型国家战略并发布《国家中长期科学和技术发展规划纲要（2006—2020）》，强调促进企业之间、企业与高校和科研院所之间的知识流动和技术转移。在2007年第一次修订通过的《中华人民共和国科学技术进步法》中，第二十条、第二十一条对财政性科技成果规定做了重大调整，被誉为中国版"拜杜法案"。[2]2017年9月，国务院发布《国家技术转移体系建设方案》，着眼于构建高效协同的国家创新体系，从优化国际技术转移体系的基础架构、拓宽技术转移通道、完善政策环境和支撑保障等方面对国家技术转移体系进行系统布局。2020年，第四次修订完成的《中华人民共和国专利法》通过专利制度激励技术转移、市场化及产业化。

国内很多学者从不同的视角对我国技术转移法律法规与政策进行了研究。张玉华等学者采用LDA分析方法获取全国31个省（区、市）科技成果转化政策中的政策因素，接着对其做fsQCA分析，发现不存在能够对科技成果转化结果产生绝对影响的单一政策工具。[3]门俊男在回顾我国技术市场发展历程、深入分析相关法律法规和政策文件的基础上，指出科研院所要充分用好科技成果转化政策，发挥技术开发、技术服务与技术咨询对创新的激励作用，进一步完善科技成果转化相关管理制度。[4]白璐璐以政策法规为视角，梳理自改革开放以来国家发布的各类涉及技术转移的条目，并提出健全我国技术转移政策法规体系的建议。[5]蒋兴华等学者对国内科技成果转化政策进行梳理，分析制约我国科技成果转化制度因素。[6]

我国先后颁布的一系列法律法规与政策（表8-1），丰富和完善了我国的技术转移法制政策体系，有力推动了我国技术转移与技术交易的发展。

表8-1　技术转移与技术交易相关的国家法律法规及政策

发文时间	发文机构	文件名称
2015年（修订）	全国人民代表大会常务委员会	《中华人民共和国促进科技成果转化法》
2016年	国务院	《促进科技成果转移转化行动方案》
2017年	国务院	《国家技术转移体系建设方案》
2017年	科技部	《国家科技成果转移转化示范区建设指引》
2018年	科技部	《关于技术市场发展的若干意见》

续表

发文时间	发文机构	文件名称
2020年	中共中央、国务院	《关于构建更加完善的要素市场化配置体制机制的意见》（以下简称《要素市场化配置意见》）
2021年	中共中央办公厅、国务院办公厅	《建设高标准市场体系行动方案》
2021年	国务院办公厅	《关于完善科技成果评价机制的指导意见》
2021年（修订）	全国人民代表大会常务委员会	《中华人民共和国科学技术进步法》
2022年	中共中央、国务院	《中共中央国务院关于加快建设全国统一大市场的意见》

8.1.1 机制体制建设方面

党的十八大以来，我国技术转移发展步伐加速，技术转移提速、增效、扩能显著。尽管如此，我国的技术转移机制体制建设还不健全，仍需进行进一步的优化与完善。

运用NVivo软件将有关机制体制建设的条款统一编码，以对其进行词频分析。为精简结果，将科技成果、转移、转化等词语添加至停用词列表，得到如图8-1所示的词语云图。

图 8-1 机制体制建设视角词语云图

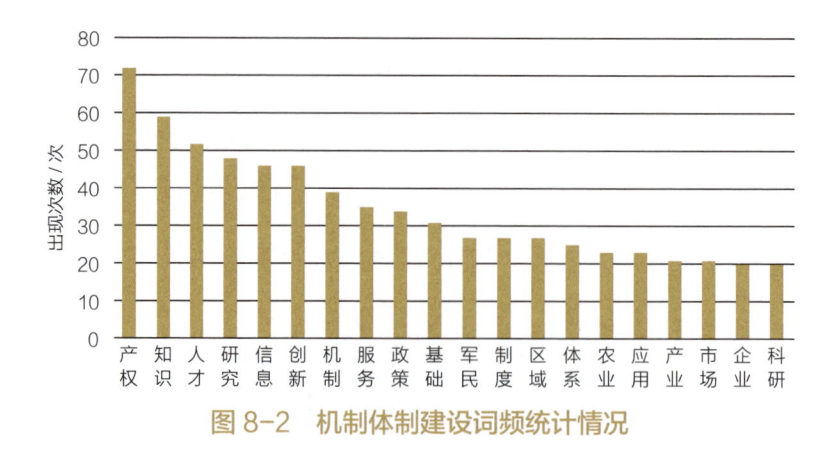

图 8-2 机制体制建设词频统计情况

图8-2为出现次数位于前20的词语具体统计情况。可以看出，目前我国针对技术转移机制体制建设的举措主要集中在知识产权、信息交流、军民融合、农业技术、人才培养、政策支持、区域发展等方面。

知识产权的保护和应用是技术转移的重要内容，而知识产权保护不力是制约技术转移发展的重要问题，我国提出了一系列改进建议。我国多部法律法规中都强调应当提高知识产权评估、登记、托管、流转服务的能力，建立国家知识产权和科技成果产权交易机构，从而在全国范围内开展知识产权转让、许可等运营服务，加快推进技术交易服务发展。法律法规中对技术转移过程中知识产权的具体形式（如商业秘密的法律保护、专利和商标的审查流程等）也都做出了明确的规定。此外，我国还在积极探索建立知识产权侵权快速反应机制，反向加强对知识产权的保护。

技术转移与技术交易供需双方存在的信息不对称是影响技术转移与技术交易的关键因素。为此，我国在技术与科技成果信息的采集、发布、整合、共享等环节做出了一系列明确规定（表8-2），以更好地促进技术供需双方之间的信息交流。

表8-2 信息不对称解决措施

环节	措施
采集	畅通科技成果信息收集渠道 深入开展技术市场统计调查和数据分析 利用大数据、云计算等技术开展科技成果信息深度挖掘
发布	建立、完善科技报告制度和科技成果信息系统 以需求为导向，鼓励各类机构通过技术市场等渠道发布科技成果供需信息 完善技术类无形资产挂牌交易、公开拍卖与成交信息公示制度 分类分批精准发布对接成果信息
整合	建立国家科技成果信息服务平台 建立健全技术转移服务业专项统计制度 加强技术市场信息化建设以整合现有科技成果信息
共享	建立健全科技成果常态化路演和科技创新咨询制度 提供科技成果信息查询、筛选等公益服务 鼓励不同区域之间科技信息交流互动

军民科技成果相互转移、转化是技术转移的一项重要内容。我国法律法规中强调要深化军民科技成果双向转化，具体内容可以总结为三个方面：①强化军民技术供需对接。加强军民融合科技成果信息互联互通，建立军民技术成果信息交流机制；进一步完善国家军民技术成果公共服务平台，提供军民科技成果评价、信息检索、政策咨询等服务；搭建军民技术供需对接平台，加强军民研发资源共享共用。②优化军民技术转移体制机制。建立和完善军民融合技术评价体系；建立军地人才、技术、成果转化对接机制，完善符合军民科技成果转化特点的职称评定、岗位管理和考核评价制度；构建军民技术交易监管体系，完善军民两用技术转移项目审查和评估制度。③发展国家军民两用技术交易中心。充分整合利用现有资源，建设一批军民科技协同创新平台，为先进尖端技术快速进入国防科技创新体系、国防科技成果向民用领域转移转化提供渠道和服务保障，推进军民两用技术、成果及知识产权的双向转化。

农业科技水平是衡量一个国家农业现代化程度的重要标志，加速农业科技成果转化是推动乡村振兴战略过程中必须解决的问题。[7]我国面向农业农村经济社会发展科技需求，充分发挥以公益性农技推广机构为主、社会化服务组织为补充的"一主多元"农技推广体系作用，加强农业技术转移体系建设。同时，国家鼓励和支持农业科学技术的应用研究，传播和普及农业科学技术知识；鼓励农业科研机构、农业试验示范单位独立或者与其他单位合作实施农业科技成果转化，以加快农业科技成果转化和产业化，促进农业科学技术进步，利用农业科学技术引领乡村振兴和农业农村现代化。

以机制体系建设的视角看待当前的技术转移法律体系，除了上述提及的几点，还需要注重强化基础研究和原始创新能力、加强中试基地与产业化基地建设、建立国家技术转移人才培养体系、进一步发挥政府的引导规范作用、完善相关法律法规体系、营造良好的政策环境，等等。

8.1.2 企业方面

在知识技术更新换代极其迅速的时代，企业单凭自主研发难以满足其发展需求，往往倾向于从外部获取技术创新源。作为技术转移过程中的需求方与供给方，企业对新技术既有渴望又有动力，其技术转移与技术交易活动对区域乃至国家技术进步和经济增长具有显著的拉动效应。

以企业为主题，运用NVivo软件将有关条款统一编码，对其进行词频分析。为精简结果，将企业、科技成果、转移、转化等词语添加至停用词列表，得到如图8-3所示的词语云图。

8 技术转移与技术交易相关法律法规及政策分析

图 8-3　企业视角词语云图

图8-4为出现次数位于前20的词语具体统计情况。可以看出，目前我国针对企业技术转移的举措主要集中在创新能力、产学研融合、主体地位、人才培养、国际交流等方面。

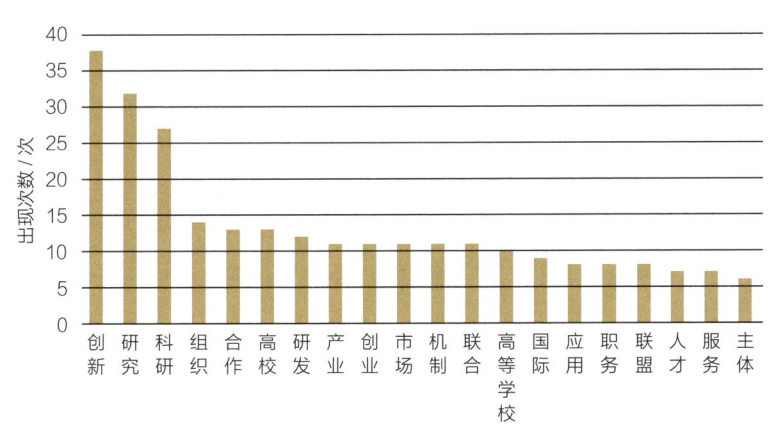

图 8-4　企业词频统计情况

8.1.2.1　创新能力

创新能力不足是国内多数企业的痛点，主要表现在创新能力分布高度不均衡、与世界先进水平差距较大、创新成果质量较低、研发投入强度还不够高等方面。[8]

在提升创新能力方面，我国既鼓励企业加强原始创新，开展技术合作与交流，自主确立研究开发课题，开展技术创新活动；也支持企业引进国内外先进适用技术，开展技术革新与改造升级。此外，企业应当积极探索新的商业模式和科技成果产业化路径，加速重大科技成果转化应用。对于龙头骨干企业，国家鼓励其开放创新创业资源，支持内部员工创业，吸引集聚外部创业，推动大中小企业跨界融合，引导研发、制造、服务各环节协同创新。因此，企业应当紧跟国家科技强国发展战略，激发科技创新活力，不断提升自主创新能力。

8.1.2.2 主体地位

市场经济条件下，企业是市场竞争的基本单元。只有以企业为主体，才能坚持技术创新的市场导向，加快科技成果的产业化应用。

《科技成果转化法》规定，科技成果转化活动应当尊重市场规律，发挥企业的主体作用，遵循自愿、互利、公平、诚实信用的原则，依照法律法规规定和合同约定，享有权益，承担风险。其他法律条文中也指出，要发挥行业骨干企业、转制科研院所主导作用，联合上下游企业和高校、科研院所等构建一批产业技术创新联盟，围绕产业链构建创新链，推动跨领域跨行业协同创新；强化需求导向的科技成果供给，发挥企业在市场导向类科技项目研发投入和组织实施中的主体作用，推动企业等技术需求方深度参与项目过程管理、验收评估等组织实施全过程。

由此可见，为了加强科研与市场的结合，需进一步推动企业成为技术创新决策、科研投入、组织科研和成果转化的主体，增强科技进步对经济发展的贡献度。

8.1.2.3 产学研融合

目前，企业同高校、科研院所的合作通常不是从技术初研阶段开始，这就导致很多技术成果无法适应企业和产业需求，从而加大了后期技术转移转化阶段的难度。我国鼓励企业、科学技术研究开发机构、高等学校和其他组织建立优势互补、分工明确、成果共享、风险共担的合作机制，协同推进研究开发与科技成果转化，提高科技成果转移转化成效（表8-3）。

表8-3 产学研合作形式与内容

合作对象	合作形式	合作内容
企业 科研院所 高等院校 职业院校 其他组织	联合建立研究开发平台、技术研发中心、产业研究院、中试基地等新型研发机构	研究开发、成果应用与推广、标准研究与制定等
	合作建立技术转移机构等	科技成果转化、技术转移
	联合建立学生实习实践培训基地、研究生科研实践工作机构	培养专业技术人才和高技能人才
	共同建立产业技术创新战略联盟、创新联合体等	技术交叉许可、建立专利池等
	设立科技企业孵化机构和创新创业平台	科技成果转化、创新创业

可见，企业应当加强同高等院校、科研机构及其他组织的合作交流，促进产学研进一步结合发展，实现引进、研发、应用、再创新、可持续发展的良性循环，减少低层次研发和资源重复投入，发挥研发创新的引领驱动作用。

对于企业而言，除上述内容外，法律法规及政策中还提及可以设立与技术转移有关的部门、岗位，培养专业化技术转移人才；完善技术转移转化奖励与报酬制度，提高科研人员的转化动力；增强科技成果评价机制面向科技成果转化的赋能作用；开展国际技术转移活动等。

8.1.3 高校与科研院所方面

高校与科研院所作为科学研究和科技创新的主阵地，拥有大量科技人才资源和丰富的科研成果，是技术转移过程中最主要的技术供给方。近年来，随着国家加大高校与科研院所的研发投入，其成果产出也随之大幅增加。因此，促进高校与科研院所技术转移和科技成果产业化已成为我国推进创新型国家建设的重要战略任务。

以高校、科研院所为主题，运用NVivo软件将有关条款统一编码，对其进行词频分析。为精简结果，将高校、高等院校、高等院校、科研院所、科技成果、转移、转化等词语添加至停用词列表，得到如图8-5所示的词语云图。

图 8-5　高校与科研院所视角词语云图

图8-6为出现次数位于前20的词语具体统计情况。可以看出，目前我国针对高校与科研院所技术转移的举措主要集中在产学研合作、激励机制、人才培养、市场导向、创新、制度完善等方面。

图 8-6　高校与科研院所词频统计情况

8.1.3.1　产学研融合

产学研合作背景下，高校、科研院所与企业之间的联系逐步加深，但仍然欠缺多层次、多维度、多形式的沟通交流与协作。

与企业共同进行技术研发与转移转化是一种有效的合作方式。在此基础上，高校与科研院所还可以考虑采取更加多样化的交流与合作。例如，聘请企业及其他组织的科技人员兼职从事教学和科研工作；支持本单位的科技人员到企业及其他组织挂职、兼职、在职创办企业以及离岗创业等；梳理科技成果资源，向企业发布科技成果目录；建立面向企业的技术服务站点网络，推动科技成果与产业、企业需求有效对接；联合开展技术咨询、技术服务等活动普及技术转移知识等。

因此，高校与科研院所可以丰富与企业的合作形式，实现功能互补、错位发展，形成以企业为主体、以市场为导向、产学研深度融合的技术转移生态。

8.1.3.2 激励机制

科研人员创新与转化的动力不足，已成为制约我国技术转移的重要因素。如何完善激励机制，提升高校与科研院所中科研人员的积极性，有待做出进一步探索。

《科技成果转化法》中指出，职务科技成果转化后，由科技成果完成单位对完成、转化该项科技成果做出重要贡献的人员给予奖励和报酬，并详细给出了奖励和报酬的比例：①对于转让与许可，比例不低于净收入的50%；②对于作价投资的，比例不低于股份或出资比例的50%；③对于自行或合作实施的，在成功投产后的连续三至五年，每年从其相应营业利润中提取的比例不低于5%。

此后出台的法律法规中均做出了相应的激励规定，并逐步拓宽了激励措施涵盖的范围。例如，《国家技术转移体系建设方案》提出，要推动高校、科研院所完善科研人员分类评价制度，建立以科技创新质量、贡献、绩效为导向的分类评价体系，扭转唯论文、唯学历的评价导向。《要素市场化配置意见》指出要健全职务科技成果产权制度，深化科技成果使用权、处置权和收益权改革，开展赋予科研人员职务科技成果所有权或长期使用权试点。《中华人民共和国科学技术进步法》对技术开发、技术咨询、技术服务等其他技术转移活动的奖酬金提取做出规定，同时鼓励科学技术研究开发机构、高等学校、企业等采取股权、期权、分红等方式激励科学技术人员。

可见，高校与科研院所应当积极推动薪酬制度改革，完善收入分配激励约束机制，落实深化职务科技成果赋权、科技成果转化收益分配等改革措施，打通政策落地的"最后一公里"。

8.1.3.3 人才培养

技术转移需要专业的复合型人才，但从市场发展的需求和实际现状来看，我国技术转移的专业人才队伍匮乏。根据对相关条款内容的梳理，高校可以从以下三个方面着手进行人才培养：①设立科技成果转化相关课程，开展评估评价、知识产权等教学和培训，打造一支高水平的师资和学生队伍；②设立技术转移相关学科或专业，与企业、科研院所、科技社团等建立联合培养机制，培养技术转移后备人才；③建立健全自身的专业化科技成果转移转化机构，明确统筹科技成果转移转化与知识产权管理的职责，加强市场化运营能力。

总体来看，高校与研究院所可以采取多种途径，通过高质量的人才供给引领成果转化新需求，从根本上提高技术转移转化的整体质量和水平。

8.1.3.4 市场需求导向

一直以来，高校与科研院所的科研成果多以问题为导向，很多情况下对产业发展需求了解不够，重研发、轻转化的现象比较普遍。

为进一步提高高校与科研院所的科技成果转化效率，我国支持高校与科研院所加强共性基础技术研究，为科技成果转移转化提供高质量成果供给；提倡以企业为主导，引导高校和科研院所结合发展定位，紧贴市场需求，开展技术创新与转移转化活动。此外，高校与科研院所可以依托中国科学院的科研院所体系实施科技服务网络计划，围绕产业和地方需求开展技术攻关、技术转移与示范、知识产权运营等活动。因此，高校与科研院所要注重科学技术的实用性，强化需求导向带动科技研发，开展面向市场和产业化应用的研究。

除了以上几点，高校与科研院所还可以通过完善有利于技术转移的人事管理制度、改进科研人员绩效考核评价体系、及时如实向其主管部门提交科技成果转化情况年度报告、开展参与国际技术转移活动等方式，进一步释放自身沉淀的大量科技资源，助力科研人员创新与转化，打通科技成果向现实生产力转化的通道。

8.1.4 技术交易市场及其中介服务机构方面

技术市场是我国现代市场体系和国家创新体系的重要组成部分，技术市场及其中介服务机构的发展在促进技术转移和成果转化、推动科技与经济紧密结合、支撑经济社会发展进步等方面发挥了重要作用。然而，我国的技术交易体系仍然不够完善。

以技术交易市场、中介服务机构为主题，运用NVivo软件将有关条款统一编码，对其进行词频分析。为精简结果，将科技成果、技术、转移、转化等词语添加至停用词列表，得到如图8-7所示的词语云图。

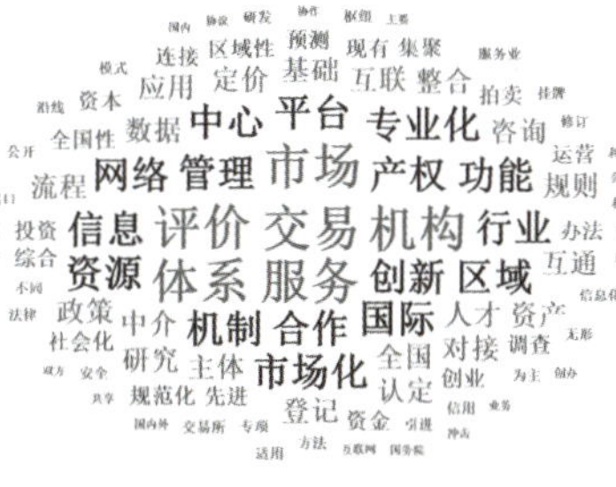

图 8-7 技术交易市场及其中介服务机构视角词语云图

图8-8为出现次数位于前20的词语具体统计情况。可以看出，我国目前正从培育发展技术交易市场与平台、规范交易行为、提高中介服务机构专业化程度等方面进行改善。

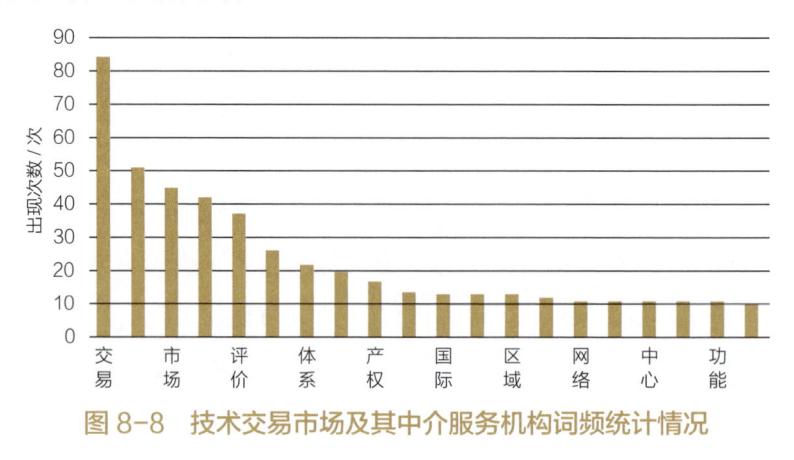

图 8-8　技术交易市场及其中介服务机构词频统计情况

8.1.4.1　技术交易市场

我国现有的技术市场大多为区域性交易市场，市场发展不均衡，且市场之间难以进行及时高效的信息交流，统一有效的全国性技术交易市场尚未形成。

2018年之前，《国家技术转移体系建设方案》《国家科技成果转移转化示范区建设指引》等多部法规中都明确指明要培育发展若干功能完善、辐射作用强的全国性技术交易市场，健全与全国技术交易网络联通的区域性、行业性技术交易市场。

2018年出台的《关于技术市场发展的若干意见》则更详细地规划了我国技术市场后期发展的格局。其指出要聚焦国家战略和区域、行业需求，首先要发展各具特色、层次多元的技术交易市场。其次，建设枢纽型技术交易市场，成为全国技术交易网络重要节点。再次，充分发挥国家技术转移区域中心作用，连接各类技术交易市场，形成互联互通的全国技术交易网络。最后，应当推动现有基础条件好、影响力大、辐射面广的技术交易市场进一步规范发展，为技术交易双方提供知识产权、法律咨询、技术评价、中试孵化、招标拍卖等综合配套服务，建成全国性枢纽型技术交易市场。

近日，2022年3月份发布的《关于加快建设全国统一大市场的意见》中再次提出要建立健全全国性技术交易市场，完善知识产权评估与交易机制，推动各地技术交易市场互联互通。

可见，我国目前正在进一步优化技术市场分类布局，逐步增强交易市场之间的资源共享、优势互补和协同发展，并在此基础上建立健全全国性技术交易市场，推进我国技术市场快速且高质量发展。

8.1.4.2 技术交易规范

目前，我国技术市场仍存在一些亟待解决的问题，例如监管不到位、存在不规范的交易行为等。

在技术交易过程中，应当完善技术成果公开交易体制、建立健全数据交易体制；完善符合科技成果交易特点的市场化定价机制，明确科技成果拍卖、在技术交易市场挂牌交易、协议成交信息公示等操作流程；修订技术合同认定规则与科技成果登记办法，加强对技术合同和科技成果的规范管理等。

在技术交易服务方面，应当制定技术转移服务标准，加强技术市场服务机构规范化管理；建立技术转移服务评价机制，开展技术服务机构监督评估和考核评价，依据评估结果加大激励引导力度；健全信用管理机制、健全投诉举报查处机制等，加强技术市场信用管理，依法加大对不诚信行为的打击力度，保障交易主体权益等。

综上，技术市场应当完善其监督管理体系，规范交易行为，营造良好的交易环境，推动自身规范发展。

8.1.4.3 技术交易中介服务机构

我国技术中介服务起步较晚，技术开发、技术推广、知识产权、评估评价等服务机构仍存在"规模小、服务少、能力弱"的现象。针对这一现象，当前我国对技术中介服务机构的发展要求可以概括为：

（1）鼓励各类科技中介服务机构为技术交易提供交易场所、信息平台以及信息检索、加工与分析、评估、经纪等服务，为技术转移提供知识产权、法律咨询、资产评估以及技术评价等专业服务。

（2）引导技术转移机构市场化与规范化发展，提高技术转移人员的技术评价与筛选、知识产权运营以及商业化咨询等专业服务能力，培育一批具有示范带动作用的技术转移机构。

（3）建立专业化运营团队，形成市场化运营机制，在岗位管理、考核评价和职称评定等方面加强对技术转移机构人员的激励和保障，形成全链条的科技成果转化管理和服务体系。

（4）大力发展一批社会化的技术市场服务机构，采取市场化运营机制，吸引集聚高端专业人才，提供专业化服务，促进高等学校、科研院所和企业之间技术交易和成果转化。

综合来看，技术中介服务机构应当提高服务人员素质，提升专业服务水平和质量，向着社会化、专业化、规范化、信息化和智能化发展，推动我国科技成果的应用和推广。

从技术交易市场及其中介服务机构的视角出发，法律法规及政策中还提及建立发展线上线下相融合的新型技术交易市场和服务机构，培育壮大专业化技术转移人才队伍，应用大数据等先进技术开展服务活动，加强国内外技术转移机构对接，加快国际技术转移中心建设等。

8.1.5 财政金融机构方面

由于技术创新与技术转移的投资高、风险大、效应滞后,财政金融机构出于资金的安全考虑,一般不愿为其提供资金支持,这就导致我国技术市场与金融市场缺乏有机结合,使得我国的技术转移和成果转化容易遇到资金方面的问题,难以实现技术项目的商业化和市场化。

以财政、金融、税收、投资为主题,运用NVivo软件将有关条款统一编码,对其进行词频分析。为精简结果,将机构、科技成果、技术、转移、转化等词语添加至停用词列表,得到如图8-9所示的词语云图。

图 8-9 财政金融机构视角词语云图

图8-10为出现次数位于前20的词语具体统计情况。可以看出,我国针对财政金融机构采取的措施主要集中在金融服务、基金支持、资金保障、税收优惠、保险开发等方面。

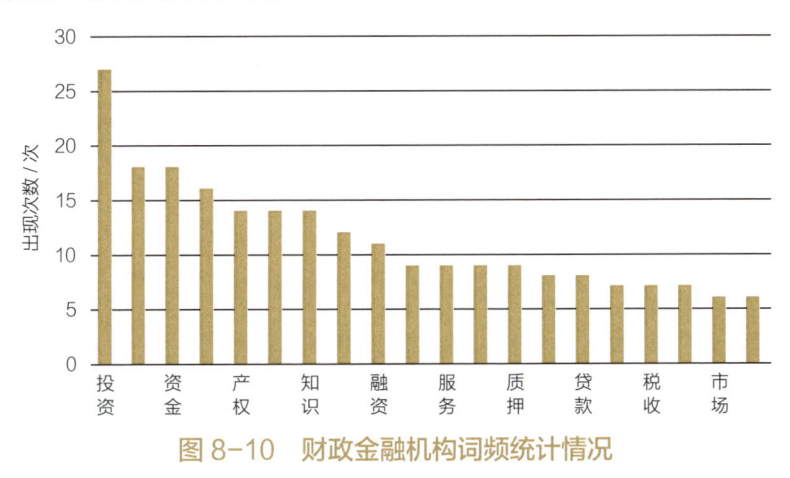

图 8-10 财政金融机构词频统计情况

在金融服务方面，我国支持银行金融机构积极开展个性化的金融支持服务，在组织形式、管理机制、金融产品和服务等方面进行创新。鼓励银行金融机构开展知识产权质押贷款、股权质押贷款等贷款业务，探索股权投资与信贷投放相结合的模式，采用预期收益质押等融资方式，为促进技术转移转化提供更多金融产品服务。此外，银行金融机构可以进行知识产权证券化融资试点，完善知识产权质物处置机制，稳步探索互联网股权众筹等新型金融业态，在信贷、投资等方面支持科学技术应用和高新技术产业发展。

在基金方面，我国鼓励设立科技成果转化基金或者风险基金，其资金来源由国家、地方、企业、事业单位以及其他组织或者个人提供，用于支持高投入、高风险、高产出的科技成果的转化，加速重大科技成果的产业化。地方可以设立创业投资引导、科技成果转化、知识产权运营等专项资金（基金），引导信贷资金、创业投资资金以及各类社会资金加大投入，支持区域重点产业科技成果转移转化。此外，国家和地方科技成果转化引导基金可以通过设立创业投资子基金、贷款风险补偿等方式，引导社会资本加大对技术转移早期项目和科技型中小微企业的投融资支持，推动科技成果转化与应用。

在多样化资金投入方面，我国积极拓展多样化资金渠道，开发特色保险品种。国家大力发展创业投资，培育发展天使投资人和创投机构，积极探索通过天使投资、创业投资等方式支持初创期科技企业和科技成果转化项目；支持财政金融机构探索投贷联动模式，积极稳妥开展内部投贷联动试点和外部投贷联动，建立符合科技成果转化需求的信贷、保险和投贷联动等机制；鼓励保险机构根据高新技术产业发展的需要开发符合科技成果转化特点的保险品种，为科技成果转化提供保险服务，推动科技成果资本化。

在税收优惠方面，我国从事技术开发、技术转让、技术许可、技术咨询、技术服务活动的人员与机构，可以按照国家有关规定享受税收优惠。

《国家技术转移体系建设方案》中指出，我国结合税制改革方向，按照强化科技成果转化激励的原则，统筹研究科技成果转化奖励收入有关税收政策。此外，《中华人民共和国企业所得税法》《财政部国家税务总局关于完善股权激励和技术入股有关所得税政策的通知》《国家税务总局关于技术转让所得减免企业所得税有关问题的公告》等一系列政策法规对相应的税收优惠做出了详细规定，例如，企业技术转让所得税优惠、科研单位技术转让收入免征营业税、研发费用税前加计扣除等。

综上所述，对于财政金融机构而言，应当加大对技术转移机构等重点活动的支持力度，加强金融与科技的结合，加快构建多渠道、多元化、多层次的投融资体系，强化资本要素对技术要素流通转化的加速和催化作用，最终形成财政资金与社会资本相结合的多元化投入格局。

8.2 地方区域层面的相关法规及政策分析

党的十九大以来，区域经济发展的协调性不断增强，京津冀、长三角、粤港澳大湾区、成渝双城经济圈等城市群快速发展。2021年，我国发布《中华人民共和国国民经济和社会发展第十四个五年规划和2035年远景目标纲要》，其中第九篇指出，要深入实施区域重大战略、区域协调发展战略，健全区域协调发展体制机制，促进区域间融合互动、融通补充，构建高质量发展的区域经济布局。

我国多数学者着重研究了我国不同省份或区域的技术转移法规与政策。张素敏通过构建"政策对象—政策工具"的二维分析框架，借助NVivo12质性软件，对15个省域的科技成果转化条例进行文本分析，发现存在政策工具注意力配置不均衡等问题。[9]李巧莎等学者通过SPSS软件利用因子分析和聚类分析方法，对河北省科技成果转化政策与其他省份进行比较分析，衡量河北省科技成果转化政策实施效果。[10]周治等学者以长三角经济区"三省一市"的科技成果转化政策作为对象,从政策工具和政策内容两个方面,对区域内科技成果转化政策文本进行了系统分析。[11]李进华等学者使用强制性、混合型和自愿型的政策工具分类方法,对深圳和宁波市的技术转移政策文本进行内容分析,着重进行政策工具使用情况的对比分析。[12]解佳龙选取北京中关村、武汉光谷和上海张江三个国家自主创新示范区作为研究对象,分析了其政策出台时间、适用对象、政策工具实用情况。[13]马江娜从政策工具和创新价值链两个维度入手,对陕西省技术转移政策进行政策文本内容分析,探讨政策工具使用与组合情况。[14]本节将从我国四大城市群的角度出发,以多边平台的视角对近年来各区域内省份及直辖市有关技术转移与技术交易的地方性法规及政策进行梳理分析。

8.2.1 京津冀城市群技术转移相关法规和政策分析

京津冀协同发展战略实施以来,在三地全面贯彻落实创新、协调、绿色、开放、共享五大发展理念,出台了一系列改革措施,成效明显。2020年,天津市滨海新区成立京津冀科技成果转化联盟,致力于推动区域成果互联转化、技术转移和区域合作。本节所分析的京津冀地区相关法规与政策见表8-4。

表8-4 京津冀地区科技成果转化政策

省份/直辖市	发文时间	文件名称
北京市	2021年（修正）	《北京市技术市场条例》
	2019年	《北京市促进科技成果转化条例》

续表

省份/直辖市	发文时间	文件名称
天津市	2022年	《关于完善科技成果评价机制的实施意见》
	2020年	《天津市科技创新三年行动计划（2020—2022年）》
	2017年（修正）	《天津市促进科技成果转化条例》
河北省	2021年	《河北省重大科技成果转化行动实施方案》
	2021年（修正）	《河北省技术市场条例》
	2020年	《关于进一步促进科技成果转化和产业化的若干措施》

8.2.1.1 人才培养与激励

人才培养与激励是机制体制建设方面的重要内容之一。在京津冀地区，天津市最注重人才的培养与激励，人才政策篇幅占比达到20.9%，河北省也在不断加大技术转移人员的培养与激励强度，人才政策篇幅比重为14.7%，北京市的人才政策篇幅占比为10.3%。

相比之下，天津市加强人才培养，打造"海河英才"行动计划升级版，制定以吸引北京人才为主的区域定向化政策，放宽青年和紧缺人才落户通道，采用长期聘用和柔性引进相结合的方式；深入实施杰出人才培养计划，启动卓越制造人才提升计划，开展创新后备人才强基计划，培养各行各业的技术型人才；发挥国家技术转移人才培养基地作用，开展科技成果评价师、技术经理人等培训。

河北省重视人才引进，鼓励高层次人才到河北创新创业，对高层次人才给予高额的科研经费补贴及安家补助；河北省将国有企业事业单位、非公有制经济组织、社会组织中从事技术转移转化工作的专业技术人才，均纳入技术经纪专业职称评价范围。

北京市则更加注重落实引进的科技成果转化人才在落户、住房、医疗保险、子女就学等方面的待遇，对于引进的外籍科技成果转化人才，在办理入境签证、居留许可和就业许可时可以简化程序、提供便利。

8.2.1.2　企业、高校与科研院所

有关企业、高校与科研院所的政策内容在天津市和河北省的法规与政策中都占据了很大篇幅，比重均在50%以上，北京市占比为46.4%。

就政策内容差异而言，天津市转为企业和进入企业或者企业集团的科研机构三年内可以保留事业单位法人地位；着力推动大学科技园建设，将大学科技园建设纳入全市科技、教育、产业等"十四五"发展规划；支持高校院所围绕核心技术和高价值专利成果，实施技术开发、产品验证、市场应用研究等概念验证项目；强化企业主体地位，大力推动高成长企业梯度培育等措施。

河北省加大工业企业技改力度，实施"万企转型""千项技改"和"百项示范"工程；开通成果转化职称绿色通道，支持科研院所、高校等设立成果转化岗位，主持完成科技成果转化、直接转化收益达到相应规定要求的，可以不受学历、专业技术职务任职年限、任职资格限制，直接申报评审高级职称；加强河北省产业技术研究院建设，鼓励建设一批投资主体多元化、管理制度现代化、运行机制市场化、用人机制灵活的独立法人新型研发机构等措施。

北京市将科技成果转化情况年度报告作为对高校与科研院所实施绩效评价或者予以财政资金支持的重要依据；支持企业通过科技成果转化形成首台（套）重大技术装备依法参与政府采购活动等。

8.2.1.3　技术市场及其中介服务机构

在所分析的法规与政策中，天津市有关技术市场及其中介服务机构的内

容篇幅占比最小，仅为10.3%，北京市和河北省的篇幅占比均在30%以上。

天津市新开办的独立核算的科技创业服务中心和科技成果检测、评估、咨询、信息机构以及其他技术服务机构，批准后自开办之日起第一年至第二年免征所得税；积极引导第三方科技成果评价；打通与北京的线上科技成果展交平台，建设滨海—中关村科技园、宝坻区京津中关村科技城和清京津产业新城等京津协同创新中心等。

河北省将全力打造国家技术转移河北（正定）中心，以构建全省统一、覆盖省市县三级、联通京津冀的技术转移服务网络；对新认定的省级技术转移示范机构给予30万元的资金支持；做强"科技成果直通车"品牌，将"科技成果直通车"打造成为科技成果转化的常设载体；壮大从事技术转移服务的科技特派员队伍等。

北京市鼓励国际与国内其他地区科技成果转化服务机构在北京市设立分支机构，开展科技成果转化合作；支持建设公共研究开发平台，为科技成果转化提供技术集成、共性技术研究开发、中间试验和工业性试验、系统化和工程化开发、技术推广与示范等服务等。

8.2.1.4 财政金融

河北省财政金融政策的占比最大，达到38.6%；其次为天津市，占比约为34.6%；北京市比重最小，约为26.1%。

就内容差异而言，河北省每年安排2亿元省级科技专项资金，对来源于京津的科技成果，对本省受让企业给予的补助金额有所区别；通过平台实现的交易成果优先获得省基金支持；推动省级以上科技计划经费与省天使投资引导基金、省科技创业投资和科技成果转化引导基金实现联动；加大科技创新券投放和支持力度等。

天津市出台的政策有：对杰出青年科学基金项目试点实行经费"包干制"；成立京津冀科技成果转化基金，充分发挥京津冀科技成果转化联盟作用；设立促进科技成果转化后补助资金，支持以政府购买服务方式推动市级交易平台市场化运营；建立重点上市企业资源库，对入库企业培育期间产生的上市费用、贷款利息、贷款担保费用等给予补贴；经国家和本市认定的大中型企业或者企业集团的技术中心，财务实行独立核算的享受独立科研机构的优惠政策等。

北京市安排专项资金用于技术市场的建设、管理及发展；对通过首都科技条件平台使用科技资源的中小微企业、创业者，采取科技创新券等方式予以资金支持；以及其他普适性措施。

8.2.2　长三角城市群技术转移相关法规和政策分析

长三角城市群拥有丰富的科创资源，是国内最活跃的创新高地。虽然长三角地区整体科技创新发展较好，但还存在区域内各地区资源和科创实力不均衡的问题。2019年12月国家发布《长江三角洲区域一体化发展规划纲要》，将长三角一体化发展作为助推经济增长和科技创新的重大举措。本节分析的长三角地区相关法规与政策见表8-5。

表8-5　长三角地区科技成果转化相关法规和政策

省份/直辖市	发文时间	文件名称
上海市	2021年	《上海市促进科技成果转移转化行动方案（2021—2023年）》
	2020年（修正）	《上海市技术市场条例》
浙江省	2021年（修正）	《浙江省促进科技成果转化条例》
	2021年（修正）	《浙江省技术市场条例》
	2019年	《浙江省技术转移体系建设实施方案》

续表

省份/直辖市	发文时间	文件名称
江苏省	2018年	《关于促进科技与产业融合加快科技成果转化的实施方案》
	2018年	《关于加快推进全省技术转移体系建设的实施意见》
	2016年	《江苏省促进科技成果转移转化行动方案》
安徽省	2018年	《安徽省技术转移体系建设实施方案》
	2018年（修正）	《安徽省促进科技成果转化条例》

8.2.2.1 人才培养与激励

人才培养与激励是发展技术转移的重要举措。对于人才政策，安徽省最多，共计10条，占整体政策篇幅的27.72%；其次是江苏省9条，篇幅占比26.12%；上海市人才政策占整体政策篇幅的25.86%；浙江省则最少，篇幅占比13.54%。可以看出，安徽省、江苏省以及上海市都注重对技术转移专业人员的培养，浙江省也在积极持续壮大人才队伍，且长三角地区的政策各有特色。

安徽省政策中对于人才培养指出，"支持具备条件的单位和企业设立院士、博士后科研工作站"，可见安徽省缺少高层次人才，需引进高层次人才提升其科研水平。江苏省明确规定，"实行竞争上岗的科研机构、高等学校应当允许离岗人员在单位规定的期限内（一般为两年）回原单位竞争上岗"，鼓励人才去企业或其他机构兼职创业。上海市建立专业化、梯度化、本土化的技术转移人才培养、培训与实训体系，实行岗位晋升适当倾斜、人才落户等政策对人才进行激励。浙江省是唯一对科研用地做出说明的，指出"对于在本省实施科技成果转化的国内外高层次人才及其创新创业团队，给予资金、用地等支持"。

8.2.2.2 企业、高校与科研院所

长三角地区出台的针对企业、高校与科研院所的条例在当地政策中都占据了很大篇幅。江苏省和安徽省出台的相关条例的比重最大，均在60%以上；其次为上海市，占比约为45%；浙江省与上海市的差距不大，约为41%。

比较具体的政策内容，长三角地区有很多共同点，且与国家法律法规政策有关内容基本保持一致：均强调要激发研发活力，提高创新能力，加强内部技术转移机构建设，健全科技成果信息汇报与管理制度，给予做出重要贡献的科研人员奖励与报酬，健全人员评价体系，加强国际技术转移交流等。

就政策内容差异而言，安徽省单独强调企业、高校与科研院所在促进军民技术转化发挥的重要作用，江苏省特别突出知识产权保护与运营水平的提升，上海市单独强调推动国企体制机制改革，浙江省特别注重发挥企业在技术转移中的主体作用。

8.2.2.3 技术市场及其中介服务机构

江苏省出台的有关技术市场及其中介服务机构的政策内容篇幅占比最高，为31.55%。政策内容强调加快省技术产权交易市场建设，强化资源整合，促进要素流动，引导供需对接，打通转移链条，规范技术交易，打造全国领先、国际有影响的技术转移"第四方"服务平台。此外，加强高校技术转移体系建设，支持省内高校和科研院所普遍建立技术转移中心，建设国家技术转移示范机构，提升市场化运营能力，形成专业化技术经纪人队伍也是江苏省的重要任务。

安徽省的政策篇幅占比最低，约为23.76%，主要政策内容有"加快推进安徽创新馆建设，支持安徽创新馆设立知识产权对接交易平台，引进业

内知名机构运营管理,将安徽创新馆打造成集科技成果展示、发布、交易于一体的知识产权交易场所"等。

由于上海市和浙江省近年都有颁布专门的技术市场条例,因此两地技术市场及其中介服务机构政策的篇幅占比较高,分别为47.16%和34.18%,仅针对中介服务机构的政策篇幅占比约为28.11%与24.42%。

上海市的政策内容主要侧重于扩大技术服务市场、夯实相关交易场所功能,例如"建立技术转移机构库,支持其开展技术搜索、科技评价、概念验证、技术投融资等专业服务,以及产业技术领域的技术转移服务和跨境技术转移服务,鼓励众创空间、投资机构、知识产权服务机构拓展技术转移功能""鼓励技术转移机构对进场成果开展价值评估、技术交易等服务"等。

浙江省的政策内容则侧重于培育专业化规范化技术转移机构,构建高质量、信息化的技术交易网络,例如"支持龙头企业依托产业优势,建设技术转移机构,打通产业链上下游技术转移链条;鼓励和支持高校院所依托自身优势,深耕专业领域,发展专业化技术转移机构,加快转移本单位和该专业领域的科技成果""建设全球技术交易大市场,申办中国(浙江)科技成果交易中心,支持交易中心探索'技术淘''技术筹''技术缘''技术拍'等交易方式,构建和完善技术交易商业生态"等。

8.2.2.4　财政金融

江苏省的财政金融政策篇幅占比最高,约为33.3%;其次为上海市,篇幅占比约为29.6%;浙江省和安徽省篇幅最小,约24%左右。

就政策内容差异而言,江苏省大力发展专利保险等金融产品,鼓励科技创业带动科技成果转化,对房产税、城镇土地税有一定的减免优惠,推进"苏科贷"试点等,财政政策多样且全面。上海市试点建立科技成果概念验证引导资金,推动知识产权证券化,投入资金应用于基础设施建设、研发平台运行、中试试验应用过程和人才培养等多个方面，投入范围广。浙江省对于军民融合技术转移给予补助，拓宽"科技创新券"的实施范围及条件，开展技术产权证券交易试点业务，对符合条件的技术受让方给予奖补等。安徽省支持银行业金融机构在科技资源集聚区设立科技支行，其余财政金融政策则中规中矩，普适性较高。

8.2.3 粤港澳大湾区技术转移相关法规和政策分析

粤港澳大湾区建设是国家重大发展战略，科技创新在大湾区战略规划和建设布局中具有重要地位和作用。2019年2月，国家正式发布《粤港澳大湾区发展规划纲要》，提出要"创新机制、完善环境，将粤港澳大湾区建设成为具有国际竞争力的科技成果转化基地"。从现实情况来看，港澳地区的科技创新资源丰富，港澳高校与科研院所的科研能力处于国际领先水平，具有其独特的科研优势。[15]本节所分析的粤港澳大湾区相关法规与政策见表8-6。

表8-6 粤港澳大湾区科技成果转化政策

省份/特别行政区	发文时间	文件名称
广东省	2020年（修正）	《广东省技术市场条例》
广东省	2019年（修正）	《广东省促进科技成果转化条例》
广东省	2018年	《关于进一步促进科技创新的若干政策措施》
香港特别行政区	2021年	《行政长官2021年施政报告》
澳门特别行政区	2021年	《横琴粤澳深度合作区建设总体方案》
澳门特别行政区	2000年	《科学技术纲要法》

8.2.3.1 人才培养与激励

有关人才培养与激励的内容，香港特别行政区最多，共有17条，篇幅占比约为35%；广东省其次，有12条，篇幅占比约为28%；澳门特别行政区最少，仅有6条，篇幅占比约为9%。

香港特别行政区政府一直推行不同政策措施，双管齐下壮大香港的人才资源。例如，实行"杰出创科学人计划"，加大力度资助大学吸引国际知名的创科学者和其团队来港参与教研，以培育本地人才；成立"大湾区创科飞跃学院"作为人才交流平台；扩大"优秀人才入境计划"年度配额，以引进国外优秀人才。

广东省和澳门特别行政区均致力于采取多样化的支持措施，吸引和集聚国内外高端人才。两地均采取完善外国人才签证政策、对国内外人才实行税收优惠等措施。此外，广东省率先实施更优人才永久居留政策，在珠三角九市先行先试技术移民制度；采取减轻在粤工作的港澳人才、外籍高层次人才内地工资薪金所得税税负等财政措施；在高校、科研机构、高新技术产业开发区（以下简称高新区）等人才密集区建设产权型或租赁型人才住房。而澳门特别行政区则通过对符合条件的国际高端人才给予进出合作区高度便利，为其提供更加优质服务；引进世界知名大学，建设国家级海外人才离岸创新创业基地等举措，壮大人才队伍。

8.2.3.2 企业、高校与科研院所

广东省和香港特别行政区涉及企业、高校与科研院所的政策内容均在25条以上，其中广东省39条，香港25条，篇幅占比均在60%左右。澳门特别行政区最少，只有9条，篇幅占比约为30%。

就内容差异而言，广东省加强科研用地保障，选择若干高校、科研机构试点自主招租或授权运营机构公开招租；加快建设省实验室和新型研发

机构，稳步推进省属公益类科研机构改革；加大企业创新普惠性支持，调整优化企业研发财政补助政策，并适当向粤东西北地区企业倾斜；鼓励各地级以上市建立高成长性科技型企业种子库，提供分类施策和一企一策靶向服务。

香港特别行政区为香港大学和香港中文大学提供土地作科研用途；进一步快速发展数码港工程；全速进行科学园的扩展工程，以便提供更多空间给科技企业及初创公司；优化和举办更多知识产权管理人员计划培训课程，以协助中小企业建立知识产权保护机制、管理和商品化的人力资源。澳门特别行政区组织实施国际大科学计划和大科学工程，高标准建设澳门大学等院校的产学研示范基地，构建技术创新与转化中心，推动合作区打造粤港澳大湾区国际科技创新中心的重要支点；支持珠海、澳门相关高校、科研机构在确保个人信息和重要数据安全前提下，实现科学研究数据跨境互联互通。

8.2.4 成渝地区双城经济圈技术转移相关法规和政策分析

2020年，党中央作出推动成渝地区双城经济圈建设的重大战略部署，指出"使成渝地区成为具有全国影响力的科技创新中心"。成渝地区双城经济圈的科技创新资源相对丰富，科技服务平台初具规模，科技成果转化成效显著，但与京津冀、长三角、粤港澳大湾区相比，仍然存在一定差距。陕西省作为西部地区技术转移发展较好的省份，并入成渝地区双城经济圈一同分析。本节所分析的成渝地区双城经济圈和陕西省相关法规与政策见表8-7。

表 8-7　成渝地区及陕西省科技成果转化政策

省份/直辖市	发文时间	文件名称
四川省	2022年	《增强协同创新发展能力行动方案》
	2018年	《四川省技术转移体系建设方案》
	2018年	《四川省促进科技成果转化条例》
重庆市	2021年	《重庆市进一步促进科技成果转化的实施细则》
	2020年（修订）	《重庆市促进科技成果转化条例》
陕西省	2021年	《优化创新创业生态着力提升技术成果转化能力行动方案》
	2017年（修订）	《陕西省促进科技成果转化条例》

8.2.4.1　人才培养与激励

陕西省和四川省的人才政策投入相当，篇幅占比均为22%左右，重庆市较少一些，占比约为19%。

陕西省采取设立军民融合产业基金，加强军民两用人才的培养；对于引进的科技成果转化人才，在居留、户籍、住房、医疗以及子女就学等方面简化程序、提供便利；支持企业与研究开发机构、高等院校联合建立学生实习培训和研究生科研实践等教学科研基地，共同培养科技成果转化人才等措施。

四川省采取的措施有：加快推进"双一流"建设，提升人才培养、学科建设、科技研发"三位一体"创新水平；推动国内一流高校与省属高校"结对子"，建设实习基地和优质生源地；川渝协同开展海内外高层次人才招引，动态调整引进人才结构，重点引进战略科技人才、科技领军人才、青年科技人才、基础研究人才和高水平创新创业团队；鼓励有关部门和市县实施人才计划（工程、项目），向重点产业一线领军人才、青年人才倾斜；开展省级人才计划前置改革，对国家实验室、天府实验室等重大创新平台和国防科技领域重点用人单位给予人才计划配额；全面推行"天府英才卡"制度，完善省市县三级服务保障体系，为符合条件的重点人才提供子女就学、安居、医疗等服务等措施。

重庆市通过组建市场化运营的技术经理人行业协会，搭建高校院所、专业机构和各类人员交流和资源聚合的桥梁，开展优秀技术经理人和优秀服务案例评选；市人力资源和社会保障、科学技术、教育以及其他有关主管部门建立符合科技成果转化工作特点的人才评价机制等措施培养人才。

8.2.4.2 企业、高校与科研院所

重庆市和陕西省颁布的涉及企业、高校与科研院所的政策所占篇幅高达70%，四川省的篇幅占比也在50%以上，可以看出成渝地区及陕西省十分重视技术主要供给方与需求方的发展。

就政策内容而言，重庆市采取的特色措施有：鼓励和支持利用财政资金设立的研究开发机构、高等院校在本市转化科技成果，按照技术合同实际成交额给予一定比例的补助；推进赋权科技成果限时转化，成果完成人自单位赋权之日起1年内未实质性启动成果转化的，试点单位可以自行组织或委托第三方开展成果转化；推动环中国科学院大学重庆学院创新生态圈建设；鼓励担任行政职务的科研人员转化成果等。

陕西省将创新创业教育和实践课程纳入高校课程体系，推行创新创业学分积累与转换制度；鼓励企业、研究开发机构、高等院校与农业技术推广机构、农业专业技术协会、农民专业合作社、农户开展科技成果交流、科技咨询和信息服务；鼓励研究开发机构、高等院校、企业与社会共享大型科学仪器设施、实验室、科技文献等科技资源，为科技成果转化活动提供服务；鼓励各市（区）政府加强与在陕高校合作，将大学科技园建设纳入发展规划，支持主城区利用高校资源建设环大学创新经济圈等。

四川省采取的措施有：实施高新技术企业倍增计划、科技型中小企业

和专精特新"小巨人"企业培育计划，培育一批创新型中小企业、创新型头部企业、单项冠军企业和隐形冠军企业；完善四川高校"双一流"建设体系，持续培育和扩大四川"高峰学科"，不断提升国内国际影响力；支持符合条件的"军民融合"科技型企业发债、上市；支持新型研发机构建设和转制类院所创新发展；支持川渝高校、科研院所和企业联合参与国际大科学计划和大科学工程，加强前沿领域国际科技联合攻关等。

8.2.4.3 技术市场及其中介服务机构

在技术市场及其中介服务机构方面，两省一市的篇幅占比均在20%以上，重庆市略高一些，占比约为26%，四川省和陕西省则为21%。

重庆市的主要举措有积极打造西部科技成果转化集聚地；支持中国科学院重庆产业技术创新与育成中心、中国科学院科技产业化网络联盟重庆科技成果转移转化中心等做大做强；推动中国科学院知识产权运营管理中心在渝设立分中心，加快中国科学院高价值专利在渝转移转化；搭建中国（重庆）与新加坡科技成果转化平台，开展科技成果转化合作；建立一批国际技术转移机构，拓展中国—匈牙利技术转移中心（重庆）模式等。

四川省的主要举措有：积极推进中国—欧洲中心、西部国际技术转移中心、天府国际技术转移中心等建设；鼓励军民两用技术交易、军民两用再研发、军民两用科技成果等平台建设；引导和支持科技成果转化服务机构依法成立行业组织；成立技术转移联盟，引导各类技术转移机构规范运行等。

陕西省的主要举措有：推动在陕高校建设专业化、市场化技术转移机构，成立陕西省高校技术经理人协会；引进专业知识产权运营、科技咨询、检验检测等科技服务机构，健全"孵化器—加速器—产业园"全链条孵化体系；积极申建陕西高校技术成果转化交易中心等。

8.2.4.4 财政金融

陕西省的财政金融政策投入最多，篇幅占比约为38%以上；重庆市同样重视财政金融在技术转移中的作用，其政策篇幅占比约为25%；四川省财政金融政策篇幅则较少，约为18%。

就内容差异而言，陕西省的财政金融措施包括国有独资企业及国有控股企业当年对科技成果转化的经费投入，可以在经营业绩考核中视同利润。可以通过发放科技创新券或者采取直接补助等方式支持企业、事业单位和创业者的科技创新和科技成果转化，科技创新券用于购买科技成果和成果评价、检验检测、研究开发设计、中间试验等服务，在全省范围内使用，各地不得设置限制条件。从"十四五"起，省财政新增的高等教育发展资金，优先与高校横向课题收入、技术成果转移转化交易额、大学科技园产值等指标挂钩。支持各市（区）政府利用地方政府专项债券建设和升级本地科技企业孵化器等。

重庆市鼓励建立科技型企业知识价值信用贷款体系，完善知识价值信用评价机制，支持金融机构为科技型企业提供知识价值信用贷款；对符合条件的专业化科技成果转化机构，根据上年度科技成果转化绩效，市级给予每年不超过100万元的奖励补贴；举办行业创投峰会，吸引国内外知名创投机构、产业资本集聚重庆、投资重庆等。

四川省采取的措施有：支持在国家和省级高新区等科技资源聚集地区设立科技金融专营机构，构建覆盖科技创新全过程的财税资金支持引导和银行业保险业服务机制；推广"盈创动力""天府科创贷""双创"债务融资等科技金融创新服务模式；开展科研经费"包干制"试点等。

8.3 高校技术转移相关政策分析

高校作为创新要素集聚、创新人才汇聚、创新成果凝聚的国家技术创新体系的重要组成部分，在推进科技成果转化为现实生产力方面发挥着重要作用。党的十九大报告明确指出要深化科技体制改革，建立以企业为主体、市场为导向、产学研深度融合的技术创新体系，加强对中小企业创新的支持，促进科技成果转化。在这一背景下，我国高校改革突破原有体制机制障碍、出台各类规章制度，科技成果转化工作正在从量的积累向质的飞跃、从点的突破向系统能力提升转变。

我国学者基于不同工具对我国高校科技成果转化政策进行了分析。郑晓齐等学者采用麦克唐纳（McDonnell）和艾莫尔（Elmore）政策工具的分类，从政策历史发展脉络、政策工具使用情况以及"政策工具—主题"二维框架等多角度，对改革开放以来政府发布的高校科技成果转化相关政策展开分析。[16]郝涛等学者以36所国内"双一流"高校制定的科技成果转化政策为数据，采用文本量化的分析方法对目前我国高水平研究型大学科技成果转化政策的特点和不足进行分析。[17]高振等学者运用系统动力学方法，构建高校科技成果转化系统动力学因果关系图和系统流图，通过Vensim软件仿真分析政策变动效应对科技成果转化的影响，并提出政策优化建议。[18]邓瑾等学者结合对高校教师的问卷调查与访谈，分析江西省高校关于科技成果转化管理办法，发现在高校科技成果转化的政策供给方面存在配套规章制度不完善情况。[19]

根据《中国科技成果转化2020年度报告（高等院校与科研院所篇）》中2019年高校转让、许可、作价投资三种方式转化科技成果合同金额前100名榜单和2019年高校以技术转让（转让、许可、作价投资）、技术开发、技术咨询、技术服务方式转化科技成果合同金额前100名榜单，对上榜的部分综合类、理工类以及其他类型（医药类、农林类和师范类）高校的科技成果转化相关政策进行梳理分析。

8.3.1 综合类高校

综合类高校覆盖的学科门类广泛，院系设置丰富，科研综合实力强劲。双榜单中共有大约40所综合类高校，数量位居第二。本节梳理的15所综合类高校有关科技成果转化的文件见表8-8。

表8-8 综合类高校有关科技成果转化文件

高校名称	文件名称	年份
东南大学	《东南大学促进科技成果转移转化实施方案》	2017
复旦大学	《复旦大学科技成果转化管理办法》	2016
华中科技大学	《华中科技大学科技成果转化管理办法》	2019
暨南大学	《暨南大学促进科技成果转化管理办法（试行）》	2016
南京大学	《南京大学科技成果转化条例》	2017
南开大学	《南开大学促进科技成果转化管理办法实施细则（试行）》	2018
清华大学	《清华大学科技成果评估、处置和利益分配管理办法》	2015
山东大学	《山东大学科技成果转移转化工作管理办法》	2021
上海交通大学	《上海交通大学科技成果转化奖励激励管理办法（试行）》	2021
四川大学	《四川大学科技成果转化行动计划（试行）》	2016
武汉大学	《武汉大学科技成果转移转化和收益分配管理办法》	2017
西安交通大学	《西安交通大学科技成果转化管理办法》	2016
西南大学	《西南大学促进科技成果转移转化管理办法》	2021
浙江大学	《浙江大学科技成果转化审批细则》	2019
中南大学	《中南大学科技成果转化管理办法》	2020

注：表中内容按高校名称字母顺序排列。

8.3.1.1 收益分配

综合类高校的收益（以下均指净收益）分配方式主要有两种，大部分高校按照固定比例分配（表8-9），少数高校分类讨论分配比例，且分类依据有所不同，如四川大学按照科技成果是否实行所有权确权和是否在蓉在川转化分类讨论（表8-10），山东大学则按照转移转化收益形式分为"全部为货币资金形式"和"股权+货币资金"两类。

表 8-9　综合类高校科技成果转化收益分配情况

高校名称	科技成果转化收益分配比例					备注
	转让、许可等			作价入股			
	成果完成人/团队	学院（系）等二级单位	学校	成果完成人	学校（资产公司代持）	
西南大学	90%	2%	3%	≤80%	≥20%	将转让、许可收益的5%用于奖励做出重大贡献的管理人员或机构
暨南大学	85%	5%	10%	85%	15%	
南京大学	80%	10%	10%	80%	20%	
南开大学	80%	10%	10%	80%	20%	
西安交通大学	80%	5%	15%	80%	20%	采用混合实施方式将所得收益的20%现金部分归学校，80%股权奖励给成果完成人

续表

高校名称	科技成果转化收益分配比例					备注
^	转让、许可等			作价入股		
^	成果完成人/团队	学院（系）等二级单位	学校	成果完成人	学校（资产公司代持）	^
山东大学	80%	10%	5%	70%	30%	将许可收益的5%划入科技成果转化专项经费
^	75%	12.5%	7.5%	^	^	将转让收益的5%划入科技成果转化专项经费
武汉大学	70%	20%	10%	70%	30%	
清华大学	70%	15%	15%	70%	15%	将作价入股收益的15%分配给所在院系
复旦大学	70%	15%	15%	70%	15%	将作价入股收益的15%分配给学院（系）
浙江大学	70%	10%	15%	70%	30%	将转让、许可收益的5%分配给研究所
中南大学	70%	10%	20%	70%	30%	
东南大学	70%	10%	20%	70%	20%	将作价入股收益的10%分配给学院（系）
华中科技大学	70%	10%	12%	70%	15%	将转让、许可收益的8%作为科技成果转化服务中心经费；作价入股收益15%分配学院（系）

续表

高校名称	科技成果转化收益分配比例					备注
	转让、许可等			作价入股			
	成果完成人/团队	学院（系）等二级单位	学校	成果完成人	学校（资产公司代持）	
上海交通大学	70%	15%	15%	60%	20%	将作价入股收益的20%分配给科技成果完成人所属单位

数据来源：各高校官网文件。
注：表中顺序按成果完成人的分配比例由高到低排列。

山东大学和四川大学对收益分配比例做出了更加详细的规定，也是15所综合类高校中分开讨论许可和转让比例的高校。

表8-10 四川大学科技成果转化收益分配情况

转化类型		成果完成人	院级（所、中心等）	校级
未实行所有权确权分割	技术许可	85%	4.5%	10.5%
	（在蓉在川转化）	90%	3%	7%
	技术转让	70%	9%	21%
	（在蓉在川转化）	75%	7.5%	17.5%
已实行所有权确权分割	技术许可、转让作价入股	按确权比例分配	确权比例中学校部分的30%	确权比例中学校部分的70%
技术开发、服务、咨询项目结余经费		绩效奖励≤60%持续研究≥30%	专项管理费=1/6绩效奖励金额 30%专项管理费	70%专项管理费

数据来源：四川大学官网文件。

从转化收益分配成员来看，就转让、许可而言，15所高校的分配成员均包含成果完成人（团队）、成果完成人所在二级单位以及学校三部分，且分配给成果完成人的收益占比最高。对于作价入股收益，有9所高校仅分配给成果完成人（团队）和学校，6所学校同时奖励给成果完成人所在二级单位。此外，个别高校明确规定将部分收益划入科技成果转化经费，例如山东大学和华中科技大学。

从转化收益分配比例来看，15所综合类高校分配给成果完成人（团队）的收益比例远高出《科技成果转化法》规定的下限50%。就转让、许可而言，成果完成人的收益占比均在70%以上。其中，西南大学奖励比例最高，达到90%；其次为暨南大学，达到85%；南京大学、南开大学和西安交通大学为80%，山东大学按"全部为货币资金"和"股权＋货币资金"两类分为80%和75%，且许可比转让高出5%；其余8所高校则为70%。对于作价入股收益，除上海交通大学的分配比例为60%外，其余高校均达到70%以上，其中以暨南大学85%的比例为最高，南京大学、南开大学和西安交通大学3所高校为80%，西南大学分配比例落在小于等于80%的区间内，其余8所均为70%。

四川大学将科技成果按照是否对所有权实行确权分割分为两类，每一类都对转让、许可以或作价入股方式做出相应规定。未实行确权分割的科技成果，仅有许可和转让两种转化方式，其中，成果完成人（团队）采取许可方式的收益比转让高出15%。已实行确权分割的，三种转化方式均按照确权比例分配收益。特别的，以实施许可和技术转让方式在蓉在川转化的，学校在原有奖励基础上再增加5%给成果完成人；以作价投资方式在蓉在川转化且产生显著的经济和社会效益的，最高可再将学校权益部分的30%奖励给成果完成人。可见，四川大学鼓励学校科技成果优先在四川及成都地区进行转化。此外，四川大学还对技术开发、服务、咨询项目的结余经费做出详细规定，是15所综合类高校中分配比例描述最全面、最详细的。

8.3.1.2 技术转移队伍建设

高校为提高自身技术转移能力，纷纷采取相应措施。上海交通大学提出建立科技成果转化专员的准入、培训、激励、考核等制度，逐步形成一支高水平、专业化的人才队伍。山东大学提出建设专业化的技术经济人队伍以提供专业化的服务。四川大学支持有条件的学院（所、中心等）和国家级科研基地设置专职成果转化服务岗位，建立一支规模化的专职转化服务人才队伍。西安交通大学鼓励支持建设成果转化职业经理人队伍。华中科技大学明确要培养兼具科技、管理、法律、财务和市场等知识的服务与科技成果转化的复合型人才。中南大学成立知识产权中心，为科技成果转化提供专业服务。

8.3.1.3 资金保障

资金问题是科技成果转化过程中必须解决的重要问题，除横向科研经费以外，部分高校还设立专门的基金以促进科技成果的转化。例如上海交通大学的科技成果转化基金、知识产权管理与转化运营基金，山东大学的专项基金，四川大学的校地联合创新基金、校企联合创新基金，武汉大学的知识产权专项基金、东南大学和西南大学的科技成果转移转化基金，南京大学的技术创新基金，华中科技大学的专利基金、科技成果转化基金等。

高校政策中既有上述普适性条例，也有部分"特色政策"。上海交通大学的转化类型中明确指出"完成人实施"及"专利直通车"，分别为转让及许可的特殊形式："完成人实施"指学校允许科技成果完成人利用职务科技成果，开办或参股创办企业，开展与科技成果相关的生产和服务活动，学校在同等条件下优先将科技成果向完成人转让；"专利直通车"指学校把有权且尚未缴纳维持费的专利，免费许可给境内居民或企业实施成果转化。浙江大学加快推进"16+X"科技联盟建设，推进交叉研究；深入实施"百人计划",不断优化科技创新团队。武汉大学设立科技成果转化专项服务经费,支持专业服务队伍的建设及科技成果转化办公室业务拓展;建立知识产权与技术转移公共服务信息平台,为科技成果管理与转化提供便利。西南大学允许在校生保留学籍休学创业。东南大学持续推进科研设施和仪器设备开放共享,为科技成果转化和创新创业提供服务支撑。

8.3.2 理工类高校

理工类高校学科专业聚集度高,对产业需求敏感度较高,应用开发能力较强。双榜单中共有约62所理工类高校,数量最多。本节梳理的15所理工类高校有关科技成果转化的文件,具体内容见表8-11。

表 8-11　理工类高校有关科技成果转化的文件

高校名称	文件名称	年份
大连理工大学	《大连理工大学促进科技成果转化实施办法(修订)》	2017
东北大学	《东北大学科技成果转化管理颁发实施细则》	2016
福州大学	《福州大学横向合作和科技成果转移转化管理办法(试行)》	2021
哈尔滨工业大学	《哈尔滨工业大学促进科技成果转化管理办法》	2020
华东理工大学	《华东理工大学科技成果转化管理办法(试行)》	2019
南京工业大学	《南京工业大学科技成果转化管理办法》	2019
南京航空航天大学	《南京航空航天大学科技成果转化管理办法》	2020
南京理工大学	《南京理工大学科技成果转移转化管理办法》	2016
上海科技大学	《上海科技大学科技成果转化管理暂行实施细则(修订稿)》	2021
沈阳化工大学	《沈阳化工大学促进科技成果转化政策试点方案》	2018

续表

高校名称	文件名称	年份
太原理工大学	《太原理工大学科技成果转化奖励办法》	2015
武汉理工大学	《武汉理工大学科技成果转化管理办法》	2018
西北工业大学	《西北工业大学促进科技成果转化管理办法》	2016
西南交通大学	《西南交通大学职务科技成果转化实施细则（试行）》	2018
中国矿业大学	《中国矿业大学科技成果转化管理办法》	2020

注：表中内容按高校名称字母顺序排列。

8.3.2.1 收益分配

理工类高校的收益（以下均指净收益）分配方式主要有两种，多数高校按照固定比例分配，部分高校分类讨论分配比例，例如上海科技大学根据科技成果完成人单位分类讨论，沈阳化工大学根据是否在省内转化分类讨论（表8-12），东北大学和武汉理工大学以转化实际金额分类讨论（表8-13和表8-14）。

表 8-12 理工类高校科技成果转化收益分配情况

高校名称	科技成果转化收益分配比例					备注
^	转让、许可等			作价入股		^
^	成果完成人	学院（系）等二级单位	学校	成果完成人	学校（资产公司代持）	^
太原理工大学	90%	5%	5%	90%	10%	
中国矿业大学	80%	—	20%	80%	20%	

续表

高校名称	科技成果转化收益分配比例					备注
	转让、许可等			作价入股		
	成果完成人	学院（系）等二级单位	学校	成果完成人	学校（资产公司代持）	
南京航空航天大学	80%	6%	8%	70%	30%	将转让、许可收益的6%分配给技术转移中心
沈阳化工大学	80%	5%	5%	同转让许可分配比例		省内转化，将收益的10%作为课题组预研基金
	70%	10%	10%			省外转化，将收益的10%作为课题组预研基金
哈尔滨工业大学	≥70%	—	≤30%	50%~90%	10%~50%	
南京工业大学	70%	10%	10%	90%	10%	将转让、许可收益的10%奖励给做出重要贡献人员
西南交通大学	70%	15%	15%	70%	30%	
华东理工大学	70%	5%	10%	70%	30%	将转让、许可收益的15%作为成果完成人团队发展金
南京理工大学	70%	10%	10%	70%	30%	将收益的10%作为技术转移中心运营经费及成果转移转化专项基金

续表

高校名称	科技成果转化收益分配比例					备注
	转让、许可等			作价入股		
	成果完成人	学院（系）等二级单位	学校	成果完成人	学校（资产公司代持）	
福州大学	70%	10%	20%	70%	30%	
西北工业大学	70%	10%	20%	60%	40%	
大连理工大学	70%	—	30%	30%~50%	50%~70%	
上海科技大学	1/3	1/3	1/3	同转让许可分配比例		学校直属研究所作为成果完成人
	1/4	1/4	1/2			
	30%	35%	35%			研究所常任教授团队作为科技成果完成人

数据来源：各高校官网文件。
注：表中顺序按成果完成人的分配比例由高到低排列。

东北大学和武汉理工大学均以转化实际金额为基数，阶梯递进式制定分配标准，且东北大学许可与转让的分配标准不同，也是15所理工类高校中唯一将许可与转让进行区别的高校。

表8-13 东北大学科技成果转化收益分配情况

转化合同额A/万元	转化方式	收益分配比例/%	
		成果完成团队	学校
A<1000	许可	90	10
	转让	80	20

续表

转化合同额 A/万元	转化方式	收益分配比例 /%	
		成果完成团队	学校
A＜1000	作价入股	70	30
A≥1000	许可	92	8
	转让	85	15
	作价入股	80	20

数据来源：东北大学官网文件。

表 8-14　武汉理工大学科技成果转化收益分配情况

转化方式	单项转化价格/作价金额 A/万元	收益分配比例 /%		
		成果完成人	所在单位	学校（资产公司代持）
转让许可	A＜50	70	10	20
	50≤A＜100	75	8	17
	A≥100	80	6	14
作价投资	A≤500	50	10	40
	500＜A≤1000	55	8	37
	A＞1000	60	6	34

数据来源：武汉理工大学官网文件。

从转化收益分配成员来看，就转让、许可而言，大多数理工类高校的分配成员包含成果完成人（团队）、成果完成人所在二级单位以及学校三部分，仅有4所高校没有分配给成果完成人所在二级单位。此外，个别高校明确规定将部分收益划入其他单位或用途，例如华东理工大学将15%的收益作为成果完成人团队发展金，南京理工大学将10%的收益作为技术转移中心运营经费及成果转移转化专项基金。对于作价入股收益，除上海科技大学和武汉理工大学分配给二级单位之外，其余13所高校仅分配给成果完成人

（团队）和学校。

从转化收益分配比例来看，除上海科技大学之外的14所理工类高校的分配给成果完成人的收益比例均高于50%。就转让、许可而言，成果完成人的收益占总收益的比例均在70%以上。其中，太原理工大学对成果完成人的奖励比例最高，达到90%；其次为南京航空航天大学和中国矿业大学为80%，沈阳化工大学按省内外转化分为80%和70%，哈尔滨工业大学的分配比例不低于70%；其余7所高校则为70%；上海科技大学为30%左右。对于作价入股收益，15所高校的比例差异较大。太原理工大学和南京工业大学的分配比例高达90%，而大连理工大学为30%~50%，上海科技大学仅为30%左右，其余11所高校则以70%居多。可以看出，各高校对作价入股的收益分配持不同意见。

此外，太原理工大学是唯一一所对职工根据专业特长创作和制作的艺术品、工艺品等转让或为社会提供设计服务所产生的收益做出明确规定的高校，成果完成人及所在学院（所）的比例为9∶1。福州大学对成果完成人及转化团队申请不持有作价入股股权的，规定股权全部由资产经营有限公司代表学校持有，且其收益由成果完成人及转化团队、学校与研发团队主要成员所在二级单位按7∶2∶1分配。沈阳化工大学的成果完成团队，在省内进行转化获得的收益奖励比在省外进行转化的高出10%，可见沈阳化工大学鼓励教职工、学生优先在省内转化科技成果。

8.3.2.2 技术转移队伍建设

为更好地促进科技成果转化，多数高校集思广益以提高自身技术转移能力。武汉理工大学指出要加强与专业技术转移机构、专业技术经纪人合作；东北大学提出建立成果转化职业经理人队伍；南京工业大学鼓励科研管理人员作为技术经纪人开展技术转移活动，提高技术转移能力；沈阳化工大学重视人才的培养培训；福州大学通过建立企业高层次人才工作驿站，提高科技创新与成果产业化能力，同时鼓励在二级单位设立兼职技术转移专员。

8.3.2.3 资金保障

为避免科技成果转化过程中出现资金不足的问题，除横向科研经费以外，部分高校还设立专门的基金以促进科技成果的转化。例如大连理工大学的学校专利资助基金、科技成果转化专项基金，东北大学与武汉理工大学科技成果转化基金，哈尔滨工业大学科技成果转移转化及知识产权管理与运营基金，福州大学的专利基金，南京理工大学的成果转移转化专项基金，以及沈阳化工大学的科研发展基金等。

理工类各高校同时针对实际情况制定了部分适应自身发展的"特色规定"。西南交通大学和南京工业大学均明确规定对专利的分割确权，西南交通大学的职务发明专利由学校与职务发明人按3∶7的比例共享专利权；南京工业大学则更详细一些，对实施许可、转让的专利按学校与职务发明人3∶7的比例共享知识产权，对作价入股的专利按学校与职务发明人1∶9的比例共享知识产权。大连理工大学鼓励从事科研工作的人员进行公益性兼职，积极参与决策咨询、扶贫济困、科学普及、法律援助和学术组织等活动。武汉理工大学引入科技风险投资和科技创业投资，构建投融资等支撑服务平台，通过多途径、多方式推进科技成果转化。东北大学旨在打造"东大特色"人才培养模式。中国矿业大学鼓励教师优先向中小微企业推介、转移科技成果，且允许在校生保留学籍休学创业。福州大学强化学院在横向合作和科技成果转移转化工作中的主导作用和责任，建立针对学院的横向合作和科技成果转移转化考核机制。与其他高校规定的3年离岗期不同，沈阳化工大学教职人员离岗期可选择3年或5年；同时高级职称人员指标比例有所提高，教授指标比例申请提高到15%，副教授指标比例申请提高到40%。

8.3.3 其他类型高校

除综合类与理工类高校外，榜单中还包括了其他类型的高校，主要为农林类、师范类与医药类高校。其中，农林类有10所高校上榜，数量最多；师范类与医药类各有6所高校上榜，数量相当。12所高校出台的有关科技成果转化的文件具体内容见表8-15。

表 8-15 其他类型高校有关科技成果转化的文件

高校类型	高校名称	文件名称	年份
农林类	华南农业大学	《华南农业大学促进科技成果转化管理办法》	2021
	华中农业大学	《华中农业大学科技成果转让和许可管理办法（修订）》	2020
		《华中农业大学对外投资及所办企业管理办法》	2017
	南京农业大学	《南京农业大学科技成果转移转化管理办法》	2019
	山东农业大学	《山东农业大学科技成果转化工作管理规定》	2016
	上海海洋大学	《上海海洋大学科技成果转化实施办法》	2019
	西北农林科技大学	《西北农林科技大学科技成果转化管理办法》	2017
	中国农业大学	《中国农业大学科技成果转化办法（2022年修订）》	2022
师范类	杭州师范大学	《杭州师范大学促进科技成果转化管理办法》	2017
	华南师范大学	《华南师范大学科技成果转化管理办法（修订）》	2019
	江苏师范大学	《江苏师范大学科技成果转化管理办法》	2014
医药类	上海中医药大学	《上海中医药大学、上海市中医药研究院科技成果转化实施办法（试行）》	2016
	中国药科大学	《中国药科大学促进科技成果转化实施办法》	2017

注：表中内容按高校名称字母顺序排列。

8.3.3.1 收益分配

农林类、师范类与医药类高校的收益（以下均指净收益）基本按照固定比例分配，4所高校采取分类讨论分配比例的方式，如中国农业大学根据科技成果维持方式分类讨论，西北农林科技大学根据科技成果完成人身份分类讨论，华南师范大学以转化实际收益为基数阶梯递进式制定分配标准，江苏师范大学根据科技成果转化人单位分类讨论（表8-16）。

表8-16 农林类、师范类与医药类高校科技成果转化收益分配情况

高校名称	科技成果转化收益分配比例					备注
	转让、许可等			作价入股			
	成果完成人	学院（系）等二级单位	学校	成果完成人	学校（资产公司代持）	
山东农业大学	80%	10%	10%	70%	20%	收益分配前学校按8%的比例提取管理费，作价入股的股权收益10%分配给学院
华南农业大学	80%	10%	10%	≥50%	≤50%	
南京农业大学	70%	10%	10%	70%	30%	将转让、许可收益的10%作为技术转移中心收益
上海海洋大学	70%	—	30%	70%	30%	

续表

高校名称	科技成果转化收益分配比例					备注
^	转让、许可等			作价入股		
^	成果完成人	学院（系）等二级单位	学校	成果完成人	学校（资产公司代持）	^
中国农业大学	70%	10%	10%	70%	30%	科技成果由完成人使用纵向或横向课题经费申请和维持，将转让、许可收益的10%分配给社会服务处（技术转移中心）
^	60%	15%	15%	70%	30%	科技成果完成人不再维持，由社会服务处（技术转移中心）代表学校统一处置
华中农业大学	70%	15%	15%	≥50%	≤50%	
西北农林科技大学	60%	10%	20%			转让、许可收益的10%归完成人所在课题组
^	60%	10%	30%	50%	50%	离职、退休科技人员为成果唯一完成人
^	60%	10%	30%			仅由学生申报、专利权人为学校的专利

续表

高校名称	科技成果转化收益分配比例						备注
^	转让、许可等			作价入股			^
^	成果完成人	学院（系）等二级单位	学校	成果完成人	学校（资产公司代持）	^
杭州师范大学	90%	5%	5%	90%	5%	作价投资取得股份的5%分配给学院（部门）
华南师范大学	90%	5%	5%	90%	10%	收益在500万元及以上
^	85%	7.5%	7.5%	85%	15%	收益在500万元以内
江苏师范大学	90%	—	10%	按出资比例进行分配，技术入股收益分配比例不超过50%		成果完成人自行转化
^	70%	20%	10%	^		二级单位和成果完成人共同转化
^	70%	—	30%	^		学校技术转移中心转化
中国药科大学	80%	5%	15%	80%	20%	
上海中医药大学	70%	—	30%	≥50%	≤50%	

数据来源：各高校官网文件。
注：表中顺序按成果完成人的分配比例由高到低排列。

  从转化收益分配成员来看，就转让、许可而言，三类高校中多数的分配成员包含成果完成人（团队）、成果完成人所在二级单位以及学校三部分，各有一所高校没有分配给成果完成人所在二级单位。此外，个别高校明确规定将部分收益划入其他单位或用途，例如华东理工大学将15%的收益作为成果完成人团队发展金，南京理工大学将10%的收益作为技术转移中心运营经费及成果转移转化专项基金。对于作价入股收益，除山东农业大学和杭州师范大学分配给二级单位之外，其余10所高校仅分配给成果完成人（团队）和学校。

从转化收益分配比例来看，12所高校分配给成果完成人的收益比例均高于《科技成果转化法》规定的下限50%。就转让、许可而言，成果完成人的收益分配占比均在60%以上。其中，师范类高校分配给成果完成人的收益比例最高，3所师范类高校都能够达到70%~90%。农林类与医药类高校中，除西北农林科技大学和中国农业大学最低为60%外，其余高校均将70%或80%的收益奖励给成果完成人。对于作价入股收益，成果完成人的收益占比存在差距：师范类高校同样是最高，最高可达90%；农林类和医药类相对较低，其中西北农林大学仅为50%，华南农业大学、华中农业大学和上海中医药大学与我国法律规定完全一致，成果完成人的收益比例为50%及以上，其余高校大多为70%。

此外，各高校也有一些"特色"的收益分配政策。杭州师范大学是唯一一所明确指明政府对高校成果转化奖励经费分配比例的高校。华南师范大学规定以自行实施方式进行成果转化时，依托平台应当首选学校设立的地方研究院。江苏师范大学对非成果完成人使用他人成果实施转化的做出单独规定，成果转化人和成果完成人（项目组）收益分配占比90%，学校收益分配占比10%。中国农业大学对属于服务国家种业振兴、定点帮扶等重大战略的科技成果转化项目，收益分配比例采取"一事一议"方式决定。西北农林科技大学对离职、退休科技人员为成果唯一完成人和仅由学生申报、专利权人为学校的专利两种情况单独做出规定。

8.3.3.2 技术转移队伍建设

相较于综合类与理工类高校，其他类型高校对技术转移队伍建设的措施略显匮乏。南京农业大学单独拨出部分经费以加强技术经理人队伍建设；上海海洋大学指出要强化法律风险防控机制，加强法务审核，为成果转化工作顺利开展提供法律保障，并将成果转化工作列入学校对各二级单位的考核指标；中国药科大学提出技术转移中心应该通过培训、市场聘任等方式建立专业化技术经纪人队伍，同时设立专门的科技成果转化岗位。

8.3.3.3 资金保障

为避免科技成果转化过程因资金问题而被迫中止，高校提出不同的保障措施。中国农业大学设立成果转化基金，江苏师范大学设立科研发展基金、创新创业基金，上海中医药大学设立上海中医药大学科技成果转化基金，这些基金主要用于支持具有较好市场前景的科技成果的转化；南京农业大学则提出学院部分单独设立"经费本"，主要用于学院成果转移转化管理工作及平台建设、技术经理人队伍建设及从事学院成果转移转化和社会服务人员绩效奖励等。

8.3.4 高校政策对比分析

总体而言，各类高校的技术转移相关政策内容均在我国法律法规所规定内容的基础上做出更加符合自身实际情况、适应未来发展方向的改变，各类高校之间既有相似之处，也存在着差异。

对于收益分配，在分配方式上，各类高校大多按照固定比例进行收益分配。分析的15所综合类高校中有13所高校均按照固定比例分配；15所理工类高校按照固定比例分配的高校略少，共有11所；12所其他类型高校按照固定比例分配的高校最少，共有8所。

在分配成员上，综合类高校更加注重对成果完成人所在二级单位的激励。综合类高校转让、许可收益均分配给成果完成人（团队）、其所在二级单位与学校三方,理工类和其他类型高校各有3所仅分配给成果完成人(团队)和学校两方;作价入股收益除分配给成果完成人(团队)和学校之外,约一半的综合类高校将同时奖励给成果完成人所在二级单位,而理工类和其他类型高校各仅有2所。

在分配比例上,综合类高校成果完成人(团队)的收益占比最高,其次为其他类型高校,理工类高校相对最低。综合类高校成果完成人(团队)的转让、许可收益占比均在70%以上,最高为90%;作价入股收益占比有一所高校为60%,其余高校均在70%以上,最高为85%。其他类型高校成果完成人(团队)的转让、许可收益占比均在60%以上,5所在80%及以上,最高为90%;作价入股收益分配占比均在50%以上,最高为90%。理工类高校虽然成果完成人(团队)的转让、许可收益大多在70%以上,最高也为90%,但只有3所在80%及以上,甚至有一所高校仅为30%左右;作价入股收益占比差异较大,最高达到90%,最低仅为30%左右。此外,根据比例可以看出,四川大学和沈阳化工大学均鼓励科技成果优先在省内转化。

对于技术转移队伍建设而言,综合类高校和理工类高校纷纷采取多样化措施以提高自身技术转移能力,例如设立科技成果转化专员、成立知识产权中心、建立企业高层次人才工作驿站等;其他类型高校则采取加强培训、市场聘任等基本措施,相较于综合类和理工类高校略显单一。对于资金保障而言,各类高校均通过不同的途径保障技术转移和科技成果转化过程顺利进行,例如成立科技成果转化和知识产权运营等专项基金、单独设立技术转移经费等。

8.4 小结

本章围绕技术转移与技术交易的多边平台主体组成,先分析了近年来我国法律法规及政策对应各主体的主要内容及其侧重点；然后，从我国重大战略区域出发，对京津冀、长三角、粤港澳大湾区及成渝双城经济圈的地方性法规及政策进行梳理归纳；最后，按照高校类别对我国部分高校科技成果转化政策有关收益分配、技术转移队伍建设以及资金保障三方面的内容进行梳理归纳。

（1）在国家层面的法律法规及政策方面，借助NVivo质性分析软件，通过对体制机制建设、企业、高校与科研院所、技术市场及其中介服务机构、财政金融机构五个主体进行词频及内容分析，发现不同主体的政策内容侧重点各有不同。

对于体制机制建设而言，其侧重点大多集中在加强技术供需双方信息交流与共享、加强军民技术转移体系构建与成果双向转化、发展农业技术转移并加速农业科技成果转化、重视知识产权保护与应用、注重强化基础研究和原始创新能力、加强中试基地与产业化基地建设、建立国家技术转移人才培养体系、进一步发挥政府的引导规范作用、营造良好的政策环境等方面。

对于企业而言，其侧重点大多集中在提升创新能力、发挥企业主导作用、促进产学研融合、设立技术转移相关部门和岗位、完善技术转移转化奖励与报酬制度、开展国际技术转移活动等方面。对于高校与科研院所而言，大多集中在丰富产学研合作形式与内容、完善收入分配激励约束机制、加强技术转移复合型人才培养、科研成果以市场需求为导向、改进科研人员绩效考核评价体系、完善有利于技术转移的人事管理制度等方面。

对于技术市场及其中介服务机构而言，其侧重点大多集中在优化技术市场分类布局、建立健全全国性技术交易市场、完善并规范技术市场交易和监督管理体系、提升中介服务机构专业服务水平和质量、加强国内外技术转移机构对接等方面。对于财政金融机构而言，大多集中在开展个性化金融支持服务、设立基金、拓展多样化资金渠道、完善税收优惠等方面。

（2）在地方层面的法规及政策方面，借助NVivo质性分析软件，通过对京津冀城市群、长三角城市群、粤港澳大湾区以及成渝地区双城经济圈的人才、企业与高校科研院所、技术市场及其中介服务机构、财政金融机构四个方面进行政策篇幅占比及内容分析，发现同一区域内不同城市或地区的侧重点也有所不同。

在京津冀城市群，天津市实施一系列人才培养计划加强人才的培养与激励，河北省加大对技术转移与技术交易的资金支持，北京市积极引导技术市场及其中介服务机构的专业化与规范化发展，一省两市均注重企业、高校与科研院所的技术转移建设与合作。

在长三角城市群，三省一市均强调技术转移人才的培养与激励，上海市和浙江省积极夯实技术市场功能与质量、培育专业化技术转移机构，江苏省和上海市尝试拓展多样化的资金渠道，江苏省和安徽省注重提升企业、高校与科研院所科技成果质量与技术转移能力。

在粤港澳大湾区，香港特别行政区人才培养与引进并重，双管齐下壮大香港和人才资源，广东省和澳门特别行政区采取多样化的支持措施，吸引和集聚国内外高端人才。三者均注重企业、高校与科研院所的科研基础建设与资源互通，推动技术转移转化高质量发展。

在成渝地区双城经济圈及陕西省，四川省通过学科建设、海内外高层次人才招引等人才培养与引进措施持续壮大人才队伍，重庆市积极发展与规范技术市场及其中介服务机构，陕西省加大对技术转移转化的资金支持，两省一市均采取多样化的措施加强企业、高校与科研院所的技术转移能力。

（3）在高校科技成果转化政策方面，政策内容基本围绕收益分配、技术转移队伍建设、资金保障、支持教研人员离岗创业或兼职、鼓励学生创新创业等方面展开，我们在对综合类、理工类以及其他类型（农林类、师范类和医药类）高校的有关前三个主要方面的政策内容进行归纳分析之后，发现各类高校间的政策内容既有相似之处，也存在着差异。

就收益分配而言，各类高校大多采用固定比例分配方式，其中以综合类高校居多，少数高校分情况采用不同的分配比例；综合类高校更加注重对科技成果完成人所在二级单位的激励。对收益分配比例分析发现，综合类高校成果完成人（团队）的收益占比最高，其次为其他类型高校，理工类高校相对最低。对于技术转移队伍建设而言，综合类和理工类高校纷纷采取多样化措施，其他类型高校的措施相较而言略显单一。对于资金而言，各类高校均通过不同的途径提供资金保障使技术转移和科技成果转化过程顺利进行。

综合上述高校政策分析来看，高校可以考虑通过细化人才激励政策提高科研人员转化活力，夯实高校技术转移队伍建设，提升专业化服务能力；通过加大资金投入以保障转化过程正常运转，提高自身科技成果转移转化水平。

本章参考文献

[1] 郭东妮. 中国高校技术转移制度体系研究［J］. 科研管理，2013, 34 (6)：115-121+160.

[2] 肖国芳，李建强. 改革开放以来中国技术转移政策演变趋势、问题与启示［J］. 科技进步与对策，2015, 32 (6)：115-119.

[3] 张玉华，李茂洲，杨旭淼. 基于主题模型的地方科技成果转化政策组态效应研究［J］. 中国科技论坛，2022, (5)：11-20+30.

[4] 门俊男. 浅议"三技"与科技成果转化——基于技术转移体系视角［J］. 今日科苑，2021, (5)：29-37.

[5] 白璐璐. 政策法规视角下中国技术转移体系发展梳理［J］. 科技传播，2019, 11 (21)：172-173.

[6] 蒋兴华，谢惠加，马卫华. 基于政策分析视角的科技成果转化问题及对策研究［J］. 科技管理研究，2016, 36 (2)：54-59.

[7] 中国政府网. 加速农业科技成果转化［EB/OL］.（2018-01-30）［2022-05-30］.

[8] 陈彦斌，刘哲希. 中国企业创新能力不足的核心原因与解决思路［J］. 学习与探索，2017, (10)：115-124+176.

[9] 张素敏. 地方政府在促进科技成果转化过程中的注意力配置——基于15个省域政策文本的NVivo分析［J］. 河南师范大学学报（自然科学版），2022, 50 (3)：104-112.

[10] 李巧莎，刘兢轶. 河北科技成果转化政策实施效果分析——聚类分析视角［J］. 中国科技产业，2021, (2)：44-46.

[11] 周治，郝世甲. 长三角"三省一市"科技成果转化政策比较［J］. 中国高校科技，2020, (10)：89-92.

[12] 李进华，耿旭，陈筱淇，等. 科技创新型城市科技成果转移转化政策比较研究——基于深圳、宁波政策文本量化分析［J］. 科技管理研究，2019, 39(12)：29-37.

[13] 解佳龙，李雯，雷殷. 国家自主创新示范区科技人才政策文本计量研究——以京汉沪三大自创区为例（2009-2018年）［J］. 中国软科学，2019, (4)：88-97.

[14] 马江娜，李华，王方. 陕西省科技成果转化政策文本分析——基于政策工具与创新价值链双重视角［J］. 中国科技论坛，2017, (8)：103-111.

[15] 廖晓东，李奎. 粤港澳大湾区技术转移体系建设研究［J］. 决策咨询，2021, (4)：27-31.

[16] 郑晓齐，朱英. 政策工具视域下我国高校科技成果转化政策研究［J］. 民族教育研究，2022, 33 (1)：23-29.

[17] 郝涛，丁堃，林德明，等. 高校科技成果转化政策工具的选择偏好与配置研究--36所"双一流"高校政策文本分析［J］. 情报杂志，2021, 40 (12)：80-86+149.

[18] 高振，陈红喜，陈晓歌，等. 高校科技成果转化政策变动效应研究［J/OL］. 科技进步与对策：1-8［2022-05-09］.

[19] 邓瑾，陆扬，黄蕾. 促进科技成果转化运用的高校政策研究：基于江西高校的数据［J］. 南昌航空大学学报（社会科学版），2018, 20 (2)：32-38.